온리원

ONLY ONE

단 하나의 플랫폼이 세상을 지배한다

온리원

김학용 지음

paper bird

플랫폼의 시대는 끝났다

플랫폼의 시대는 끝났다. '뭐라고? 무슨 말도 안 되는 소리를!'이라고 반응할지도 모르겠다. 쇼핑은 말할 것도 없고 동영상, 게임, 이동수단, 숙박시설 등 세상의 모든 것이 플랫폼화되어가는 마당에 이게 무슨 뚱딴지 같은 소리냐고? 그렇다. 플랫폼 비즈니스는 여전히 대세이고 앞으로도 대세일 것이다. 그러나 더 이상 과거와 같은 단순한 플랫폼으로는 시장에서 살아남는 것이 쉽지 않을 것이다. 온라인 비즈니스를 하려는 사람들은 처음부터 플랫폼으로 시작하며 기존 플랫폼 사업자들은 신규 진입자를 고사시키기 위해 시쳇말로 '돈지랄'을 마다하지 않기 때문이다.

문제는 이런 치열한 경쟁 상황이 과도한 비용구조를 만들며 한계비용marginal cost이 매우 작다는 온라인 플랫폼의 장점을 상쇄시킨다는 사실이다. 결국 초기 인터넷 기업이나 플랫폼 사업자들처럼 튼튼한 고객 기반을 확보한 기업들이라면 모르겠지만, 새롭게 플랫폼 비즈니스를 하려는 기업들은 대부분 마케팅 한 번 제대로 해보지 못하고 조용히 사라지고 만다. 이게 플랫폼 비즈니스의 냉혹한 현실이다. 따라서, 앞으로 플랫폼 비즈니스로 살아남기 위해서는 과거의 단일 플랫폼을 뛰어넘는 전략으로 무장해야만 한다. 나는 그 전략이 바로 크로스 플랫폼Cross-Platform과 통합 멤버십Integrated Membership 전략이라고 생각한다.

크로스 플랫폼은 대규모의 고객 집단을 공유하는 여러 개의 서비스 플랫폼으로 구성된다. 일반적으로 크로스 플랫폼은 수익은 포기하되 고객 기반을 확보하기 위한 기반 플랫폼base platform과 여기서 확보한 고객 기반을 바탕으로 수익을 창출하기 위한 수익 플랫폼들profit platforms로 구성된다. 크로스 플랫폼에서 고객들은 통합 ID를 바탕으로 여러 서비스 플랫폼을 자유롭게 돌아다니며 이용할 수 있다. 따라서 수익 플랫폼들은 아주 적은 비용으로 고객들을 확보하고 서비스를 제공함으로써 경쟁 플랫폼들에 비해 더 큰 수익을 확보할 수 있게 된다.

크로스 플랫폼 사업자들은 고객들이 자신들의 서비스를 더 많이 이용하도록 하기 위해 멤버십 서비스를 함께 제공한다. 멤버십 서비스는 일반적으로 유료로 제공되는데, 회비보다 '훨씬 더 커 보이는' 고객 혜택을 제공한다. 특히 플랫폼을 많이 이용하면 이용하면 그 혜택이 더 커지는 구조를 취하고 있기 때문에 플랫폼을 덜 이용하면 왠지 손해 보는 듯한 느낌이 들게 된다. 따라서, 매력적으로 보이는 혜택을 보고 멤버십에 가입한 고객들은 크로스 플랫폼이 제공하는 여러 서비스를 꾸준히 이용하게 된다. 동시에 이들에게 제공되는 차별화된 혜택과 그런 혜택에 대한 경험담은 새로운 고객들을 끌어모으게 된다.

결과적으로 멤버십 서비스는 고객 이탈을 막는 동시에 새로운 고객들을 유인하며 플랫폼들이 제공하는 서비스를 더 많이 이용하게 만든다. 그래서 플랫폼 사업자가 수수료를 낮추고 더 큰 고객 혜택을 제공하더라도 안정적으로 수익을 확보하는 것이 가능해진다. 또 하나 주목해야 할 것은 통합 멤버십이 개별 플랫폼은 물론 플랫폼과 플랫폼 사이에서 교차 네트워크 현상Cross-Network Effect을 일으킨다는 것이다. 즉, 특정한 플랫폼의 고객 기반은 다른 플랫폼의 고객 기반을 키우는 데 영향을 주며, 다른 플랫폼에서 새롭게 확보한 고객 기반은 원래 플랫폼의 고객 기반을 키우게 된다. 결국 크로스 플랫폼에 속한 여러 플랫폼이 동시에 자가성장을 하면서 이들을 중심으로 한 서비스 생태계는 더욱 견고해지게 된다.

이 정도의 이야기만 읽고도 '이거 아마존Amazon에 대한 이야기구나!'하는 독자들도 있을 것이다. 맞다. 사실 크로스 플랫폼과 통합 멤버십 전략을 가장 잘 사용하고 있는 기업이 아마존이다. 그러나, 현재 시장을 리드하는 플랫폼 기업들의 전략을 분석해 보면 예외 없이 이와 비슷한 전략을 사용하고 있음을 알 수 있다. 구글이나 애플, 마이크로소프트가 그렇고 네이버나 카카오, 쿠팡도 예외는 아니다. 최근에는 월마트 같은 오프라인 중심의 기업도 월마트플러스$^{Walmart+}$라는 멤버십 서비스를 바탕으로 크로스 플랫폼 전략을 활용하기 시작했다. 단지 이들 중에 '우리는 크로스 플랫폼 전략을 사용하고 있다!'고 대놓고 이야기하는 기업이 없을 뿐이다.

나는 이런 움직임이 머지않아 인터넷 서비스나 이커머스 분야뿐만 아니라 커넥티드카나 스마트홈, 스마트시티 등 온라인과 오프라인을 결합하려는 분야에서도 유사하게 나타나리라 생각한다. 플랫폼화는 대세이지만 단일 플랫폼 전략만으로는 확실한 경쟁 우위를 확보하는 것이 어렵기 때문이다. 따라서 이 책에서는 크로스 플랫폼과 통합 멤버십 전략에 대한 내용을 최대한 구체적으로 소개하고자 한다. 물론 아직까지 이런 전략들이 도입 초기 단계이기 때문에 설명이 충분하지 않은 부분도 있을 것이다. 또한, 이 책에서 제시한 방법론이 모든 서비스 분야에 공히 적용되지 않을 수도 있다. 하지만, 날로 복잡해져가는 비즈니스 환경에 대처해 나가는 데 유용한 단초를 제공할 것이라 생각한다.

이 책에서 소개하고 있는 크로스 플랫폼 구축 전략과 통합 멤버십 추진 전략에 대한 기본적인 내용은 아마존이나 이베이 같은 이커머스 플랫폼 기업들의 전략을 기반으로 하고 있다. 그러나, 최근에 주목받고 있는 네이버는 물론, 테슬라나 월마트, 당근마켓에 대한 내용도 비교적 깊이 있게 소개하고 있다. 또한, 2010년대 초반에 '원더랜드Wonderlend'라는 공유경제 플랫폼을 운영했을 때의 경험과 우아한형제들, 야놀자, TLX 등과 같은 대표적인 플랫폼 사업자들과의 교류 과정에서 공유했던 문제의식들을 전달하기 위해서도 노력했다.

따라서, 이 책은 이커머스 업계에 있는 분들뿐만 아니라 O2OOnline-to-Offline로 대표되는 생활 서비스 플랫폼을 운영하거나 준비 중인 분들에게도 도움이 될 것이라고 생각한다. 그뿐만 아니라, 스트리밍 음악이나 OTT, 그리고 최근에 본격적인 경쟁이 시작된 스트리밍 게임과 같은 전통적인 인터넷 서비스 사업자들이 이를 플랫폼으로 진화시키고 더 나아가 크로스 플랫폼으로 진화시키는 데에도 도움을 줄 것이다. 또한, 최근 주목받는 모빌리티 서비스, 커넥티드카, 스마트홈, 그리고 스마트시티 분야에서 서비스 확장을 통한 경쟁력 강화를 고민하는 분들에게도 큰 도움이 되리라고 본다.

나는 이 책에서 플랫폼, 그것도 크로스 플랫폼 전략과 통합 멤버십 전략에 대해 이야기하면서도 여전히 플랫폼이 '절대반지The One Ring' 같은 비즈니스 모델은 아니라고 생각한다. 지금까지 플랫폼 모델이 주목받은 이유는 플랫폼 모델이 기존의 다른 비즈니스 모델에 비해 월등히 우월해서가 아니라 고객이 진정으로 원하는 '진정한' 고객가치를 제공할 수 있었기 때문이다. 아마존이나 구글, 넷플릭스 같은 대표 플랫폼 기업들이 경쟁자들보다 더 치열하게 고객에 집착하고 고객과 관련된 문제를 해결하기 위해 노력했다는 사실은 이를 반증한다. 많은 사람들이 이들이 개발한 다양한 첨단 기술과 솔루션에 주목하지만 이는 잘못된 것이다. 이들이 개발한 첨단 기술과 솔루션은 고객과 관련된 문제를 해결하기 위한 수단에 불과한 것들이기 때문이다.

따라서, 플랫폼 비즈니스를 하려는 사람들에게 플랫폼 전략이나 디지털 기술 못지않게 진정한 고객가치가 무엇인지 고민하고 탐구하고 집착하라고 말하고 싶다. 시장을 독점하기 위해 돈을 쓰기보다는 고객의 마음을 얻기 위해 시간과 노력을 쓰라고 말하고 싶다. 앞으로 펼쳐질 4차 산업혁명 시대에는 공급자 관점이 아니라 고객 중심적인 관점에서 비즈니스를 해야만 살아남을 수 있다. 성공한 기업은 만드는 것이 아니라 고객들을 향한 기업들의 노력에 감동하고 그런 기업을 신뢰하는 고객들에 의해 만들어지는 것이다. 이 책이 당신의 비즈니스를 보다 성공적인 비즈니스로 만드는 데 조금이나마 도움이 되기를 바란다. 그리고 당신의 기업이 해당 분야의 '온리원' 기업이 되기를 바란다.

2021년 1월 어느 날
나만의 老利터에서, 김학용

차례

PART 1

플랫폼 제국의 태동

1장

하나의 생각이 바꾼
두 기업의 운명

신문 기사를 보고
아마존을 설립한 제프 베조스

글로벌 시장조사업체인 이마케터eMarketer가 2020년 2월에 발표한 자료에 따르면, 미국 전자상거래업계 1위 기업인 아마존의 시장 점유율은 매출액 기준으로 38.7%에 달한다. 2018년의 47%에서 8%p나 하락했지만, 여전히 압도적인 시장 점유율을 보이고 있다. 이어 제트닷컴을 인수하며 온라인 시장에 적극 대응한 월마트가 5.3%로 이베이를 제치고 2위에 올랐으며 이베이는 4.7%를 차지하며 3위를 기록하고 있다. 2020년 8월 말 기준으로 이들의 시가총액을 살펴보면 아마존이 약 1조 7,500억 달러, 월마트가 약 4,100억 달러, 그리고 이베이가 약 380억 달러에 달한다.

이 중에서 2019년 기준 오프라인 매출 비중이 전체 매출의 92%를 차지하는 월마트를 제외하고 온라인 중심으로 사업을 전개하고 있는 아마존과 이베이만 놓고 비교하면 재밌는 사실이 하나 발견된다. 전자상거래 시장 점유율은 8배 정도 차이가 나지만, 시가총액은 무려 50배 가까이 차이가 난다는 것이다. 두 기업 모두 1995년에 사업을 시작했고 최근 주목받고 있는 인터넷 기반의 플랫폼 비즈니스를 가장 먼저 시작한 기업임에도 불구하고 이런 어마어마한 차이가 발생하고 있는 것이다. 지난 20여 년 사이에 도대체 어떤 일들이 있었길래 비슷한 시기에 비슷한 비즈니스를 시작한 두 기업에 이렇게 커다란 격차가 발생한 것인지 궁금하지 않을 수 없다.

흔히 아마존은 고객가치customer value를 중시하는 혁신적인 기업이고 이베이는 그렇지 않다는 식으로 쉽게 이야기를 하는데, 나는 그렇지는 않다고 생각한다. 차이가 있을지는 모르겠지만, 인터넷 플랫폼을 기반으로 비즈니스를 하는 기업 중에 고객가치를 중시하지 않으며 혁신적이지도 않은 기업들은 하나도 없기 때문이다. 몇몇 사람들은 아마존은 전자상거래에서부터 광고, 클라우드, 인공지능, 디바이스, 콘텐츠와 미디어 등 다양한 비즈니스를 전개하고 있지만, 이베이는 그렇지 않다고도 한다. 그러나 이 역시 틀린 말이다. 이베이 역시 전자상거래뿐만 아니라 광고 및 전자결제, 인터넷 전화 등과 같은 다양한 비즈니스를 전개하기도 했다.

물론, 고객가치, 혁신, 사업 다각화, 차별화된 사업 전략 등 시장 전문가들의 이야기도 어느 정도는 맞다고 생각한다. 하지만, 아마존과 이베이의 격차를 이렇게 크게 벌려 놓은 결정적인 원인은 따로 있다. 바로 크로스 플랫폼이다. 뒤에서 자세히 설명하겠지만, 크로스 플랫폼은 통합 멤버십을 바탕으로 함께 운영되는 여러 개의 개별적인 서비스 플랫폼을 가르킨다. 통합 사용자 계정을 사용하기 때문에 특정 서비스 플랫폼의 이용자가 아주 간단한 방식으로 다른 서비스 플랫폼을 이용할 수 있게 되는데, 결과적으로 개별 서비스 플랫폼의 이용자 수는 크로스 플랫폼에 포함되어 있는 모든 서비스 플랫폼의 이용자와 같은 규모로 커지게 된다.

어떤 서비스 플랫폼에서 이용자 기반이 확대된다는 것은 그에 비례하여 매출이 증가하고 동시에 새로운 고객에게 서비스를 제공하는 데 들어가는 비용, 즉 한계비용이 줄어든다는 것을 의미한다. 매출은 늘고 비용은 줄어드니 크로스 플랫폼의 수익성은 좋아질 수밖에 없다. 놀라운 사실은 이런 일이 크로스 플랫폼에 통합된 모든 서비스에서 공히 나타난다는 것이다. 물론, 초기에는 전략적으로 더 많은 비용을 쓰며 수익을 포기해야만 하는 플랫폼을 만들어야 하지만, 시간이 지나며 전체 플랫폼의 매출과 수익이 늘어나는 것만은 확실하다.

더 놀라운 사실은 크로스 플랫폼에서는 개별 플랫폼 내에서뿐만 아니라 플랫폼들 사이에 교차 네트워크 효과cross network effect가 발생한다는 것이다. 플랫폼의 통합으로 이용자 기반이 늘어나면 더 많은 상품 판매자들이 개별 플랫폼에 참여하게 되고 이는 다시 새로운 이용자를 끌어들이게 된다. 이 과정에서 특정 플랫폼에 새롭게 가입한 신규 고객은 크로스 플랫폼에 속한 다른 플랫폼의 잠재적인 이용자가 되기 때문이다. 즉, 플랫폼의 통합은 크로스 플랫폼의 전체 이용자를 빠른 속도로 증가시키게 된다. 그리고 이렇게 증가한 이용자들은 다시 개별 플랫폼의 판매자들을 불러모으며 개별 플랫폼 생태계를 강화시킨다. 크로스 플랫폼과 관련해서는 3장에서 자세히 설명하도록 하겠다.

크로스 플랫폼의 이용자는 특정한 서비스 플랫폼만 이용할 수도 있지만, 크로스 플랫폼에 속해 있는 여러 서비스 플랫폼을 이용할 가능성이 크다. 그리고 서비스를 이용할 때마다 고객 관련 데이터를 생성하게 된다. 개별 서비스 플랫폼에서도 고객이 생성하는 데이터는 유용하지만, 크로스 플랫폼에서 생성되는 고객 데이터는 고객과 관련된 입체적이고 종합적인 정보를 제공하기 때문에 더 유용하다. 이런 정보를 활용하게 되면 플랫폼 운영사는 기존 비즈니스를 더 전략적으로 활성화할 수 있을 뿐만 아니라 새로운 서비스를 더욱 쉽게 시작할 수 있게 된다. 따라서, 크로스 플랫폼 전략을 쓰는 기업들은 시간이 지날수록 그 성장 속도가 매우 빨라지게 된다. 가속도를 받은 바퀴가 멈추지 않고 돌아가며 약간의 힘만으로 더 큰 속도를 내는 것과 같은 이치다. 반면, 단일 플랫폼 기업은 경쟁이 심화되거나 시장이 포화되면 더 이상의 성장을 멈추게 된다.

아직 경영학 분야에서는 크로스 플랫폼이라는 용어를 보편적으로 사용하지 않지만 최근 승승장구하는 기업들은 대부분 크로스 플랫폼 전략을 사용하고 있다. 아마존은 말할 것도 없고 구글이나 마이크로소프트, 애플 등과 같은 기업들도 크로스 플랫폼 전략을 잘 활용하고 있다. 또한, 전기차라는 하드웨어 제품을 만드는 테슬라도 그렇고 오프라인 매장을 중심으로 비즈니스를 전개하는 월마트도 조금씩 이런 움직임을 보이고 있다. 중요한 것은 이들이 플랫폼을 사용하지 않는 기업들은 말할 것도 없고 단일 플랫폼이나 혹은 단순히 여러 개의 단일 플랫폼을 결합한 다중 플랫폼을 사용하는 기업들을 압도하며 빠르게 성장하고 있다는 것이다.

크로스 플랫폼으로 인한 기업들 사이의 양극화 현상은 국내에서도 비슷하게 나타나고 있다. 네이버나 쿠팡처럼 크로스 플랫폼 전략을 도입하는 기업들이 관련 시장을 주도하는 반면, 인터파크나 롯데인터넷백화점, 신세계인터넷백화점 등 1996년에 탄생한 초기 전자상거래 기업들을 포함한 대부분의 단일 플랫폼 사업자들은 5% 내외의 시장 점유율을 유지하며 간간이 버티고 있는 상황이다. 물론 이베이코리아나 11

번가처럼 멤버십 서비스를 도입하며 크로스 플랫폼 전략을 흉내 내려는 기업들도 존재하지만, 단일 서비스 플랫폼과 결합한 멤버십 서비스만으로는 한계가 드러나고 있다.

일찍이 인터넷의 가능성을 꿰뚫어본 남자

세계 금융의 중심지인 뉴욕 월스트리트에 있는 한 투자회사 D.E. Shaw & Co.의 수석 부사장으로 재직 중이던 제프 베조스Jeffrey Bezos는 1993년 어느 날 신문을 읽다가 재미있는 기사를 하나 발견하게 된다. 조만간 인터넷이 상용화되면 실제로 그로부터 1년 반이 지난 1995년에 인터넷이 상용화되었다 인터넷은 연간 2,300%의 놀라운 속도로 성장할 것이라는 내용이었다. 아무리 인터넷 트래픽이라지만, 23%도 아니고 2,300%씩, 그것도 10년도 아니고 해마다 그렇게 늘어난다는 사실이 믿기지 않았다.

당시 수학적 퀀트quant 모델과 알고리즘 트레이딩 전략을 기반으로 헤지 펀드 투자 업무를 담당하던 제프 베조스에게 연간 23%의 수익은 매우 도전적인 목표였다. 지금은 이에 훨씬 미치지 못하지만, 실제로 헤지 펀드가 급성장했던 1990년대 초반의 헤지펀드 평균 수익율은 약 17%에 달했다. 물론, 인터넷 트래픽 증가율이 2,300%라는 것과 투자 수익의 그것과는 전혀 차원이 다르다. 그러나 분명한 것은 트래픽 증가량이 큰 만큼 인터넷 관련 비즈니스도 빠른 속도로 커질 것이고 이런 성장세가 수십 년간 지속될 것이라는 사실이었다.

결국 제프 베조스는 보너스 시즌을 앞둔 1993년 말 주위의 만류에도 불구하고 투자회사를 그만두게 된다. 퇴사 전부터 사업을 구상하던 제프 베조스는 '모든 것을 판매하는 회사The Everything Store'를 설립하겠다는 생각을 하게 된다. 즉, 상품 종류를 불문하고 고객과 제조업체 간의 중개역할을 하는 인터넷 회사를 설립하기로 한다. 그리고 회사의 이름을 '카다브라Cadabra'로 결정한다. 신데렐라에서처럼 마법의 주문을 외우면 뭐든지 가져다주겠다는 의도였다. 그러나 최종적으로는 '아마존Amazon.com'으로 결정하게 된다. 남미의 아마존 강처럼 세상에서 가장 큰 회사를 만들겠다는 의미를 포함하고 있으며 인터넷 검색을 했을 때 C로 시작하는 카다브라보다는 A로 시작하는 아마존이 더 앞에 노출된다는 점도 고려됐다.

제프 베조스는 당장에 세상의 모든 것을 판매하는 회사를 만들고 싶었지만 수많은 상품을 꼼꼼히 검토한 끝에 20여 개의 후보 상품군을 고르게 된다. 그러나 인력과 자금이 부족했던 창업 초기에는 20여 가지의 상품을 다루는 것도 무리였다. 결국 조금이라도 실패 가능성을 낮추고 빠른 사업 전개를 위해 베조스는 취급 품목을 책으로 한정하기로 한다. 당시 책은 상품의 종류가 무려 300만 개에 달해서 다른 제품을 판매할 때보다 더 많은 판매기회를 확보할 수가 있었다. 반면, 다른 제품들과 달리 잉그램Ingram과 베이커&테일러Baker & Taylor라는 두 개의 대형 서적 유통업체와 거래하면 도서 공급 문제는 간단히 해결할 수 있었기 때문이다. 금융맨의 꼼꼼함과 리스크 관리 능력이 돋보이는 부분이다.

인터넷 서점에 대한 사업 계획이 구체화되자 베조스는 퇴사 다음 해인 1994년 7월 5일 부모님으로부터 30만 달러의 투자를 받아 자신의 집 차고에서 온라인 서점인 아마존닷컴을 설립한다. 1995년 7월에 온라인 서점으로 사업을 시작한 이래 아마존의 이용자 수와 거래 규모는 빠른 속도로 증가했다. 1995년 10월에는 하루 주문량이 100권을 넘었으며 서비스를 개시한 지 1년이 되기도 전에 한 시간 동안의 주문량이 100권을 넘어섰다. 아마존닷컴에서 한 번이라도 책을 구매해 본 고객들이 반복적으로 책을 구매했기 때문이다. 반스앤노블스 같은 대형 서점에서도 구할 수 없는 책들을 아마존에서는 구할 수 있었으며 최신 서적들도 오프라인 서점보다 저렴한 가격에 구매할 수 있었다.

온라인 서점이 어느 정도 자리를 잡자 아마존은 1998년부터 책과 비슷한 CD나 DVD, 비디오테이프도 판매하기 시작했고 1999년부터는 비디오 게임이나 컴퓨터 소프트웨어, 장난감, 가전제품 등 일상생활에 필요한 다양한 제품들도 판매하기 시작했다. 그리고 지금은 의류나 식품 등 말 그대로 세상의 모든 것을 판매하는 '에브리씽 스토어'가 되었다. 아마존은 여기서 더 나아가 아마존웹서비스^AWS와 같은 클라우드 서비스는 물론, 알렉사^Alexa와 같은 인공지능 서비스, 아마존 뮤직, 프라임 비디오 등과 같은 콘텐츠 서비스도 판매하고 있다. 그리고 아마존프레시^AmazonFresh 서비스를 론칭하고 유기농 식품 체인인 홀푸드^WholeFoods를 인수하는가 하면 2020년 8월에는 신선식품 전문 매장인 아마존 그로서리 스토어^Amazon Grocery Store를 오픈하는 등 새로운 영역에 집중하며 월마트나 타깃, 크로거 같은 오프라인 대형 마트들을 긴장시키고 있다. 또한, 전 세계에 1억 5,000만 명을 대상으로 프라임 멤버십 서비스를 제공하고 있다.

물론, 아마존의 비즈니스가 항상 성공적이었던 것만은 아니었다. 초기 경쟁자였던 이베이를 겨냥해서 만든 아마존 옥션^Amzaon Auction 서비스는 시작한 지 얼마 되지 않아 서비스를 접었으며, 어디에서나 제품 주문을 쉽게 하도록 하기 위해 개발한 스마트폰인 파이어폰^Fire Phone 은 1억 7,000만 달러에 달하는 최악의 손실을 가져다주기도 했다. 이외에도 동영상 다운로드 서비스인 아마존 언박스^Amazon Unbox, 숙박 예약 서비스였던 아마존 데스티네이션^Amazon Destination, 프리미엄 패션 상거래 서비스인 엔드리스닷컴^Endless.com, 모바일 결제 서비스인 웹페이^WebPay 등 실패한 비즈니스도 많았다.

그럼에도 불구하고 제프 베조스는 2017년 10월 28일 세계 최고의 부자 자리에 오르게 된다. 1997년 5월 15일 나스닥에 상장한 지 약 20년 만의 일이다. 그 사이 아마존의 주가는 주당 1.5달러에서 1,100달러로 733배 급등한다. 그리고, 2020년 8월 말 기준으로는 무려 2,300배를 넘어서는 3,500달러에 달하기도 했다. 연평균 40% 정도 꾸준히 성장해야만 가능한 회사가 된 것이다. 펀드 매니저 시절의 목표였던 23%를 훌쩍 뛰어넘는 결과를 플랫폼 비즈니스를 통해 만들어 냈다.

이베이, 플랫폼 비즈니스를 주도하다

제프 베조스가 온라인 서점을 오픈하기 위해 한참 정신이 없을 무렵 컴퓨터 프로그래머였던 피에르 오미디아^{Pierre Omidyar}는 재밌는 실험을 한다. 어떤 시장에 참여하는 사람들이 동등한 정보와 기회를 갖는다면 비즈니스가 어떻게 달라질지 궁금했던 것이다. 이에 직접 누구나 접속이 가능한 웹사이트를 만들고 고장 난 레이저 포인터를 등록한 후 경매에 부치게 된다. 그런데 놀라운 일이 일어났다. 고장 난 레이저 포인터가 무려 14.83달러라는 비싼 가격에 낙찰된 것이다. 이를 본 오미디아는 플랫폼 비즈니스의 가능성을 확신하게 된다. 물건을 판매하는 것도 중요하지만, 이보다 더 중요한 것이 판매자와 구매자를 잘 연결해 주는 것이라는 사실을 깨달은 것이다.

이에 오미디아는 1995년 9월에 캘리포니아에서 옥션웹^{AuctionWeb}이라는 회사를 설립한다. 옥션웹은 처음에는 경매 방식으로 판매하기 적합한 중고품이나 독특한 수집품들을 주로 취급했는데, 몇 개월이 지나기도 전에 경매 방식을 항공권이나 일반 제품 판매에도 적용하게 된다. 즉, 어떤 물건을 살 때 가격 비교를 하듯이 판매자들끼리 경쟁하면서 제품의 판매가격을 낮추게 유도했던 것이다. 오미디아는 베조스와는 달리 사업을 시작하자 마자 전문 경영인들에게 사업을 맡겼다. 1996년 초에 스탠포드 경영대학원 출신의 제프리 스콜Jeffrey Skoll에게 CEO 자리를 넘겼으며 그로부터 2년 뒤인 1998년 3월에는 하버드 경영대학원 출신의 멕 휘트먼Meg Whiteman을 CEO로 고용하게 된다. 그래서인지 이베이는 사업 초기에 아마존에 비해 사업 확장이나 수익화에 뛰어난 면모를 보여줬다.

특히 멕 휘트먼은 취임 다음 해인 1999년부터 퇴임한 2008년까지 공격적으로 해외 시장을 공략하며 회사 규모를 확대한다. 1999년에는 독일과 영국 등에 현지 법인을 세우며 해외로 사업을 확장했고 2001년에는 우리나라의 옥션을 인수했으며 2002년에는 유럽의 유명한 경매 사이트였던 아이바자iBazar를 인수하는 등 규모를 키우는 데 적극적이었다. 이러한 노력은 2010년 중반까지 계속되었으며 무려 24개 이상의 나라로 사업을 확장했다. 2001년에서 2007년 사이에 이베이의 시가총액이 아마존을 잠시 웃돌 던 때가 있는데, 그때가 바로 멕 휘트먼이 재

그림 1. 아마존과 이베이의 시가 총액 변화

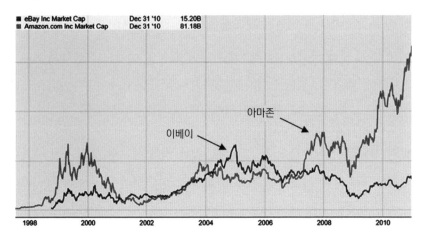

출처: YChart

임 중이던 시절이었다.

우리나라의 경우 2001년에 옥션을 인수하고 2009년 4월에는 인터
파크로부터 G마켓을 인수했는데, 2014년 기준 G마켓은 당시 국내 오
픈마켓 시장의 39%를, 그리고 옥션은 26%를 차지할 정도로 대단했다.
물론 당시 오픈마켓 시장은 쿠팡, 티몬, 위메프 같은 소셜커머스 기업
을 포함하지 않았기 때문에 다소 부풀려진 측면도 없지는 않지만, 이베
이 코리아 소속의 두 기업이 국내 오픈마켓 시장의 65%를 차지했다는
사실은 정말 대단한 일임에 틀림없다. 더군다나 아마존이 2003년이 되
어서야 첫 흑자를 내는 것과 달리 이베이는 사업 초기부터 흑자를 내기

시작했으며, 2001년에는 세계에서 가장 큰 전자상거래 기업으로 도약하기도 했다.

그러나 멕 휘트먼의 역량은 여기까지였다. 당시 전자상거래 분야에서는 세계 최고의 기업을 만들었지만, 전자상거래를 넘어선 분야까지는 생각하지 못했던 것이다. 이베이는 인터넷 기업, 서비스 플랫폼 기업이었지만, 이베이의 경영 방식은 마치 가전제품이나 자동차를 만드는 전통적인 제조 기업들이 해외시장 공략을 위해 현지에 공장을 짓는 것과 다를 바가 없었다. 그나마 다행인 것은 아직까지 온라인 및 모바일 중심의 플랫폼 시장이 꾸준히 성장하고 있어서 명맥을 유지하고 있다는 것이다. 그러나, 고객들이 원하는 혁신을 보여주지 못하면서 조금씩 시장에서 외면을 받아가고 있다.

그렇다고 해서 이베이가 아무런 혁신 노력을 하지 않은 것은 아니다. 아마존 못지않게 경쟁력 있는 기술 기업들을 다수 인수해서 보다 편리하고 안전한 서비스를 제공하기 위해 노력했다. 대표적인 것이 2002년에 전자지불 서비스인 페이팔PayPal을 15억 달러에 인수한 것과 2005년에는 인터넷 전화 서비스인 스카이프Skype를 26억 달러에 인수한 것이다. 또한 2005년과 2008년에는 베리사인VeriSign의 결제 솔루션과 보안 업체인 프로드사이언스FraudScience를 인수하여 보안 인증을 통해 전자상거래 사업을 확장하기도 했다.

하지만, 고객의 불편함을 해결하기 위해 '원클릭 오더링1-Click Ordering' 같은 간편 결제 서비스를 개발했던 아마존과 달리, 이베이는 아마존의 원클릭 오더링에 대응하기 위해 페이팔을 도입했다. 스카이프를 인수한 것도 구체적인 목적보다는 전자상거래와 전자결제가 인터넷 전화 서비스와 결합하면 시너지 효과를 낼 것이라는 막연한 기대를 바탕으로 한 것이었다. 물론 2012년에는 디스커버리 카드Discovery Card 와의 제휴를 통해 카드 네트워크에 속한 700만 개의 오프라인 매장에서도 페이팔을 이용해서 결제할 수 있도록 하는 등 페이팔의 수익성 다각화를 위한 노력을 진행하기도 했다. 다행스럽게도 페이팔 분사 직전인 2014년 4분기 이베이의 연간 매출 신장에 대한 페이팔의 기여도는 무려 82%에 달할 정도로 큰 역할을 했다.

그러나 결국 이베이는 별다른 소득 없이 2009년 11월에 스카이프를 매각하고 2015년 7월에는 페이팔마저 분사시키게 된다. 재미있는 사실은 이들 기업이 이베이에서 분리되면서 진가를 발휘하고 있다는 것이다. 스카이프 창업자 2명이 포함된 투자그룹에 27억 5,000만 달러에 매각되었던 스카이프는 2011년 5월 다시 마이크로소프트에 85억 달러에 매각되는데, 이후 마이크로소프트의 메신저 플랫폼인 팀즈Teams를 개발하는 데 기여하는 등 제 역할을 톡톡히 하고 있다. 페이팔 역시 분사되어 이베이 외의 다양한 분야에서 사업을 전개하면서 지금은 이베이의 시가총액보다 5배나 큰 규모로 성장해 있다. 그리고 2002년에 이베이에 페이팔을 매각한 일론 머스크Elon Musk는 테슬라와 스페이스X를 설립하여 역시 이베이보다 20배 이상 큰 규모로 성장시키고 있다.

다 지난 이야기지만, 만약 이들을 매각하는 대신 별도의 서비스 플랫폼으로 만들고 이베이와의 시너지를 도모했으면 어땠을까 하는 생각이 든다. 아마존이 그랬던 것처럼 페이팔을 통해 고객들의 쇼핑 경험을 개선하고 스카이프 및 관련 디지털 서비스를 포함한 멤버십 서비스를 도입하고 이베이 외의 서비스 플랫폼과 통합을 시도했다면 아마도 이베이는 지금의 아마존에 버금가는 기업이 됐을지도 모른다.

왜 이베이는
아마존이 될 수 없었나?

    아마존과 이베이는 1995년 인터넷 전자상거래라는 같은 분야에서 오픈마켓 형태의 플랫폼 비즈니스 모델을 가지고 사업을 시작했다. 그러나 그로부터 25년이 지난 지금 두 회사의 운명은 확연히 갈리고 있다. 아마존은 시가총액이 1.5조 달러를 넘나들고 있는 반면 이베이는 고작 300~400억 달러에 불과하다. 더군다나 아마존은 머지않아 2조 달러 혹은 3조 달러 이상의 기업으로 성장할 것으로 기대되는 반면 이베이는 기업의 존속마저 의심받고 있다. 심지어는 플랫폼 비즈니스에 대한 이야기를 할 때도 가장 먼저 플랫폼 비즈니스를 시작한 이베이를 떠올리는 대신 아마존 이야기만 한다.

    도대체 두 기업에게 어떤 일들이 있었기에 이런 일이 벌어지고 있는 것일까? 여러 이유가 있겠지만 가장 근본적인 이유는 플랫폼 비즈니스를 바라보는 시각의 차이 때문이라고 생각한다. 즉, 이베이는 플랫폼의 가치를 가장 먼저 파악했지만 전통적인 경영학의 관점에서 플랫폼 비즈니스를 바라본 반면, 아마존은 기존과는 전혀 다른 관점, 즉 장기적인 관점에서 플랫폼 비즈니스를 바라봤다. 플랫폼을 중개라는 과정을 통해 당장의 수익을 발생시키는 수익원이 아니라 미래의 수익을 발생시키기 위한 고객 기반을 마련하는 수단으로 이해한 것이다. 이와 같은 플랫폼에 대한 인식의 차이는 이후 두 회사의 경영 방식에 있어서도 커다란 차이를 만들게 된다.

그렇다고 해서 두 회사가 처음부터 전혀 다른 길을 걸었던 것은 아니다. 대략 2007년까지는 비슷한 성장 과정을 거치게 된다. 다른 플랫폼 기업들과는 달리 인터넷 상용화 초기에 사업을 시작했기에 큰 어려움 없이 초기 고객 기반을 확보하며 사업을 확장해 나갈 수 있었다. 사실상 상대방 외에는 경쟁자가 존재하지 않았기 때문에 고객을 획득하는 데 들어가는 비용이나 노력도 제한적이었다. 물론 1990년대 후반에 여러 인터넷 전자상거래 기업들이 등장했지만 대부분 제대로 두각을 나타내지 못했거나 자포스Zappos나 아이바자iBazar, 크레이그스리스트Craigslist처럼 두각을 나타내는 기업들은 이베이나 아마존에 의해 인수되고 말았다. 따라서, 두 회사에게 중요한 것은 얼마나 빠르게 고객들의 다양한 니즈를 만족시켜주느냐 하는 것뿐이었다.

지금과는 달리 플랫폼 비즈니스 초기에 고객들의 니즈는 매우 단순한 것들이었다. 오프라인에서 구하기 어려운 것들을 구매할 수 있기를 바랐고 온라인에서 구매할 수 있는 상품들이 더 다양했으면 좋겠다는 것이었다. 그리고 그런 상품들을 더 저렴한 가격에 더 간단한 방법으로 구매하면 됐다. 그래서 두 기업은 발 빠르게 상품군을 다각화했다. 아마존은 책에서 CD, DVD, 게임 타이틀 등으로 대상 품목을 확장했으며, 이베이는 중고품이나 특이한 수집품에서 항공권이나 가전제품 등으로 대상 품목을 확장했다. 그리고 고객가치를 제공하기 위한 다양한 노력을 전개하기도 했다. 판매되는 상품의 가격을 낮게 유지하기 위해 아마존은 대량 구매를 기반으로 한 유통방식에 집중한 반면 이베이는 다수의 판매자들이 서로 경쟁하도록 하거나 여러 제품을 한꺼번에 구매하도록 함으로써 가격 인하를 유도했다.

또한, 두 기업 모두 자신이 원하는 상품을 더 쉽게 찾을 수 있도록 검색 기능을 제공하거나 과거의 구매 이력 및 검색 이력 등을 바탕으로 개인 맞춤화된 상품을 추천해주기도 했다. 구매한 상품에 대한 의견을 남기거나 상품의 품질이나 만족도에 대한 평가를 하도록 함으로써 다른 구매자의 구매를 돕도록 하는 것도 모두 이때 등장한 방법들이다. 구매하고자 하는 상품을 결정했다면 이를 더 쉽고 간편하게 구매할 수 있도록 하기 위해 아마존은 원클릭 오더링 같은 기술을 개발했고 이에 대응하기 위해 이베이는 페이팔을 인수한 후 내재화시켰다. 물론 구매한 물건이 빨리 배송되기를 바라는 고객들도 많았지만, 땅도 크고 물류 체계도 제대로 마련되지 않았던 당시에 빠른 배송은 불가능한 일이었다.

이런 식으로 두 기업은 선의의 경쟁을 하며 사업을 키워나갔다. 그러나 여기까지였다. 플랫폼 비즈니스를 제일 먼저 시작한 이베이는 기존 기업들처럼 사업 규모 확대에만 집중한 반면 이베이보다 조금 늦게 플랫폼 비즈니스를 시작한 아마존은 다양한 방식으로 비즈니스 모델을 혁신하기 위해 노력했다. 단적인 예가 글로벌화다. 앞에서도 언급했던 것처럼 이베이는 멕 휘트먼이 취임한 다음 해부터 공격적으로 해외 시장을 공략하기 시작한다. 2007년까지 우리나라를 포함해서 아시아와 유럽, 남미의 주요 국가들에 진출을 하게 된다. 취급할 수 있는 상품을 거의 다 취급하고 진출할 수 있는 나라에 거의 다 진출하자 더 이상 이베이가 할 수 있는 일은 존재하지 않았다.

반면 아마존은 이커머스에서 다른 분야로 하나씩 하나씩 사업 범위를 확대해 나갔다. 2006년에는 자신들의 업무용으로 개발한 클라우드 서비스를 아마존웹서비스AWS로 상품화하기도 하고, 곧이어 프라임 비디오Prime Video와 아마존 뮤직Amazon Music, 오디오북 서비스인 오더블

그림 2. 이베이와 아마존의 사업 포트폴리오 확대 전략 비교

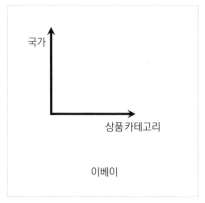

이베이

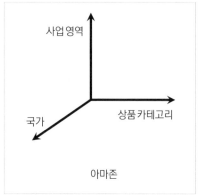

아마존

Audible 같은 디지털 콘텐츠 서비스를 제공하기 시작한다. 이런 노력들은 2009년의 아마존 게임 스토어Amazon Game Store와 2010년의 아마존 스튜디오Amazon Studio, 2011년의 아마존 드라이브Amazon Drive, 2020년의 클라우드 기반 스트리밍 게임 서비스인 루나Luna로 이어진다.

또한 2007년에는 킨들Kindle이라는 전자책 리더를 출시하며 본격적으로 디바이스와 서비스를 결합하려는 노력을 시작한다. 2011년에는 파이어 태블릿Fire Tablet을 출시하고 2014년에는 주문형 장치인 대쉬 완드Dash Wand를 출시한다. 같은 해에 가정용 셋탑박스인 파이어TVFire TV와 스마트폰인 파이어폰Fire Phone, 그리고 인공지능 스피커인 에코Echo를 출시한다. 이후에도 대시 버튼Dash Button이나 클라우드 카메라,

전자레인지, 오븐, 스마트 안경테Echo Frame, 스마트 반지Echo Loop, 스마트 밴드Halo 등을 출시하고 이에로Eero와 블링크Blink같은 스마트홈 디바이스 제조사를 인수하기도 한다. 중요한 것은 이런 디바이스를 저렴하게 판매하는 대신 디바이스와 관련된 서비스에서 커다란 수익을 확보한다는 점이다.

그리고 2015년부터는 사업 영역을 오프라인으로 확대하기 시작한다. 2015년 11월에는 아마존 최초의 오프라인 매장인 아마존 북스Amazon Books를 선보이고 1년 후인 2016년 12월에는 계산원이 없는 매장cashierless store인 아마존 고Amazon Go를 공개한다. 2018년 9월에는 아마존 포스타Amazon 4-Star라는 오프라인 매장을 선보이고 2019년 1월에는 무인 배송 차량인 아마존 스카우트Amazon Scout를 발표한다. 1년 뒤인 2020년 2월에는 아마존고 그로서리Amazon Go Grocery를 공개, 8월에는 아마존 그로서리 스토어Amazon Grocery Store를 오픈하고 아마존 대시 카트Amazon Dash Cart라는 스마트 쇼핑 카트를 선보였다.

2017년에는 신선식품 분야로까지 진출한다. 2017년 3월에 신선식품 배달 서비스인 아마존 프레시Amazon Fresh를 론칭하고 이어 8월에는 유기농 식품 체인인 홀푸드Whole Foods Market를 137억 달러에 인수한다. 그리고 앞서 언급한 것처럼 2020년부터는 홀푸드와 별개로 신선식품을 판매하는 아마존고 그로서리와 아마존 그로서리 스토어를 확장해 나가고 있다. 아마존은 이 외에도 물류 유통은 물론 광고, 헬스케어, 패션, 자율주행 및 전기차, 우주산업 등으로 빠르게 사업 영역을 확대하는 중이다.

아마존의 이런 포트폴리오 다각화는 삼성전자나 현대자동차와 같은 전통적인 제조기업들의 전략과도 어느 정도 닮아 있다. 예를 들면, 삼성전자는 사업 부문을 반도체, 가전, 통신, 디스플레이로 다각화하고 현대자동차는 글로벌 비즈니스를 전개함에 있어서 지역을 5개 권역으로 구분함으로써 특정 산업이나 특정 권역의 상황이 좋지 않더라도 안정적으로 수익성을 유지했던 것과 비슷하다. 차이가 있다면 아마존은 단순히 물리적으로 사업 영역을 다각화하는 데서 그치지 않았다는 점이다. 여러 사업 중의 일부는 전체 비즈니스를 이끌어나가기 위한 고객기반을 확보하는 수단loss leader으로 이용했으며 나머지는 수익화를 위한 수단으로 포지셔닝을 하고 있다. 수익성이 낮은 영역에서는 과감히 수익을 포기하는 대신 고객만족도를 높이며 새로운 고객들을 끌어들이고 수익성이 높은 영역에서는 적극적으로 수익을 확보함으로써 전체적인 수익성을 유지하는 이대도강李代桃僵의 전략을 취하고 있는 것이다.

단적인 예가 전자상거래 서비스인 아마존닷컴과 에코 같은 스마트 디바이스들인데, 이와 같은 사업에서는 사실상 수익을 포기하고 있다.

대부분의 아마존 디바이스들은 제조원가 수준에서 판매되고 있으며 이 커머스 부분의 순이익은 2010년대 후반까지 적자였다는 사실이 이를 방증한다. 대신 이들을 기반으로 하는 2차 사업^{서비스}에서 수익을 창출하려고 노력한다. 대표적인 것이 아마존웹서비스이며 이 외에도 루나 같은 클라우드 게임 서비스, 알렉사 가드 플러스^{Alexa Guard Plus} 같은 홈 시큐리티 서비스, 헤일로 같은 헬스케어 서비스 등이 있다. 특히 이 중에서도 아마존웹서비스는 2019년을 기준으로 아마존 전체 매출에서 차지하는 비중은 고작 7% 정도에 불과하지만 전체 수익에서 차지하는 비중은 무려 70%에 달할 정도로 큰 기여를 하고 있다.

아마존은 동시에 여러 사업들이 상호 간에 밀접한 영향을 미치며 성장하도록 하는 구조를 만들어나가고 있다. 특히 개인 고객들을 대상으로 하는 이커머스, 디지털 콘텐츠, 그리고 인공지능 같은 서비스들은 자체적으로도 수익을 일으키지만 다른 서비스의 이용량을 늘리거나 서비스를 활성화시키도록 유도하고 있다. 예를 들면, 이머커스 고객들 중 프라임 멤버십 가입 고객들에게는 무료로 디지털 콘텐츠 서비스를 이용하게 함으로써 디지털 콘텐츠의 이용자 기반을 확대하고 이들을 대상으로는 콘텐츠 서비스를 더욱 용이하게 이용할 수 있는 에코나 파이어TV 같은 디바이스의 판매를 부추긴다. 또한, 스마트 디바이스와 함께 제공되는 인공지능 기능을 활용하여 음성으로 쇼핑을 하거나 디바이스

그림 3. 아마존 서비스들 사이의 상호 관계 (예시)

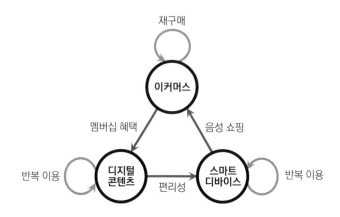

와 관련된 다른 부가 서비스를 이용하도록 유도한다. 실제로 스마트 디바이스를 기반으로 하는 음성 쇼핑은 아마존 전체 매출의 3% 정도를 기여하고 있으며 2021년에는 5%에 해당하는 180~190억 달러의 매출에 기여할 것으로 전망된다.

또 하나 빼놓을 수 없는 부분이 있다면 아마존은 이베이와 달리 신규 고객을 모으는 것 못지않게 어렵게 확보한 고객들의 이탈을 방지하기 위해서도 노력한다는 것이다. 대표적인 것이 2005년부터 서비스를 제공하기 시작한 프라임 멤버십prime membership이다. 일반적으로 구독서비스 형태를 띠는 프라임 멤버십 서비스는 아마존에 연회비 혹은 월회비 형태의 안정적인 수익을 가져다주는 것으로 소개된다. 틀린 이야기는 아니지만, 그보다는 고객들을 아마존 생태계 내에 붙잡아두고 아마존이 제공하는 더 많은 서비스를 이용하도록 하면서 더 큰 수익을 창출하려는 것이 프라임 멤버십을 도입한 근본적인 이유라 생각한다.

실제로 아마존은 프라임 멤버십 회원들에게 연회비의 6배 이상에 해당하는 혜택을 제공한다. 문제는 프라임 회원들이 아마존에서 제공하는 서비스를 열심히 이용하지 않으면 이 혜택을 제대로 누릴 수 없다는 것이다. 따라서, 회원들은 아마존이 제공하는 다양한 혜택들을 열심히 이용하며 트래픽을 생성하고 이를 바탕으로 다양한 서비스 공급자들을 유인하며 개별 서비스 생태계를 강화시킨다. 이러한 노력의 결과 이베이의 고객들은 아마존으로 움직이기 시작했으며 아마존으로 이동한 고객들 중 90% 이상을 그대로 아마존에 머물게 만들었다. 그리고 2007년부터 아마존과 이베이의 격차는 본격적으로 벌어지기 시작한다.

지금까지 소개한 다양한 전략을 바탕으로 어느 정도 서비스 생태계가 완성되자 아마존은 해외 진출을 본격화하기 시작한다. 물론 1998년에 영국과 독일, 2000년에 프랑스와 일본에 진출하기도 하지만, 이탈리아, 스페인, 브라질, 인도, 호주 등 대부분의 국가들에는 2010년대에 진출하기 시작한다. 반면, 이베이는 전통적인 제조사들이 그러는 것처럼 전 세계로 사업 영역을 확대하기만 했을 뿐 사업 포트폴리오를 다양화 시키지 못했다. 또한 그런 이유로 고객들이 자신들의 이커머스 플랫폼을 떠나는 것을 막을 방법을 찾아내지 못했다.

혁신 없는 플랫폼은
죽은 플랫폼이다

대표적인 플랫폼 기업인 이베이와 아마존을 비교하면서 어떤 생각이 들었는지 모르겠다. '역시 아마존이구나!' 하는 생각을 하는 사람들이 많았을 것이고 일부는 '지금이라도 아마존 주식을 사야 하나?' 하는 생각을 했을지도 모른다. 그러나 내가 말하고자 했던 것은 그런 것이 아니다. 모든 사람이 칭송해 마지않는 플랫폼 모델이 과연 누구에게나 그리고 언제까지나 유효한 모델은 아니라는 것이다. 만약 많은 사람이 생각하는 것처럼 플랫폼 모델이 절대적인 것이었다면 한때 천하를 호령하던 이베이가 지금처럼 힘없이 무너지지는 않았을 것이다.

즉, 당신이 플랫폼 기반의 비즈니스를 고민하고 있다면 나는 플랫폼의 환상에 빠지지 말라고 경고하고 싶다. 앞에서 확인한 것처럼 플랫폼은 절대반지The One Ring와 같은 비즈니스 모델이나 전략이 아니다. 물론 그렇다고 해서 플랫폼 모델이 매우 유용한 비즈니스 모델이며 대세라는 사실까지 부인하려는 것은 아니다. 산업 분야나 비즈니스 특성에 따라 전통적인 재판매 혹은 파이프라인 모델이 더 적합한 경우도 많으며, 설령 플랫폼이 적합한 분야라 할지라도 더 이상 지금과 같은 단일 플랫폼 구조는 답이 아니라는 것을 말하고 싶을 뿐이다.

그렇다면 왜 단일 플랫폼만으로는 살아남는 것이 쉽지 않을까? 그 이유는 단순하다. 플랫폼이라는 것이 따라 하기가 너무 쉬운 비즈니스 모델이면서도 수수료 구조에 굉장히 취약한 비즈니스 모델이기 때문이다. 인터넷 기반의 플랫폼 비즈니스에 대한 역사가 그리 오래된 것은 아니지만, 이와 관련한 다양한 연구가 이미 광범위하게 진행되었으며 그 결과 플랫폼 비즈니스를 추진하는 방법이 상당히 체계화되어 있는 상황이다. 따라서 누구나 플랫폼 비즈니스를 할 수 있으며 웬만하면 기존 사업을 플랫폼화하는 것도 가능하다. 게다가 따라 하기 쉽다는 것은 그만큼 경쟁이 치열할 수밖에 없다는 것을 의미하며, 이는 그만큼 큰 비용을 수반하게 된다. 그리고 만에 하나 어떤 플랫폼 사업자가 미친 척하고 수수료를 없애버린다면 그 어떤 경쟁자도 살아남지 못하는 구조를 띠고 있다.

따라서 최근에 사업을 시작했거나 본격적으로 규모를 키우고 있는 플랫폼 기업들은 대부분 적자다. 우버Uber도 그렇고 위워크WeWork도 그렇다. 에어비앤비Air B&B는 2016년 이후 2~3년 정도 흑자가 됐다가 다시 적자로 돌아섰다. 우리나라의 쿠팡도 그렇고 마켓컬리도 마찬가지다. 이들만 그런 것이 아니라 이들과 경쟁하는 티몬이나 위메프도 그렇고 이제는 그동안 안정적으로 비즈니스를 전개하던 오프라인 리테일 기업들마저도 적자의 늪에 빠져들고 있다. 인터넷 초기에 확실한 사용자 기반을 마련한 몇몇 대형 플랫폼 기업들을 빼면 우리가 잘 알지 못하는 플랫폼 기업들은 사실 다 적자다. 그래서 대형 플랫폼 사업자들처럼 제대로 된 투자를 유치하지 못하는 기업들은 고객들에게 인식도 되기 전에 사라지고 만다. 그런 상황인데도 자칭 플랫폼 전문가라는 사람들은 모든 기업에게 플랫폼 비즈니스를 해야만 한다고 강권한다. 특히 세상 물정을 제대로 모르는 스타트업 기업들에게도 그런다.

이런 이야기를 하면 으레 뒤따르는 말이 있다. 아마존도 처음 10년 간은 적자였고 테슬라도 마찬가지였다는 것이다. 지금 적자를 보더라도 언젠가 아마존이나 테슬라처럼 독점적인 기업이 되면 마케팅 비용도 줄이고 가격 결정권도 가질 수 있으므로 수익성을 확보할 수 있다는 것이다. 정말 꿈만 같은 이야기다. 무엇보다도 이 주장은 기존의 경쟁자들을 모두 고사시키면 천하를 평정할 수 있다는 잘못된 가정을 전제로 하고 있다. 그러나 기존 경쟁자들이 그렇게 호락호락하지도 않을 것이며 설령 이들이 무너진다고 하더라도 새로운 경쟁자들이 끊임없이 등장할 것이다. 그리고 만에 하나 시장을 독점한다고 하더라도 반독점법The Anti-Trust Law이 이를 가만히 놔두지 않을 것이다.

따라서 쿠팡이나 마켓컬리처럼 지금 어마어마한 적자를 보며 사업을 영위하는 기업들은 아마존 같은 기업이 될 가능성이 매우 낮다고 생각한다. 물론, 모두 잘 되어서 우리도 아마존 같은 기업을 한두 개 정도 가질 수 있다면 좋겠지만, 이들은 투자가 끊기는 순간 그것으로 끝이다. 혹은 뒤에서 소개할 것처럼 네이버 혹은 새로운 사업자가 진공청소기처럼 쿠팡이나 마켓컬리의 고객들을 빼앗아가기 시작한다면 이 역시 심각한 상황에 다다를 수 있다. 실제로 최근 미국에서는 월마트가 오프라인 매장과 전자상거래를 결합하면서 아마존이나 이베이의 점유율을 빠르게 빼앗아가고 있다.

비즈니스의 기본은 적은 비용을 들여 큰 매출을 달성하는 것이다. 이를 통해 많은 수익을 남기고 그 수익을 다시 투자해서 사업 규모를 확대해야 한다. 사실 우리가 지금까지 플랫폼 비즈니스에 관심을 둔 이유도 바로 이 때문이다. 인터넷 플랫폼이라는 것은 사업 시작 비용을 지극히 낮춰줬다. 오프라인 매장이 없어도 되고 오프라인 매장에서 일할 직원을 뽑지 않아도 됐다. 더군다나 제품에 대한 데이터베이스만 있다면 온라인 매장에 진열할 수 있는 제품들을 거의 비용을 들이지 않고 무제한으로 늘릴 수 있다. 오히려 제품이 너무 많아서 고객이 원하는 제품을 찾아주기 위한 검색 기능 개발 비용이 추가로 발생한다는 것이 의외의 비용 요인이다.

필요한 것은 최소한의 비용으로 빠른 시간 안에 고객을 확보하는 것이다. 그러나 이 역시 그리 어렵지 않다. 돈이 없어서 못 할 뿐이지 오프라인에서 고객 한 명을 확보하기 위해 필요한 비용, 즉 획득비 Customer Acquisition Cost를 온라인에서 이용할 수 있는 포인트나 마일리지 형태로 제공한다면 순식간에 몇만 명의 고객을 모으는 것은 식은 죽 먹기였다. 음악이나 동영상 스트리밍 같은 서비스는 획득비를 제공하는 대신 1개월 혹은 일정한 기간 동안 서비스를 무료로 사용하도록 했다. 직접 서비스를 경험하고 그 서비스의 가치를 체감하는 것이 가장 효과적이라는 사실을 잘 알았기 때문이다.

그리고 다양한 형태의 SNS를 이용해서 바이럴 마케팅을 전개하기도 했다. 인터넷 시대가 되면서 가족이나 친구, 지인들의 의견도 중요했지만, 나와 전혀 상관없는 사람들의 객관적인 것처럼 보이는 생각도 좋은 레퍼런스가 됐기 때문이다. 실제로 많은 사람들이 자발적으로 자신이 이용한 서비스들의 장점과 단점을 분석한다거나 다른 제품이나 서비스와 비교하는 글을 자신들의 블로그나 SNS에 올리기도 했다. 물론 이보다 더 많은 '객관적인 것처럼 보이는' 글들이 개별 기업들이 실시한 바

이런 마케팅의 결과로 만들어졌다.

이런 식으로 초기 사용자 기반이 확보되면 그 다음은 서비스 제공자들을 모으는 일이 남는다. 서비스 제공자들은 서비스 중개에 따른 수수료를 일정 기간 면제해주거나 할인해 주는 조건, 혹은 초기에 판매자의 인지도를 높여주기 위한 광고 서비스를 무상으로 지원해주는 대가로 쉽게 모을 수 있었다. 물론, 이런 혜택을 제공하지 않더라도 이용자 기반이 두터운 플랫폼이 있다면 서비스 제공자들은 마다하지 않고 달려들었다. 그리고 이들은 플랫폼 내에서 동일한 상품을 제공하는 경쟁자들보다 우위에 서기 위해 가격을 낮추거나 경품을 제공하기도 하고 조건에 따라 무료로 배송해 주는 혜택을 제공하기도 했다.

어떤 플랫폼에 이런 서비스 제공자들이 많다는 것은 서비스 이용자로서는 매우 매력적인 일이었다. 자신이 구매하고자 하는 상품을 찾고 비교하고 최적의 조건에 판매하는 서비스 제공자를 찾는 데 드는 비용, 즉 고객 비용customer currency을 최소화할 수 있기 때문이었다. 어떤 물건을 사기 위해 이곳저곳 돌아다니고 가장 싸게 파는 곳을 찾기 위해 가격 비교 사이트에 들어갔다가 다시 해당 제품을 판매하는 사이트로 돌아다니는 것보다 이런 일들을 한 곳에서 해결할 수 있다면 시간과 노력이라는 관점에서 고객 비용을 줄일 수 있었기 때문이다. 결국 늘어난 서비스 제공자는 사용자 수를 늘려주며, 이렇게 늘어난 사용자들은 또 다른 서비스 제공자들을 플랫폼으로 불러 모으게 된다. 이러면서 해당 플랫폼을 중심으로 하는 서비스 생태계는 공고해지게 되는데, 이를 두고 교차 네트워크 효과 혹은 그냥 줄여서 네트워크 효과라고 부른다. 바로 이 네트워크 효과 때문에 플랫폼, 플랫폼 하는 것이다.

　그러나 이것도 옛날이야기다. 아마존이 그랬던 것처럼, 네이버나 구글, 페이스북, 넷플릭스가 그랬던 것처럼, 사실상 경쟁자가 거의 없었던 인터넷 초창기에나 가능했던 이야기다. 당시는 인터넷 이용자가 막 증가하던 시점이었기 때문에 대부분 경쟁자가 없거나, 있더라도 한둘 정도에 불과했다. 반면에 잠재 고객들의 숫자는 하루가 멀다며 폭발적으로 증가했다. 그러나 지금은 그렇지 않다. 이제는 대부분의 사람이 분야별로 3~4개 이상의 서비스 플랫폼을 이용하고 있으며 그곳에서 다양한 형태의 적립금이나 할인과 같은 고객 혜택을 누리고 있다. 기존에 누리던 혜택을 뛰어넘는 혜택을 제공하지 않는 한 신규 고객을 확보하는 것이 쉽지 않다. 설령 그런 플랫폼이 존재하더라도 대부분의 고객들은 혜택만 쏙 빼먹고 이후부터는 서비스를 이용하지 않는 체리피커일 가능성도 크다.

　물론 인터넷 상용화 초기와 비슷한 기회가 한 번 더 찾아온다. 바로 애플과 구글이 스마트폰을 출시하면서 모바일 서비스 생태계를 만들어갔던 2000년대 후반이다. iOS와 안드로이드Android라는 양대 스마트폰 운영체계를 제공했던 애플과 구글은 말할 것도 없고, 2008년에 설립된 에어비엔비와 그루폰, 2010년에 설립된 우버 역시 커다란 어려움 없이 고객 기반을 확보할 수 있었다. 물론 그 이후에도 몇몇 성공적인 플랫폼 서비스들이 등장한다. 2016년에 서비스를 개시한 틱톡^{TikTok}이 대표적인데, 숏폼 비디오 플랫폼이라는 지금까지 존재하지 않았던 전혀 새로운 아이템을 바탕으로 성공적인 플랫폼 비즈니스를 구축한 특별한 경우에 해당된다.

나는 이런 기회가 또 한번 찾아올 것으로 생각한다. 바로 사물인터넷 Internet of Things, IoT이 그 주인공이다. 사물인터넷은 단순히 냉장고를 인터넷에 연결시키는 기술이 아니라 인터넷에 연결된 냉장고를 통해 냉장고 이용자와 할인마트를 연결해 주는 기술이기 때문이다. 즉, 사물인터넷 기술을 바탕으로 온라인과 오프라인이 연결되며 새로운 서비스 플랫폼이 등장할 것이다. 중요한 것은 기존의 인터넷이나 스마트폰 기반의 서비스 플랫폼과는 달리 집이나 자동차, 마을 혹은 도시처럼 개별 서비스가 아니라 사용자를 중심으로 다양한 서비스가 함께 제공되는 크로스 플랫폼의 형태를 띨 것이라는 점이다.

요컨대, 지금까지와는 달리 앞으로는 단일 플랫폼만으로는 성공적이고 연속성 있는 서비스를 만들어나가는 것이 쉽지 않을 것이라는 사실이다. 물론 과거에도 특정한 제품이나 서비스만 제공하면서도 100년 혹은 그 이상 존속했던 기업들이 있었던 것처럼 미래에도 특정한 서비스 플랫폼으로 30년이나 그 이상 존속하는 것도 가능할 것이다. 하지만, 이베이의 경우처럼, 그리고 우리에게 알려지지 않고 사라진 수많은 플랫폼 기업들처럼 단일 플랫폼으로 살아남는 것은 그 어느 때보다 어려운 일이 되리라 생각한다. 따라서, 앞으로 플랫폼 기반의 비즈니스를 하기 위해서는 아마존처럼 사업 포트폴리오를 입체적으로 다각화하고 그 안에 고객들을 묶어두기 위한 전략을 함께 고민해야만 한다. 그것이 바로 이 책에서 말하는 크로스 플랫폼 전략인 것이다.

GAFA를 만들어낸
플랫폼의 힘

한 국가의 GDP보다 가치가 높은 기업들

세계경제포럼의 자료에 따르면 지난 10년간 글로벌 GDP 중 신규 부가가치의 70%를 디지털 기반 플랫폼 기업들이 창출했다고 한다. 실제로 GAFA나 FAANG, MAGA로 대표되는 마이크로소프트, 아마존, 구글, 애플, 페이스북, 넷플릭스 등 미국의 시가총액 상위 기업들이 모두 디지털 플랫폼 기업들이다. 미국에서 시가총액 1위를 달리고 있는 애플의 기업가치는 우리나라의 국내총생산^{GDP}보다 큰 세계 8위 수준이다. 이는 우리나라도 예외가 아니다. 미국에 비하면 여전히 제조업 기반이 강하지만, 네이버나 카카오가 시가총액 10위 안에 들었으며 최근 빠른 속도로 성장하고 있는 쿠팡이나 배달의민족, 마켓컬리 등도 모두 디지털 플랫폼 기업들이다.

이들이 대부분 인터넷이나 모바일 인터넷을 기반으로 한 기업들이라면, 최근에는 스마트 디바이스를 기반으로 하거나 오프라인과 디지털 플랫폼을 결합하는 기업들도 늘고 있다. 대표적인 것이 미국의 전기차 제조사인 테슬라이며 피트니스 장치 및 서비스 제조사인 펠로톤Peloton, 스마트 스팀오븐을 바탕으로 가정간편식HMR 구독서비스를 제공하는 토발라Tovala 같은 기업들도 이에 해당한다. 이들은 컴퓨터나 스마트폰이 아닌 스마트 디바이스를 기반으로 디지털 플랫폼 서비스를 제공하고 있다. 물론, 아마존이나 구글처럼 인터넷이나 모바일을 기반으로 하는 기업들도 이미 수년 전부터 스마트 스피커나 스마트 가전을 기반으로 한 서비스를 제공하고 있다.

이 외에도 도미노피자나 스타벅스, 나이키, 자라, 로레알과 같은 전통기업들도 적극적으로 디지털 기술을 수용하며 경쟁력을 강화하고 있다. 2010년대 초반부터 도미노스 애니웨어Domino's AnyWare 전략을 바탕으로 어떤 수단을 이용해서라도 피자를 주문할 수 있고 어디로든 피자를 배달하려고 노력했던 도미노피자는 1위 피자 업체였던 피자헛을 누르고 피자 업계 1위로 올라섰으며, 디지털 플라이휠digital flywheel 전략을 바탕으로 일찍부터 디지털 전환을 서두른 스타벅스는 세계 최고의 커피숍 자리를 굳건히 지키고 있다. 또한, 다른 패스트패션 브랜드들이 어려움을 겪는 와중에서도 자라는 전 세계적인 인기를 공고히 하고 있다.

최근 이들 디지털 선도기업들에서 발견되는 주목할 만한 특징은 크게 두 가지인데, 하나는 멀티채널multi-channel 현상이고 다른 하나는 다중플랫폼multi-platform 전략이다. 먼저 멀티채널 현상은 서비스 제공 채널을 다양화시키는 것을 의미하는데, 흔히 스마트폰이 등장하면서 온라인 중심의 서비스 채널이 온라인과 모바일로 이원화되는 현상을 설명할 때 주로 사용한다. 멀티채널이 특정한 서비스의 제공 채널을 다원화시키는 개념이라면, 다중플랫폼은 제공되는 서비스의 다원화를 의미한다. 즉, 특정한 기업이 영위하는 플랫폼 사업이 다각화된다는 것을 의미한다. 플랫폼 기업들에게는 이 두 가지 모두가 중요한데, 멀티채널에 대한 이야기는 이미 10여 년간 지속되어 온 이야기이므로 여기에서는 다중플랫폼 개념을 중심으로 최근 부상하는 비즈니스 트렌드를 살펴보고자 한다.

인터넷 전자상거래의 시작

지금으로부터 약 40년 전인 1980년, 유럽 입자 물리학 연구소Conseil Européenne pour la Recherche Nucléaire, CERN에서 계약직 직원으로 일하던 팀 버너스리Tim Berners-Lee는 연구자들 사이에 정보를 쉽게 공유하고 업데이트할 수 있도록 하는 기술 개발을 담당하게 된다. 이를 위해 버너스리는 '인콰이어ENQUIRE'라는 프로토타입 시스템을 개발하게 되는데 이 시스템은 어떤 문서의 특정한 단어나 문장에 연결된 링크하이퍼링크, hyperlink를 통해 다른 문서로 쉽게 이동할 수 있게 하는 하이퍼텍스트hypertext 기술을 바탕으로 한 것이었다. 이 시스템은 어떤 문서에 포함된 내용과 관련한 보다 구체적인 정보들을 쉽게 확인할 수 있게 도와줬다. 인터넷 신문사 홈페이지에서 기사의 제목하이퍼링크을 클릭하면 기사 본문하이퍼텍스트을 볼 수 있는 것과 동일한 방식이다.

버너스리는 이 프로젝트를 마치며 CERN을 떠나게 되고 3년 정도 존폴스 이미지 컴퓨터 시스템John Pools' Image Computer Systems, Ltd에서 일하다가 1984년에 다시 유럽 입자 물리학 연구소에 정규직원으로 복귀하게 된다. 그리고, 1990년을 전후해서 오늘날 인터넷이라고 알려진 '월드와이드웹World Wide Web'과 인터넷 브라우저를 개발하게 된다. 월드와이드웹은 이전에 CERN에서 개발했던 인콰이어 시스템과 매우 유사했다. 차이가 있었다면 기존과는 달리 하이퍼텍스트를 TCPTransmission Control Protocol 프로토콜과 DNSDomain Name System 시스템과 결합했다는 것이었다. 이를 통해 특정한 시스템 내에서의 정보 공유를 넘어 인터넷상에 존재하는 여러 컴퓨터와 시스템들 사이의 정보 공유를 가능하게 했다. 그동안 개별적으로 이용되던 작은 인터넷들이 하나로 연결되면서 진정한 인터넷이 되기 시작한 것이다.

특히 1991년 공개된 인터넷 브라우저는 일반인들로 하여금 그동안 대학이나 연구소에 종사하는 사람들에게만 공유되었던 정보에도 접근할 수 있게 했다. 인터넷 브라우저를 이용해서 CERN이나 NASA와 같은 연구기관의 인터넷 페이지에 접속해서 하이퍼링크를 통해 자신들이 원하는 정보를 찾아갈 수 있게 한 것이다. 또한, 분야별로 자신들의 관심사와 관련된 정보들을 정리해 놓은 사이트들이 등장하기 시작했으며 아치Archie, 베로니카Veronica, 알리웹AliWeb 등과 같은 검색 사이트들이 하나둘 등장하기 시작했다. 그러나 이때까지만 하더라도 일반인들의 인터넷 사용은 제한적이었다. 컴퓨터가 없는 집들도 많았고 컴퓨터가 있더라도 인터넷에 연결되지 않은 경우가 허다했다. 필자만 하더라도 1993년에 처음으로 인터넷을 이용해봤는데, 대학원실을 가야만 이용할 수 있었다.

일반인들이 본격적으로 인터넷을 이용할 수 있게 된 것은 1995년 이후의 일이다. 1995년 이전까지는 주요 기관이나 몇몇 인터넷 서비스 사업자Internet Service Provider들을 중심으로 개별적인 인터넷이 운영되고 있었는데, 1980년대 말부터 개별 인터넷 사업자들이 상호 연결되기 시작하였고 1990년에는 미국 국방부의 알파넷ARPANet도 일반에 개방되었다. 그리고 1995년에 인터넷과 관련된 정책을 관장하던 미국 국립과학재단NSF의 NSFNET이 마지막으로 통합되면서 인터넷의 상용화가 본격화되기 시작한다. 이 즈음 등장한 검색 서비스가 우리가 잘 알고 있는 야후Yahoo나 라이코스Lycos, 알타비스타Altavista 같은 것들이다. 그리고 1996년에 구글이 등장하고 국내에서는 1995년에 다음커뮤니케이션, 1997년에 네이버가 등장하게 된다.

하지만, 초기 인터넷 시장에서 주목을 받은 것은 전자상거래 기업들이었다. 우리가 흔히 웹Web이라고 부르는 월드와이드웹 기술은 과학기술 정보뿐만 아니라 오프라인에서 판매되고 있었던 일반 상품들에 대한 정보에도 쉽게 접근할 수 있게 해 주었다. 개별 상품들에 대한 정보를 하나의 웹 페이지에 구성하고 이들을 찾기 쉽게 모아 놓으면 됐기 때문이다. 하이퍼텍스트와 하이퍼링크 같은 웹 기술을 이용해서 가상의 매장과 상품 진열장, 그리고 개별 상품에 대한 설명을 제공하는 식으로 온라인 상점이 구성되었는데, 이 구조는 매우 직관적이어서 누구나 쉽게 이용할 수 있었다. 물론, 물건을 직접 만져보고 확인한 후에 구매할 수 없다는 단점은 있었지만, 이미 이용한 적이 있거나 구매하고자 하는 상품에 대한 충분한 정보를 가지고 있는 경우에는 전혀 문제가 되지 않았다.

게다가 온라인 상점은 오프라인 상점과는 달리 큰 비용을 들이지 않고도 어마어마한 규모의 상점을 구현할 수 있었다. 판매할 상품들을 진열해 놓을 물리적인 공간이 필요했던 오프라인 상점과는 달리, 온라인 상점에서는 상품들에 대한 웹페이지와 이들을 저장할 스토리지 공간만 있으면 됐기 때문이다. 판매하고자 하는 상품의 종류가 100가지든 100만 가지든 원하는 만큼 웹페이지를 만들기만 하면 됐다. 동일한 포맷으로 웹페이지를 구성할 수 있었기 때문에 개별적인 상품 이미지와 상품에 대한 상세 설명만 있다면 충분했다. 그리고 고객들로 하여금 자신들이 구매하고자 하는 상품을 쉽게 찾아서 간단하게 구매하는 방법을 제공하면 됐다. 제프 베조스가 아마존닷컴을 온라인 서점으로 시작한 이유가 바로 여기 있다. 그리고 이후 아마존이 검색 기능을 바탕으로 광고 서비스를 할 수 있게 된 근본적인 이유도 여기 있다.

이용자 입장에서는 큰 상관이 없지만, 온라인 상점은 운영 방식에 따라 인터넷 쇼핑몰과 오픈마켓open market으로 구분된다. 인터넷 쇼핑몰은 말 그대로 오프라인에 있는 쇼핑몰을 인터넷에 옮겨 놓은 것이다. 따라서, 오프라인에 있는 쇼핑몰처럼 쇼핑몰 운영자가 판매할 상품들을 직접 선택하고 선택한 상품들을 모두 직접 매입한 후 판매한다. 반면, 오픈마켓은 다수의 개별 판매자들이 자신들이 판매할 상품을 개별적으로 매입한 후 오픈마켓 운영자가 제공하는 장터, 즉 마켓플레이스marketplace에서 판매하게 된다.

따라서, 인터넷 쇼핑몰과 오픈마켓은 비즈니스 모델도 다르고 수익 구조도 다르다. 인터넷 쇼핑몰의 비즈니스 모델은 전통적인 재판매 모델Resale Model이지만 마켓플레이스의 비즈니스 모델은 중개 모델 Brokerage Model이다. 따라서, 인터넷 쇼핑몰에서는 제품을 판매한 총 액이 매출로 잡히지만, 오픈마켓에서는 마켓플레이스를 제공한 대가로 받은 수수료만 매출로 잡힌다. 마켓플레이스의 수수료율이 판매대금의 10% 내외인 점을 감안하면, 동일한 수준의 상품이 거래되었다고 가정 할 때 인터넷 쇼핑몰의 매출이 오픈마켓 매출의 10배 정도가 되는 셈이 다. 물론, 광고와 같은 부대 수익도 존재하고 누구나 물건을 판매할 수 있는 오픈마켓의 확장성이 훨씬 더 뛰어나기 때문에 매출만을 가지고 비교하는 데에는 한계가 있다.

초기에 서적 유통업체를 통해 직접 책을 사서 판매했던 아마존이 인 터넷 쇼핑몰이었다면, 중고 물품을 판매하려는 사람들과 구매하려는 개인들을 연결해주고 그에 따른 수수료를 받았던 이베이는 오픈마켓의 대표적인 예에 해당한다. 물론, 두 가지 방식을 결합해서 일부 제품은 쇼핑몰 운영자가 직접 판매하고 나머지 상품들은 개별 판매자들이 판 매하는 혼합형 구조를 취하기도 한다. 아마존의 경우 초기에는 판매할 상품들을 직접 매입한 후 판매했지만, 2000년대 초반부터는 일반 판매 자들이 상품을 판매할 수 있도록 하고 있으며 최근에는 그 비중이 점점 늘어나고 있다. 우리나라의 인터파크나 백화점 쇼핑몰들도 1996년 사 업을 시작할 때는 모두 인터넷 쇼핑몰이었으나 이후 오픈마켓으로 전

환했다. 반면, 쿠팡은 초기에는 오픈마켓 형태로 운영했지만 최근에는
물류센터 및 로켓배송과 결합하여 직매 비중을 늘리고 있다.

천 갈래로 뻗어 있는
플랫폼의 길

앞에서 살펴본 것처럼 인터넷 쇼핑몰과 오픈마켓은 다르면서도 비슷한 면이 많다. 더군다나 최근에는 이 둘이 혼합된 방식으로 운영되는 경향이 많아서 이 둘을 엄격하게 구분하는 것이 쉽지만은 않다. 특히, 이용자 혹은 구매자 관점에서는 이 둘 사이에 커다란 차이가 없다. 그러나, 운영자 관점에서는 확연히 다르다. 인터넷 쇼핑몰에서는 쇼핑몰 운영자가 판매자가 되므로 구매자들만을 대상으로 자신들이 준비한 상품을 판매하면 된다. 반면, 오픈마켓에서는 다수의 판매자와 구매자를 동시에 상대해야 하며 이들 사이에 더 많은 거래가 이루어지도록 해야 한다.

이런 점, 즉 상대해야 할 고객 집단이 하나이냐 두 개이냐에 따라서 단면시장one-sided market과 양면시장two-sided market이라고 부른다. 만약 상대해야 할 고객 집단이 세 개 이상이면 다면시장multi-sided market이라고도 한다. 따라서 인터넷 쇼핑몰은 단면시장이고 오픈마켓은 양면시장에 해당한다. 그리고 오픈마켓 운영자처럼 서로 다른 두 유형의 이용자 집단을 상대해야 하는 사업자를 플랫폼 사업자라 부른다. 즉, '플랫폼platform이란 서로 다른 이용자 그룹이 거래나 상호작용을 원활하게 할 수 있도록 제공된 물리적, 가상적, 또는 제도적 환경'을 일컫는다.

이러한 플랫폼의 개념은 인터넷 전자상거래뿐만 아니라 다양한 산업 영역industry vertical에서도 그대로 나타나고 있다. 음악이나 영화, 웹툰과 같은 디지털 콘텐츠 분야, 컴퓨터의 응용프로그램이나 스마트폰 앱과 같은 소프트웨어 분야가 대표적이다. 그리고 스마트폰과 사물인터넷 기술의 발전은 온라인 영역에서뿐만 아니라 오프라인 영역에서도 잉여 자원을 공유하는 목적으로 플랫폼을 이용한다. 빈방이나 자동차를 빌려주고 빌려 쓰는 것은 물론, 음식을 배달하거나 자신의 재능을 빌려주는 것과 같은 공유경제sharing economy 분야가 대표적이다. 개인들이 생산해서 이용하고 남은 전력을 거래하는 전력거래소나 스마트 디바이스가 생성한 데이터를 거래하는 빅데이터 거래소도 플랫폼의 한 유형이다.

물론 플랫폼이라는 말은 다양한 목적으로 사용할 수 있는 것을 가리킬 때도 사용한다. 예를 들면 기차역의 플랫폼이나 강당의 강단 혹은 자동차의 차대 같은 것들이 이에 해당한다. 현대자동차의 쏘나타와 기아차의 K5, 현대자동차의 그랜저와 기아차의 K7, 현대자동차의 투싼과 기아차의 스포티지가 각각 동일한 자동차 플랫폼을 이용하고 있다. 이 외에도 이용자에 따라 다양한 목적으로 이용될 수 있는 고성능 컴퓨터나 서버도 플랫폼이라 불리며 이런 개념이 보다 확대되어 이들을 이용해서 어떤 인터넷 서비스를 제공하게 되면 해당 서비스를 제공하는 서버도 서비스 플랫폼이라고 부르기도 한다. 하지만, 공통 인프라를 의미하는 플랫폼이라는 말과 이 책에서 이야기하려는 비즈니스 모델로서의 플랫폼은 서로 다른 것임을 구분해야 할 것이다.

다목적으로 이용되던 인프라나 장치, 설비에 국한되어 이용되던 플랫폼의 개념은 1980년대 개인용 컴퓨터가 본격적으로 보급되면서 보다 넓은 의미로 확대되어 이용되기 시작했다. 다양한 응용 프로그램들이 설치되는 마이크로소프트의 윈도우Windows나 리눅스Linux 같은 컴퓨터의 운영체제OS나 안드로이드Android나 iOS와 같은 스마트폰용 운영체제도 플랫폼으로 인식되기 시작한 것이다. 그리고 이러한 개념이 더욱 확대되어 개별 운영체제상에서 동작하지만 다양한 이용자와 응용 서비스를 중개해주는 앱스토어AppStore나 SNS 서비스, 메신저 같은 응

그림 4. 플랫폼 개념의 진화

하드웨어	소프트웨어(OS)	응용 소프트웨어
서버(main frame), 데스크탑, 스마트폰	Windows, Linux, Android, IoS 등	App Store, SNS 메신저 등

용 소프트웨어나 서비스도 플랫폼으로 인식되기 시작했다.

제품이나 서비스를 구매하려는 고객만 존재하는 단면시장과는 달리 양면시장 혹은 플랫폼에서는 대응해야 하는 고객 집단이 그 역할에 따라 공급자 측 고객supply side user과 수요자 측 고객demand side user으로 구분된다. 만약, 어떤 플랫폼 이용자가 플랫폼을 통해 제품이나 서비스를 판매하고자 한다면 이들은 공급자 측 고객에 해당한다. 반대로 단면시장에서처럼 플랫폼을 통해 제품이나 서비스를 구매하려고 한다면 이들은 수요자 측 고객이 된다. 양면시장은 단면시장과는 달리 상대해야 할 고객의 유형이 두 개나 되므로 단면시장과는 다른 특징을 보이게 되는데, 이를 설명하는 것이 교차 네트워크 효과Cross-Network Effect와 비대칭적인 요금 구조다.

공급자 측 고객이든 수요자 측 고객이든 어떤 고객이 플랫폼에 참여하고자 할 때 고객들은 상대편 이용자의 규모에 의존하게 된다. 예를

그림 5. 단일 서비스 플랫폼과 네트워크 효과

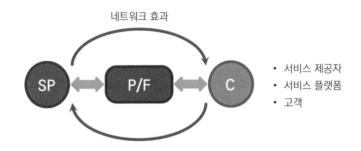

들어, 여행지의 숙소를 중개하는 플랫폼에 참여하는 경우 방을 예약하려는 수요자 측 고객들은 숙박업소의 개수가 많은 플랫폼을 선호할 것이며, 자신의 방을 제공하려는 공급자 측 고객들은 해당 플랫폼의 수요자 측 고객의 수가 많은 플랫폼에 참여하기를 더 바랄 것이다. 이런 특성을 간접적 네트워크의 외부성 혹은 교차 네트워크의 외부성^{externality}이라고 한다. 만약, 어떤 식으로든 수요자 측 고객을 다수 확보해 놓았다면 이를 보고 새로운 공급자 측 고객들이 몰려들어 공급자 측 고객의 규모가 커지게 된다. 그러면, 공급자 측 고객의 규모를 보고 새로운 수요자 측 고객들이 몰려들어 상호 간에 선순환적인 효과를 일으키게 되는데, 이를 두고 교차 네트워크 효과라고 부른다.

이런 교차 네트워크 효과를 만들어 내기 위해서 플랫폼 사업자들은 두 유형의 고객 집단을 대상으로 플랫폼 이용과 관련된 적절한 가격 수준과 가격 구조를 결정하게 된다. 이러한 플랫폼 이용료는 플랫폼을 이용하지 않고 다른 유형의 고객과 거래를 할 때 발생하는 비용보다 훨씬 저렴하게 책정되며, 플랫폼의 규모가 커지면 커질수록 한계비용이 낮아져서 더 저렴해지기도 한다. 물론, 다른 유사 플랫폼과의 경쟁으로 인해 이용료가 낮아질 수도 있으며 특정 플랫폼이 특정 분야를 독점하는 경우에는 플랫폼 이용에 따른 수수료가 더 올라갈 수도 있다.

그런데 여기서 재미있는 것은 두 유형의 고객 집단에게 부과되는 플랫폼 이용료, 즉 수수료가 서로 다르다는 점이다. 오픈마켓을 예로 들면, 공급자 측 고객들에게는 통상 10% 내외의 수수료가 부과되지만 수요자 측 고객들은 일반적으로 어떠한 수수료도 지불하지 않는다. 수수료라는 것이 플랫폼이 제공하는 고객가치에 대한 대가라는 점에서 이런 비대칭적인 요금 구조는 플랫폼이 수요자 측 고객보다는 공급자 측 고객들에 대한 가치가 더 크다는 것을 의미한다. 물론, 그렇다고 해서 수요자 측 고객가치가 전혀 없다는 것은 아니다. 플랫폼 운영자는 고객가치의 크기에 따라 공급자 측 고객에게 7%의 수수료를, 그리고 수요자 측 고객에게는 3%의 수수료를 청구할 수도 있다. 그러나 일반적으로는 더 큰 고객가치를 누리는 고객 집단에게 전체 수수료를 청구하고 이들이 간접적으로 상대 고객 집단의 수수료를 보조cross-subsidy하는 식으로 운영된다. 그리고 이들이 보조한 수수료는 제품이나 서비스 가

그림 6. 플랫폼 내 고객들 사이의 교차보조 현상

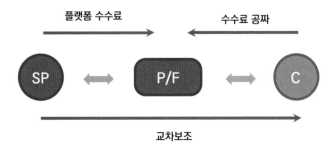

격에 반영하게 된다. 세상에 공짜는 없는 것이다.

물론 수요자 측 고객이 많고 공급자 측 고객의 수가 제한되어 있는 플랫폼에서는 공급자 측 고객에게는 수수료를 부과하지 않고 수요자 측 고객에게만 수수료를 부과하기도 한다. 스포츠경기나 공연 티켓 판매가 대표적인 예에 해당한다. 인터파크나 티켓링크에서 뮤지컬이나 야구경기 티켓을 구매하면서 장당 1,000~2,000원의 수수료를 냈던 것이 이에 해당한다. 혹은 공급자 측과 수요자 측 고객 모두에게 수수료를 부과하기도 한다. 에어비앤비가 대표적인 경우인데, 처음에는 빈방을 제공함으로써 돈을 벌 수 있는 공급자 측 고객에게는 최대 20%의 수수료를 부과하고 빈방을 빌리려는 수요자 측 고객에게는 3%의 수수료를 부과하는 식이었다. 그러나 2019년에 상장 준비를 하면서 수요자 측 고객에게 부과하던 수수료를 없앴다. 이처럼 두 유형의 고객 집단에게 서로 다른 플랫폼 수수료를 부과하는 것은 플랫폼에 대한 두 고객 집단의 효용가치가 서로 다르기 때문이다.

플랫폼은 처음부터 공급자 측 고객과 수요자 측 고객이 존재하던 시장에서 나타날 수도 있고 단면시장에 존재하는 고객들을 대상으로 새로운 공급자 측 고객들이 유입되는 형태로 구현될 수도 있다. 먼저 처음부터 공급자 측 고객과 수요자 측 고객이 존재하던 시장에 등장한 플랫폼으로는 오픈마켓이나 에어비앤비, 우버 등과 같은 서비스들을 생각할 수 있다. 오픈마켓은 물건을 팔고자 하는 사람들과 사고자 하는 사람들을 효과적으로 연결해주기 위해 등장한 것이며, 에어비앤비는 자신의 안 쓰는 방^{잉여 자산, Surplus Asset}을 빌려주고 돈을 벌려는 사람들과 저렴한 비용으로 숙소 문제를 해결하려는 사람들이 존재하는 곳에서는 등장했다. 앞에서도 언급한 것처럼 이러한 플랫폼은 다양한 산업 분야 및 기술이나 제품, 서비스를 대상으로 등장한다.

반면, 단면시장이 양면시장으로 진화하기도 한다. 페이스북이나 트위터 등과 같은 소셜네트워크 서비스^{SNS}나 카카오톡과 같은 메신저 혹은 커뮤니케이션 서비스가 대표적이다. 이런 서비스들은 장기적인 관점에서 단일한 고객 집단을 대상으로 무료로 소셜네트워크 서비스나 메신저 서비스를 제공한다. 이런 서비스는 친구나 지인, 회사 동료 등을 중심으로 고객 집단의 규모를 키우게 되는데 고객 집단의 규모가 커지면 커질수록 서비스의 효용가치가 높아지게 된다. 페이스북에 친구가 50명인 것보다 5,000명인 경우에 페이스북을 더 재미있고 유용하게 이용할 수 있는 것을 생각하면 된다. 이처럼 단면 네트워크에서 나타나는 네트워크 효과를 직접 네트워크 효과direct or same-side network effect 혹은 메칼프의 법칙Metcalf's Law이라고 한다.

직접 네트워크 효과를 이용해서 고객 집단의 규모를 키우게 되면, 이들을 대상으로 다양한 부가 서비스를 제공하는 것이 가능해진다. 가장 쉽게 생각할 수 있는 것이 광고다. TV나 라디오가 무료로 방송 서비스를 제공하는 대신 시청자나 청취자들을 대상으로 광고를 하는 것과 마찬가지다. 중요한 것은 이 과정에서 소셜네트워크 서비스나 메신저 서비스 같은 단면 서비스가 광고 플랫폼으로 진화하게 된다는 것이다. 혹은 해당 서비스 이용자들로 하여금 어떤 제품이나 서비스를 판매하게 함으로써 오픈마켓 플랫폼으로 진화시킬 수도 있다. 이 경우 단일한 고객 집단의 구성원들이 역할에 따라 공급자 측 고객이 되기도 하고 수요자 측 고객이 되기도 한다. 당근마켓에서 내가 물건을 팔 때는 공급자 측 고객이 되고 물건을 살 때는 수요자 측 고객이 되는 것을 생각하면 쉽게 이해가 될 것이다.

플랫폼을 지탱하는 것은 고객

이 책도 그렇지만 최근에 플랫폼에 대한 이야기를 하는 사람들이 많다. 인터넷 검색을 해봐도 플랫폼에 대한 이야기들이 넘쳐난다. 이들 중에는 앞에서 이야기한 교차 네트워크 효과나 비대칭적 수수료 구조, 혹은 교차 네트워크 효과를 내재화하기 위한 방법들처럼 플랫폼의 구축과 운영에 대한 기술적인 이야기를 하는 사람들도 있고 공급자 측 고객과 수요자 측 고객을 효과적으로 확보하는 등의 플랫폼 구축 전략에 대해 이야기하는 사람들도 있다. 모든 것이 인터넷에 연결되면서 비즈니스 패러다임이 바뀌는 상황에서 매우 바람직한 모습이라고 생각한다.

문제는 이런 사람들은 전체의 10%도 채 되지 않는다는 것이다. 90%

혹은 그 이상의 사람들은 누구나 알만한 성공한 플랫폼 기업들의 단편적인 이야기들을 퍼 나르는 수준이다. 여전히 대다수의 사람은 단면시장과 양면시장도 제대로 구분하지 못하며 플랫폼과 관련된 신문기사나 다른 사람들의 블로그에 있는 '플랫폼'에 대한 정의를 그대로 옮겨 쓰는 수준이다. 게다가 일부 사람들은 클라우드를 통해 특정한 서비스를 제공하면 무조건 플랫폼 비즈니스라고 말하기도 한다. 그러면서 플랫폼의 핵심 가치는 중개 수수료이고 이에 대한 가격 결정권을 확보하기 위해 시장을 독점하는 것이 무엇보다 중요하다고 말을 한다.

일부는 맞는 이야기일 수도 있지만, 플랫폼 비즈니스의 본질은 이런 것들이 아니다. 이런 생각은 전적으로 공급자적인 생각이며 플랫폼 비즈니스 모델과는 어울리지 않는 생각이다. 플랫폼 비즈니스 모델의 핵심 가치는 시장을 독점하고 이를 통해 수수료에 대한 가격 결정권을 확보하는 것이 아니라 고객들이 플랫폼을 이탈하지 않고 꾸준하게 플랫폼을 이용하도록 만드는 것이다. 고객들이 플랫폼을 꾸준히 이용한 결과로 시장을 독점할 수는 있겠지만, 그렇다고 해서 수수료를 마음대로 변경해서는 안 된다. 고객들이 변경된 수수료 정책이 불합리하다고 생각하는 순간 새로운 경쟁자가 등장해서 기존 플랫폼을 순식간에 무너뜨릴 수도 있기 때문이다.

플랫폼 비즈니스에서 수익은 높은 수수료를 통해서도 확보할 수 있지만, 낮은 수수료를 받는다고 하더라도 추가적인 고객가치를 제공하거나 다양한 형태의 비즈니스 모델을 적용함으로써 확보할 수 있다. 일반적으로 고객가치라는 것은 고객들이 원하는 것gains을 키워주고 불편해하는 것pains을 줄여주는 일련의 노력과 활동을 말하는데, 양면시장인 플랫폼에는 하나가 아닌 두 개의 고객 집단이 존재하기 때문에 플랫폼 사업자들이 제공할 수 있는 추가적인 고객가치나 적용할 수 있는 비즈니스 모델의 종류가 훨씬 더 다양하게 존재한다.

아마존을 예로 들면, 마켓플레이스를 이용하는 제3의 판매자들에게는 크게 두 가지 유형의 수수료가 청구된다. 판매 수수료Referral Fee와 물류센터 수수료FBA Fees가 그것인데, 판매 수수료는 말 그대로 마켓플레이스라는 플랫폼을 이용하는 데에 따른 수수료이고 물류센터 수수료는 마켓플레이스를 통해 판매한 상품의 보관과 배송 및 그에 따른 일련의 취급 수수료를 포함한다. 판매자의 유형이나 판매하는 상품의 종류에 따라 다르기는 하지만, 판매 수수료는 업계 최저 수준이다. 따라서, 다수의 제3 판매자들이 아마존을 통해 계속해서 물건을 판매하려 한다.

물류센터 수수료는 아마존의 물류센터Fulfillment by Amazon를 이용하는 판매자들에게만 청구된다. 따라서, 아마존의 물류센터를 이용하지 않는 판매자들은 저렴한 판매 수수료만 내면서 아마존의 마켓플레이스 서비스를 이용하는 것도 가능하다. 하지만, 개인 판매자들이 자체적으로 물건을 보관하고 일반 택배를 이용해서 배송하고 반품 요구에 대응하는 비용이 아마존 물류센터를 이용하는 것보다 훨씬 비싸다. 결국 아마존에서 물건을 판매하는 사람들은 대부분 물류센터와 관련된 서비스도 아마존이 제공하는 서비스를 이용하게 되며 아마존에 판매 수수료 이외의 추가 수익을 가져다주게 된다.

물론 이 외에도 추가적인 수익을 창출할 수 있는 방법은 다양하다. 어떤 비즈니스든 그 사업이 전개되는 과정을 하나하나 펼쳐보면 다양한 곳에서 세분화된 고객가치를 제공할 수 있는 가능성이 존재하기 때문이다. 탈레스 S. 테이셰이라Thales S. Teixeira는 이를 두고 '고객가치사슬customer value chain을 디커플링decoupling한다'라고 표현하는데, 특정한 고객가치를 제공하면서 플랫폼을 구축한 사업자는 그 고객가치와 관련된 인접한 고객가치를 제공하는 데 있어서도 경쟁자들보다 유리한 입장에 설 수 있다고 주장한다. 테이셰이라는 주로 수요자 측 고객 관점에서 고객가치사슬과 디커플링의 개념을 설명했지만, 앞에서 소개한 아마존의 사례는 공급자 측 고객 관점에서 고객가치사슬을 디커플링한 경우에 해당한다.

요컨대, 인터넷 기반의 비즈니스 환경에서는 수익화할 수 있는 방법들이 다양하게 존재하므로 플랫폼 사업자들은 더 이상 기본적인 플랫폼 수수료에 집착해서는 안 된다는 것이다. 대신 고객들을 플랫폼에 더

단단히 붙잡아두는 방법에 대해 고민하고 집중해야 한다. 그리고 고객들로 하여금 자신들이 제공하는 기본 서비스 및 부가 서비스를 더욱 열심히 이용하도록 만들면서 수익화를 도모해야 한다. 그런 점에서 이 책에서 말하는 크로스 플랫폼과 통합 멤버십 전략은 앞으로 플랫폼 비즈니스를 추진하는 과정에서 매우 중요한 역할을 할 것이라고 생각한다.

서비스 플랫폼 구축 전략

양면시장, 즉 두 유형의 고객 집단을 확보해야만 하는 플랫폼 비즈니스에서 초기 고객 기반을 확보하는 것은 참으로 어려운 문제다. 초기에 무료로 서비스를 제공하며 수요자 측 고객 집단을 확보한 후 광고나 다른 형태의 서비스 플랫폼으로 진화하는 것이 일반적이긴 하지만, 그렇지 않은 경우에는 공급자 측과 수요자 측 고객 중에서 어느 쪽 고객부터 모아야 할지 애매하기 때문이다. 공급자 측 고객을 확보하기 위해서는 수요자 측 고객 기반이 있어야 하고, 마찬가지로 그런 수요자 측 고객 기반을 만들기 위해서는 공급자 측 고객 기반이 존재해야 하기 때문이다. 닭이 먼저냐 달걀이 먼저냐 하는 것The Chicken or The Egg과 동일한 상황이 되는 것이다. 이 문제를 해결하기 위해서는 어느 쪽이 됐든 먼저 확보해야 할 고객 집단을 결정해야 한다. 이는 시장의 유형이나 특성에 따라 다를 수 있는데, 흔히 세 가지 유형으로 나누어서 생각할 수 있다.

첫 번째 유형은 일반적으로는 지불 가능한 고객군, 즉 가격 민감도 Price Sensitivity가 낮은 고객군을 선정하는 것이다. 이들은 플랫폼을 통해 상대측 고객집단에 자신들의 상품을 제공하고 수익을 창출하는 공급자 측 고객일 가능성이 크다. 음식 배달 서비스의 경우를 생각해 보면 쉽게 이해할 수 있는데, 배달의민족이나 요기요 같은 서비스는 음식을 주문하는 수요자 측 고객보다는 음식점 같은 공급자 측 고객을 확보하는 것이 바람직하다. 음식점들은 이미 동네마다 뿌려지는 쿠폰북 같은 기존 홍보 매체에 광고비를 지불해 왔기 때문에 플랫폼 수수료를 내는 것에 대해 그렇게 민감하지 않을 수 있다. 물론, 공급자 측 고객의 경우도 새로운 매체에 대해 확신을 하기 전까지는 비용을 쓰려고 하지 않을 것이다. 따라서, 일정 기간 동안 무료 혹은 할인된 조건으로 서비스를 이용해 보도록 하는 유인책을 함께 사용하는 것이 바람직하다.

반면에, 음식을 주문하는 고객들의 경우에 추가로 비용을 내지 않았기 때문에 플랫폼 수수료를 내는 것에 부정적일 수 있다. 따라서, 이들에게는 수수료를 무료로 해준다. 대신 그동안 식당이 무료로 제공하던 배달 서비스에 대해 별도의 비용을 지불하도록 하는 식으로 사실상 수수료를 대체하기도 한다. 그러나, 호출택시의 경우는 상황이 다르다. 과

거에 전화로 호출택시를 부를 때도 승객들이 건당 1,000원 혹은 2,000 원씩 '콜비'라는 수수료를 냈기 때문이다. 따라서, 호출택시 중개 플랫폼에서는 수요자 측 고객 집단을 먼저 확보한 후 공급자 측 고객 집단을 확보하는 것이 더 바람직할 수 있다. 이 역시 초기에는 공급자 측 고객 집단의 규모가 적을 수 있기 때문에 일정한 기간 동안 승객들에게 무료로 혹은 할인된 조건으로 서비스를 이용하도록 하는 것이 필요하다. 카카오택시가 초기에 이런 전략을 이용해서 서비스를 시작했다.

이와 관련해서는 2006년 토만스 아인스만Thomas R. Eisenmann, 제프리 파커Geoffrey Parker, 마셜 반 알슈타인Marshell Van Alstyne이 《하버드 비즈니스 리뷰HBR》에 발표한 〈양면시장을 위한 전략Strategies for Two-Sided Markets〉에서도 확인된다. 이들은 양면시장의 두 고객 집단을 가격에 대한 민감도를 기준으로 지불측 고객money side user과 보조측 고객subsidy side user으로 구분했다. 지불측 고객은 가격에 덜 민감하고 보조측 고객은 가격에 민감한 고객 집단인데, 이들 중에서 인위적으로라도 지불측 고객부터 확보하는 것이 낫다고 말한다. 보조측 고객들은 가격뿐만 아니라 플랫폼이 제공하는 서비스품질에도 민감하기 때문이다. 따라서, 플랫폼 사업자는 지불측 고객을 먼저 확보해야 하며, 그런 지불측 고객 중에는 경쟁 플랫폼에는 없는 지불 능력이 더 뛰어난 고객들marquee user도 많이 있어야 한다고 지적한다. 그래야만 이들에게서 보조를 받으려는 보조측 고객들이 더 많이 참여하게 되고 초기 네트워크 효과를 일으키는 데 기여하게 된다.

앞의 사례와 빗대어 말하자면, 플랫폼 수수료를 내는 음식점주나 호출택시 이용자들이 지불측 고객에 해당하고 음식배달 서비스를 이용하는 고객들이나 택시 운전사들이 보조측 고객에 해당한다. 지불측 고객 중에 주문한 음식 가격을 추가로 할인해 주는 음식점주가 있다면 이들이 지불 능력이 뛰어난 고객에 해당할 것이며, 플랫폼 사업자는 이런 고객들을 자신들의 플랫폼 안에만 머물도록 하는 노력을 기울여야 한다. 마찬가지로 일주일에 10회 이상 호출택시를 이용하는 고객들이 있다면 이들이 지불 능력이 뛰어난 고객에 해당할 것이며, 플랫폼 사업자는 이런 고객에게 할인 쿠폰 등 추가적인 혜택을 제공함으로써 경쟁 플랫폼으로의 이탈을 막아야 할 것이다. 혹은 우버나 리프트Lyft가 하는 것처럼 구독서비스를 제공함으로써 차량 호출 서비스 이용 빈도를 높이도록 유도할 수도 있다.

오픈마켓이나 디지털 콘텐츠 플랫폼처럼 모든 서비스가 온라인에서 이루어지는 것과 달리 음식배달이나 호출택시 서비스처럼 온라인과 오프라인이 결합되는 서비스를 O2Oonline-to-Offline 서비스라고 한다. O2O 서비스에서는 전략적인 지역을 대상으로 고객 기반을 확보한 후 서비스 제공 지역을 확대해 나가는 것도 중요하다. 그렇지 않은 경우, 전체 공급자 측 혹은 수요자 측 고객 집단의 규모는 크더라도 내가 있는 지역의 고객 집단 규모는 크지 않아 플랫폼의 효용성이 떨어진다고 느끼게 된다. 중고물품 거래를 중개하는 당근마켓이 주목받는 이유 중의 하나도 바로 이 부분인데, 특정 지역을 기반으로 고객들을 모으고 방문 밀도와 체류 시간을 높인 후 다음 지역으로 확대하는 식으로 시장을 키우고 있다.

두 번째 유형은 음식배달 중개 플랫폼이나 호출택시 중개 플랫폼과는 달리 가격 민감도가 낮은 고객 집단이 존재하지 않는 분야에서 초기 고객기반을 확보하는 것이다. 대표적인 것이 이메일이나 정보 검색, 메신저 등과 같은 초기 인터넷 서비스다. 앞에서도 언급한 것처럼 사실 이런 서비스들은 플랫폼이 아니라 단면시장 서비스다. 이런 서비스에서는 고객들이 가격에 민감하기 때문에 일정 기간 무상으로 서비스를 제공하며 수요자 측 고객 집단을 확보한 후 이들을 대상으로 부가 기능이나 유료 상품을 판매하는 식으로 수익형 플랫폼을 구축하게 된다. 수익형 플랫폼의 관점에서만 바라본다면 수요자 측 고객 집단을 먼저 확보한 후 공급자 측 고객 집단을 확보하는 방식이 된다.

서비스가 무엇이고 차별화된 고객가치가 무엇이냐에 따라 다르겠지만, 이런 유형의 플랫폼 구축 전략은 수익화까지의 시간이 오래 걸릴 수 있다는 단점이 있다. 무료로 서비스를 제공하는 만큼 수요자 측 고객 기반은 빠르게 늘어나지만, 별다른 수익도 없이 비용만 기하급수적으로 늘어나기 때문이다. 따라서 대부분의 기업들은 외부 투자 유치에 의존하며 고객 기반을 확보한 후 수익 사업으로 전환하곤 했다. 그러나 최근에는 처음부터 광고라든지 게임이나 오픈마켓과 같은 수익 플랫폼의 연동을 통해 그 기간을 최대한 줄이려고 노력하고 있다. 만약 그렇지 않고 성급하게 유료화를 하게 되면 기반 고객을 확보하는 것이 불가능하게 되는데, 모바일 전용 숏폼 동영상 플랫폼인 퀴비Quibi가 대표적인 케이스다. 콘텐츠 타이틀이 50여 개에 불과한 상태에서 유료화를 추진하자 기존 고객들마저 플랫폼을 이탈하고 있는 상황이다.

이 유형은 스마트 디바이스 기반의 서비스 플랫폼을 구축할 때도 적용할 수 있다. 일반적으로 스마트 디바이스는 일반 디바이스에 비해 가격이 더 비싼 편이라 초기 이용자 기반을 확보하는 것이 쉽지 않다. 이 경우 전략적으로 스마트 디바이스의 가격을 낮게 책정해서 판매하거나 혹은 다른 제품이나 서비스를 구매할 때 무료로 혹은 할인된 가격에 제공기도 한다. 구글은 물론 네이버나 카카오 등이 유튜브 프리미엄이나 네이버 뮤직, 멜론 등에 1년 정기구독을 신청하는 경우 스마트 스피커를 무료로 혹은 할인된 가격에 제공한 것이 대표적인 사례다. 삼성전자는 스마트폰이나 고가의 가전제품 구매자들에게 갤럭시 홈 미니를 무료로 제공하기도 했다.

세 번째 유형은 특정한 분야의 전문성을 기반으로 양 사이드를 동시에 키우는 방법이다. 이러한 유형의 플랫폼들은 초기에는 특정 분야와 관련된 소수의 공급자 측 고객과 소수의 수요자 측 고객을 기반으로 플랫폼을 만들고 이들을 기반으로 공급자 측 고객과 수요자 측 고객을 추가적으로 유입시키려 노력한다. 이러한 접근법은 고속버스터미널 같은 전통적인 플랫폼들이 성장하는 모습과도 비슷한데, 처음에는 특정 지역을 오가는 고속버스와 승객들을 연결하다가 더 많은 지역을 오가는 고속버스와 고객들이 추가되면서 플랫폼이 커지는 경우에 해당한다.

대표적인 예가 무신사라는 패션 전문 오픈마켓인데 '무지하게 신발 사진이 많은 곳'이라는 프리챌 커뮤니티에서 시작해서 의류 및 패션 용품으로 대상 품목을 확대한 경우다. 비슷한 회사로는 TLX가 있는데, 피트니스센터를 중개하는 것에서 시작해서 골프나 요가 등으로 서비스 대상을 확대했고 이후 마사지나 미용 등으로 서비스를 확대해 나갔다. 물론 TLX의 경우 과도한 사업 확장 과정에서 유동성 문제가 발생해서 공급자 측 고객들을 어려움에 빠뜨리기도 했는데, 이는 플랫폼 비즈니스를 준비하는 기업들에게 좋은 반면교사가 되리라 생각한다.

플랫폼을 구축하는 데 있어서 고객 기반을 확보하는 것 못지않게 중요한 것은 이렇게 구축한 초기 플랫폼이 지속성을 갖도록 하는 것이다. 어떤 플랫폼이 지속성을 유지하기 위해서는 거래가 계속해서 이루어지고 이를 바탕으로 새로운 공급자 측 고객들과 수요자 측 고객들이 모여들어야 한다. 즉, 유사한 서비스 플랫폼이 존재하는 한 경쟁 플랫폼으로 이탈하지 않고 해당 플랫폼만 계속해서 이용하도록 하는 것이다. 이를 위해서는 수요자 측 고객들이 반복적으로 해당 서비스 플랫폼을 이용하도록 하는 것, 즉 네트워크 효과를 내부화하는 것이 중요하다. 일반적으로 이를 위해서는 경쟁 플랫폼과는 차별화된 고객 혜택을 제공하거나 혹은 멤버십 제도를 활용할 수도 있다. 아마존의 멤버십 서비스나 무신사의 회원제도가 대표적인 예인데, 무신사에서는 더 많이 구매하면 할수록 더 큰 보상을 받도록 함으로써 고객들을 효과적으로 묶어두고 있다.

또한, 해당 플랫폼이 제공한 서비스에 대해 만족하고 신뢰할 수 있도록 해야 한다. 예를 들면, 수요자 측 고객들이 공급자 측 고객들에 대해 평가를 하도록 함으로써 보다 만족도가 높은 공급자 측 고객을 선택해서 서비스를 이용할 수 있게 하는 것이다. 마찬가지로 공급자 측 고객들로 하여금 수요자 측 고객에 대해 평가하도록 함으로써 공급자 측 고객들의 불만이나 손해도 최소화시킬 수 있어야 한다. 또한, 공급자 측 고객들에 대해서는 서비스 제공과 관련된 통계 정보를 제공해 주거나 탄력적인 요금 구조를 제공해 주는 것도 하나의 방법이다. 그리고, 공급자 측이나 수요자 측 고객들에게 제공할 수 있는 새로운 서비스 제공

그림 7. 플랫폼의 구축 및 성장

집단을 수용하는 것도 한 방법이다. 즉, 플랫폼을 다면 혹은 다중 플랫

폼으로 진화시키는 방법이다.

플랫폼 에볼루션: 각양각색으로 변화하는 서비스 플랫폼

단면시장이 양면시장으로 진화하면서 플랫폼이 등장하게 되는 것처럼 특정한 목적을 위해 이용되는 단일 플랫폼 혹은 버티컬 플랫폼은 다면 플랫폼이나 다중 플랫폼으로 진화하기도 한다. 오프라인 세상에서와는 달리 한 번 확보한 고객 기반은 그들이 공급자 측 집단이든 수요자 측 집단이든 아주 쉽게 전혀 다른 서비스를 제공하기 위한 수요자 측 집단으로 활용될 수 있기 때문이다. 이 과정에서 기존의 서비스 플랫폼을 거의 그대로 사용하느냐 혹은 별도의 서비스 플랫폼을 이용하느냐에 따라 다면 플랫폼과 다중 플랫폼으로 구분된다.

다면 플랫폼multi-sided platform 혹은 다면시장multi-sided market은 말 그대로 하나의 플랫폼에 고객 집단이 3개 이상 존재하는 것을 의미한다. 이들 고객 집단 사이에는 여전히 공급과 수요 관계가 존재하는데, 기존의 수요자 측 고객을 대상으로 새로운 공급자 측 고객 집단이 형성되기도 하고 기존의 공급자 측 고객을 대상으로 새로운 공급자 측 고객 집단이 형성될 수도 있다. 그러나 일반적으로는 동일한 플랫폼을 이용해서 수요자 측 고객들을 대상으로 기존과는 다른 형태의 서비스를 제공하는 것을 가리킬 때 다면 플랫폼이라고 한다.

다면 플랫폼은 수요자 측 고객들에게 제공되는 서비스의 종류가 늘어난다는 점에서 서비스 카테고리 확대와 거의 같은 것으로 받아들여지기도 한다. 그러나, 다면 플랫폼은 두 가지 관점에서 서비스 카테고리의 확대와 다르다. 먼저 카테고리의 확대라는 것이 책에서 CD나 DVD로, 그리고 장난감이나 의류로 공급자 측 고객 집단의 필요나 기대와는 상관없이 대상 품목이 확대되는 것을 가리키는 반면, 다면 플랫폼은 해당 서비스에 대한 전문성을 가지고 있고 기존 서비스와는 전혀 다른 새로운 공급자 측 고객 집단이 형성되는 경우를 가리킨다. 따라서, 앱이나 웹에서 별도의 카테고리가 아니라 별도의 서비스 탭으로 구분되며 대부분의 경우에 기존에 제공되던 서비스와 분리되어 운영된다.

다면 플랫폼을 만들 때 주의해야 할 점은 공급자 측 고객과 수요자 측 고객 사이에서 발생하는 거래의 패턴이 매우 유사한 것들이어야 한다는 점이다. 즉, 플랫폼의 기능이나 구조를 거의 변경하지 않고도 새

그림 8. 다면 플랫폼의 세 가지 유형

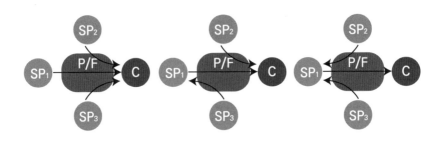

로운 서비스를 수용할 수 있어야 한다. 새로운 공급자 측 고객들은 기존의 상품 소개 템플릿을 그대로 이용할 수 있으면 좋다. 또한, 플랫폼 운영자는 수수료율은 다를지라도 여전히 동일한 유형의 고객 집단에게만 수수료를 청구할 수 있어야 한다. 또한, 새롭게 추가되는 서비스가 기존에 제공하던 서비스와 어느 정도는 관련성이 있어야 한다. 그래야만 기존 수요자 측 고객들이 자연스럽게 새로운 서비스를 추가적으로 이용하게 된다.

　기존의 수요자 측 고객뿐만 아니라 공급자 측 고객을 대상으로 새로운 서비스를 제공하는 것도 가능하다. 이 경우 기존의 공급자 측 고객은 새롭게 등장한 공급자 측 고객의 수요자 측 고객이 된다. 그러나, 일반적으로 어떤 플랫폼에서 공급자 측 고객과 수요자 측 고객들에 대해 제공되는 기능이나 서비스는 서로 다르다. 따라서, 동일한 플랫폼을 이용해서 공급자 측 고객에게 새로운 서비스를 제공하는 것은 쉬운 일이 아니다. 물론, SNS나 중고거래 플랫폼처럼 공급자 측 고객과 수요자 측 고객이 동일한 경우도 있다. 즉 공급자 측 고객이 수요자 측 고객이 될 수도 있고 수요자 측 고객이 공급자 측 고객이 되는 경우도 존재하기는 하지만, 일반적인 형태는 아니므로 예외로 한다.

반면, 다중 플랫폼은 말 그대로 여러 개의 플랫폼으로 구성된다. 일반적으로 다면 플랫폼이 동일한 서비스 플랫폼을 이용하여 새로운 서비스를 제공하는 것이다 보니 주로 수요자 측 고객들을 대상으로 새로운 서비스를 제공하는 공급자 측 고객 집단이 추가되는 반면, 다중 플랫폼에서는 기존 플랫폼과는 다른 새로운 서비스 플랫폼을 이용하기 때문에 수요자 측 고객은 물론 공급자 측 고객을 대상으로도 서비스를 제공하는 것이 가능해진다. 단지 기존의 플랫폼에서 확보한 고객들을 활용할 뿐 전혀 다른 서비스 플랫폼을 이용하는 것이다.

먼저 수요자 측 고객을 대상으로 하는 다중 플랫폼에 대해 살펴보면, 이는 다면 플랫폼에서 수요자 측 고객에게 새로운 서비스를 제공하는 것과 큰 차이는 없다. 단지 새로운 서비스를 위한 별도의 서비스 플랫폼을 이용한다는 것뿐인데, 해당 서비스에 특화된 별도의 플랫폼을 이용하는 만큼 보다 전문화된 서비스를 제공하는 것이 가능하다. 혹은 기존과는 다른 수수료 구조를 적용하는 경우에도 다면 플랫폼보다는 다중 플랫폼을 이용하기도 한다. 아마존이 다른 상품들과는 달리 신선식품에 대해서는 아마존프레시AmazonFresh라는 별도의 서비스를 제공하는 것이 이에 해당하며, 인터파크가 수요자 측 고객들이 수수료를 내는 티켓 판매를 별도의 플랫폼을 이용해서 제공하는 것도 이에 해당한다.

이때 중요한 것이 서비스 플랫폼별 사용자 ID 체계를 어떻게 가져갈 것이냐 하는 부분이다. ID 체계와 관련된 정책은 기업의 여러 가지 상황에 따라 달라지는데, 플랫폼별로 따로 관리할 수도 있고 통합 ID 체계를 활용할 수도 있다. 일반적으로 기존에는 서비스 플랫폼별로 담당하는 사업부나 조직이 다르기 때문에 플랫폼별로 별도의 ID 체계를 이용하여 사용자들을 관리했던 반면, 최근에는 이를 하나로 통합해서 운영하고 관리하는 통합 ID 체계로 바뀌어 가고 있다. 이에 대해서는 다음 장에서 자세히 다루도록 하겠다.

다중 플랫폼은 공급자 측 고객들을 대상으로도 새로운 서비스를 제공할 수 있다. 일반적으로 서비스 플랫폼에서는 공급자 측 고객들이 플랫폼 수수료를 내는 경우가 많기 때문에 이들을 위한 다양한 부가 서비스를 개발해서 제공한다. 판매 관리 및 결제 서비스 같은 것들이 대표적이고 물류센터나 배송 대행, 반품 처리, 고객 관리와 같은 서비스들도 추가로 제공한다. 이 중에 판매 관리와 같은 서비스는 기존 플랫폼에서 부가적인 기능으로 제공되기도 하는데, 나머지 서비스들은 별도

그림 9. 다중 플랫폼의 세 가지 유형

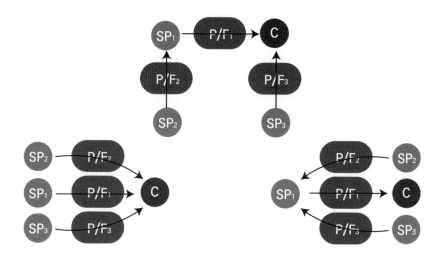

의 서비스 플랫폼을 통해 제공된다. 이처럼 별도의 플랫폼을 이용해서 제공되는 서비스들 중에는 기존 플랫폼 사업자들의 새로운 수익원이 되기도 한다. 물론, 기존 플랫폼 사업자가 제공할 수 없는 서비스의 경우에는 전문 서비스 사업자와의 제휴를 통해 제공되기도 한다.

다면 플랫폼과 다중 플랫폼에 대한 이해를 돕기 위해 빈방 예약 서비스의 예를 들어보자. 이 서비스 플랫폼에는 빈방을 빌려주는 공급자 측 고객과 그 방을 빌리려는 수요자 측 고객이 존재할 수 있다. 이 서비스 플랫폼은 기본적으로 두 고객 집단을 연결해주고 수수료를 받는 일을 했지만, 고객들 사이에서 새로운 요구사항이 나타나기 시작한 것이다. 빈방을 빌리려는 사람들은 여행지에서 현지의 지역 음식을 맛보거나 문화체험을 하고자 했으며, 빈방을 빌려주려는 사람들은 방을 빌리려는 사람들을 만나지 않고 편리하게 방을 빌려주고 싶어 했다.

그래서 해당 플랫폼 사업자는 수요자 측 고객들을 대상으로는 현지의 맛집이나 문화체험을 소개하는 서비스를 추가적으로 제공하기로 한다. 맛집이나 문화체험 서비스는 별도의 서비스 플랫폼을 통해 제공할 수도 있지만, 맛집이나 문화체험을 중개하는 것이 빈방 예약과 비슷하다고 판단해서 기존의 빈방 예약 플랫폼에 맛집과 문화체험을 추가하기로 결정한다. 결국 빈방 중개 플랫폼에는 하나의 수요자 측 고객 집단을 대상으로 빈방과 맛집과 문화체험이라는 세 가지 유형의 공급자 측 고객 집단이 생성되게 된다. 이것이 바로 다면 플랫폼이다.

이 빈방 예약 서비스 플랫폼에는 이미 충분한 수요자 측 고객 집단이 존재하기 때문에 맛집 서비스나 문화체험 서비스를 제공할 새로운 공급자 측 고객 집단을 모으는 것이 그리 어렵지 않으리라 생각된다. 그러나, 새로운 공급자 측 고객 집단을 형성하는 것은 그만큼의 시간과 노력, 비용을 수반하게 된다. 또한 전문성이 떨어지는 사람들이 일을 진행하는 과정에서 낭패를 볼 수도 있다. 이런 경우 맛집이나 문화체험 서비스를 전문으로 하는 서비스 플랫폼들과의 제휴를 통해 다중 플랫폼을 구성할 수도 있다.

반면, 빈방을 빌려주려는 공급자 측 고객들은 고객들의 방문 시간에 맞춰 집에 있어야 했고 열쇠를 돌려받아야 할 때도 집에 있어야만 했다. 방 하나만 이따금 빌려주는 사람에게는 이런 일들이 대수롭지 않을 수도 있지만, 전업으로 여러 개의 방을 빌려주는 사람에게는 아주 피곤한 일이 될 수 있다. 다행스럽게도 최근에 판매되고 있는 스마트 도어락smart doorlock은 이런 문제들을 아주 간단한 방법으로 해결해 줄 수 있다. 따라서, 이 플랫폼 사업자는 공급자 측 고객 집단을 대상으로 다양한 스마트 도어락 제조사나 판매자들을 연결시켜주는 새로운 서비스를 제공하고자 할 수도 있을 것이다.

그러나, 빈방 예약이 핵심인 기존 플랫폼 내에서 스마트 도어락을 판매하기 위해서는 시스템 구조를 많이 뜯어고쳐야만 했다. 그래서 기존 플랫폼에서 공급자 측 고객이었던 빈방 제공자들을 대상으로 스마트 도어락을 판매하기 위한 별도의 플랫폼을 만들기로 한다. 즉, 빈방 예약 플랫폼에서는 공급자 측 고객이었던 빈방 제공자들이 스마트 도어락 플랫폼에서는 스마트 도어락을 구매하는 수요자 측 고객으로 바뀌게 된다. 그리고, 이들을 대상으로 스마트 도어락을 판매하려는 다수의 새로운 공급자 측 고객들이 등장하게 된다. 이 경우 전혀 다른 두 개의 플랫폼이 특정한 유형의 고객 집단을 공유하기 때문에 다중 플랫폼이라 부른다. 물론 이 사업자는 스마트 도어락뿐만 아니라 숙박업소에

그림 10. 숙박공유 플랫폼의 다면 플랫폼 및 다중 플랫폼화

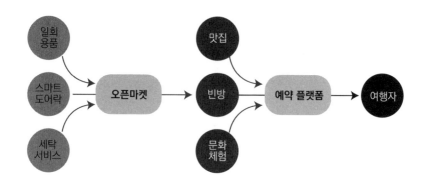

서 사용하는 일회용품이나 세탁 서비스 등 숙박업소들을 대상으로 하
는 서비스 카테고리를 추가하면서 기존의 공급자 측 고객을 대상으로
하는 다면 플랫폼으로 진화시킬 수도 있다.

형태가 어떠하든 간에 다면 플랫폼이나 다중 플랫폼은 모두 포트폴
리오의 확대나 사업 다각화 관점에서 이루어진 노력들이다. 이는 이미
확보한 고객들을 바탕으로 신규 고객을 확보하는 노력을 최소화하면서
새로운 사업을 비교적 쉽고 빠르게 전개할 수 있었기 때문이다. 그리고
어느 정도는 효과도 나타났다. 그러나, 이 구조에는 여전히 한계가 있
었다. 다면이든 다중이든 사실상 여러 개의 개별 플랫폼이 운영되는 구
조이기 때문에 단일 플랫폼의 한계를 그대로 가져갈 수밖에 없다. 즉,

다른 경쟁 플랫폼이 수수료를 극단적으로 낮춘다거나 다른 경쟁 플랫폼에 비해 차별화된 고객가치를 제공하지 못하는 한 고객들은 언제든지 경쟁 플랫폼으로 이탈하게 된다는 것이다.

또한, 다면 혹은 다중 플랫폼을 통해서 기대했던 시너지 효과도 제한적이었다. 기존의 서비스 플랫폼 고객들을 활용해서 새로운 서비스를 제공하는 것이 용이하기는 했지만, 새로운 서비스 플랫폼에 새롭게 유입되는 고객 기반이 기존 플랫폼에 플러스 효과를 가져다주지는 못했기 때문이다. 따라서 최근에는 단일 플랫폼에만 존재한다고 생각했던 교차 네트워크 효과를 여러 플랫폼들 사이에서 일으키기 위한 움직임이 나타나고 있다. 다음 장에서는 이런 노력들에 대해 알아보기로 한다.

PART 2

단 하나의 플랫폼만 남는다

3장

크로스 플랫폼:
1조 달러 기업을 만드는
비즈니스 전략

다시 쓰는
플랫폼 지도

일찍부터 플랫폼 비즈니스를 시작한 기업들은 빠르게 고객 기반을 확대하며 플랫폼의 경쟁력을 강화해 나갔다. 그리고 기존에 취급하던 상품들 외에 다양한 상품 카테고리를 추가하며 플랫폼 생태계를 구축해 나갔다. 플랫폼 내에서 고객들이 원하는 상품을 더 쉽게 찾을 수 있도록 검색 기능을 강화했으며, 간편결제 기능을 추가했다. 또한, 고객들의 구매 이력 및 인구통계학적인 분석을 바탕으로 맞춤형 제품을 추천해주기도 했다. 그러나 취급하는 상품이 많고 내가 좋아할지도 모르는 제품을 추천해주는 것이 플랫폼의 본질적인 경쟁력을 의미하지는 않았다.

수요자 측 고객들은 트렌디한 상품들로 구성된 새로운 플랫폼이 등장하거나 가격할인, 리워드 등 더 많은 고객 혜택을 제공하는 플랫폼이 등장하면 주저하지 않고 새로운 플랫폼으로 이동했다. 공급자 측 고객들도 마찬가지였다. 이들은 비슷한 성격의 여러 플랫폼을 동시에 이용했지만, 수수료를 더 적게 청구하거나 수요자 측 고객들의 방문율이 높은 플랫폼에 집중했다. 그리고 더 나은 조건의 플랫폼이 등장하면 언제든지 움직일 준비가 되어 있었다. 결국 플랫폼 사업자들은 확보한 고객들을 지키고 경쟁사 고객들을 빼앗아 오기 위해 전통적인 방식으로 마케팅 전쟁을 할 수밖에 없었으며 결과적으로 수익성은 날이 갈수록 악화되어 가기만 했다.

이런 상황은 특정한 시장을 독점하더라도 지속됐다. 플랫폼이라는 것이 누구나 쉽게 할 수 있는 비즈니스 모델일 뿐만 아니라 기존에 다른 형태의 플랫폼 비즈니스를 했던 기업들은 약간의 노력만으로도 다른 분야의 시장에 진출하는 것이 가능했기 때문이다. 따라서 특정 분야의 플랫폼을 독점하더라도 처음에 기대했던 것처럼 플랫폼 수수료나 운영정책을 마음대로 좌지우지하는 것이 불가능했다. 그로 인해 기업들은 다면 플랫폼이나 다중 플랫폼을 구축하는 식으로 사업을 다각화하며 상황을 타개하려 노력하기 시작했다. 인접 분야로 서비스 영역을 확대함으로써 수익을 확대해 보자는 생각이었지만, 이 역시 기대만큼의 효과를 거둘 수는 없었다. 인접 분야에서도 다수의 플랫폼 사업자들이 치열하게 경쟁을 하고 있었기 때문이다.

그리고 아마존도 결코 거기서 예외는 아니었다. 하지만 제프 베조스는 다른 플랫폼 사업자들과는 다른 전략을 취했다. 다면이나 다중 플랫폼을 구축해도 고객 이탈을 막는 것이 쉽지 않았기 때문에 고객들을 아마존의 여러 플랫폼에 오래 머무르게 하기 위한 방법을 놓고 고민했다. 그 결과 찾은 것이 물류센터의 서비스화와 프라임이라는 멤버십 서비스였다. 공급자 측 고객들에게는 경쟁자들이 쉽게 따라올 수 없는 상품의 보관, 배송, 반품, 고객 관리 등과 같은 서비스를 제공했고 수요자 측 고객들에게는 무료 배송이나 디지털 콘텐츠 서비스를 무료로 제공하는 등 경쟁자들이 하기 어려운 혜택을 제공했다.

크로스 플랫폼의 등장

플랫폼이라는 것은 두 고객 집단, 즉 특정한 서비스를 제공하는 공급자 측 고객 집단과 해당 서비스를 이용하는 수요자 측 고객 집단으로 구성된다. 따라서, 플랫폼은 이 두 고객 집단의 고객가치를 동시에 만족시킬 때 의미가 있다. 공급자 측 고객 집단은 비용효율적으로 시장을 발굴하고 서비스를 제공하기를 바라며, 수요자 측 고객 집단 역시 비용, 노력, 시간이라는 측면에서의 고객 비용을 최소화할 수 있을 때 플랫폼을 이용하게 된다. 두 고객 집단의 고객가치를 어느 정도 만족시켰다면 대부분의 성공적인 플랫폼들은 교차 네트워크 효과를 통한 규모의 경제와 비대칭적인 요금 구조를 이용해서 플랫폼을 성장시켰다.

그러나 성공하지 못한 플랫폼들은 그렇지 않았다. 플랫폼이라는 것이 어느 정도 규모를 갖추는 데까지 상당한 시간이 걸리는 비즈니스 모델이기 때문에, 대부분의 플랫폼들은 일정한 규모에 다다르기 전에 운영상의 한계에 다다르게 된다. 그리고 두 고객 집단의 상이한 고객가치를 균형감 있게 제공하기보다는 특정한 쪽에 치우쳐진 혜택만 제공함으로써 반대측 고객집단이 이탈하거나 플랫폼 이용을 줄이는 일이 발생하게 된다. 이렇게 줄어든 고객 집단은 다른 측 고객집단을 이탈시키는 역 교차 네트워크 효과Reverse Cross-Network Effect를 일으키게 되며 결과적으로 해당 플랫폼을 무너뜨리게 된다. 따라서, 플랫폼 기반의 비즈니스를 하는 것도 중요하지만, 그 플랫폼을 안정적으로 유지하고 성장시키는 것에 대한 고민도 필요하다.

만약 두 고객 집단의 상이한 고객가치를 모두 만족시킬 수 있는 플랫폼을 구축할 수 있다고 가정해 보자. 이 경우에도 플랫폼을 이용해서 성공하는 것은 쉽지 않다. 제프 베조스나 피에르 오미디아가 처음 아마존과 이베이를 시작했던 1995년이 아닌 이상, 인터넷 기반의 비즈니스를 하는 사람들은 대부분 플랫폼을 구축해야 한다는 사실을 잘 알고 있다. 더군다나 이들은 모두 교차 네트워크 효과나 비대칭적인 요금 구조에 대해서도 잘 알고 있다. 따라서 자신들이 구축한 플랫폼이 경쟁 플랫폼보다 더 매력적으로 보이도록 하기 위해 기존과 같은 방식으로, 즉 경쟁자보다 더 많은 비용을 써가며 고객을 확보하기 위해 노력하고 경쟁 플랫폼보다 저렴하게 수수료를 책정한다. 결국 플랫폼을 운영하는 비용은 증가하고 수익성은 나빠지게 된다.

일각에서는 아마존이나 다른 초기 플랫폼 사업자들이 그랬던 것처럼 플랫폼 비즈니스는 사업 초기에는 그리고 시장을 독점하기 전까지는 적자가 날 수밖에 없다고 이야기하기도 한다. 그러나, 이 말은 오랫동안 적자를 내다가 흑자로 돌아서며 성공한 기업들의 이야기에 불과하다. 대부분의 기업들은 적자를 이기지 못해 사라지고 만다. 그리고 남아 있는 한두 기업을 흑자로 전환시킨다. 즉, 적자를 내더라도 끝까지 살아남아 시장을 독점할 가능성이 있어야만, 그래서 가격 결정권을 바탕으로 그동안의 적자를 만회할 가능성이 있어야만 성공할 수 있다는 이야기다. 그런데, 지금처럼 경쟁자가 많고 끊임없이 새로운 경쟁자가 등장하는 상황에서는 독점은커녕 살아남는 것조차 쉬운 일이 아니다.

단일 플랫폼의 이런 한계를 극복하기 위한 차원에서 등장한 것이 다면 플랫폼이나 다중 플랫폼이다. 즉, 단일 플랫폼의 개선되지 않는 수익성을 사업 다각화를 통해 극복해보겠다는 생각인 것이다. 그런데, 여기에도 문제가 있다. 사업 다각화가 항상 매출 증대와 수익성 개선을 보장하지 않기 때문이다. A라는 서비스를 이용하던 고객들에게 B라는 서비스를 제공한다고 해서 매출이나 수익이 크게 좋아질지는 모르는 일이다. 게다가 새롭게 추가된 서비스 영역도 이미 여러 사업자들이 치열하게 경쟁을 하고 있는 분야라서 차별화된 고객가치를 제공하지 않는 한 그 효과는 제한적이다. 하지만, 더 근본적인 문제는 사업 다각화 성격의 이런 노력들은 플랫폼의 특성을 활용하는 것과는 전혀 무관하다는 것이다.

따라서, 일부 선도적인 기업들을 중심으로 통합 멤버십을 이용하여 수요자 측 고객 집단을 공유하는 다중 플랫폼에 주목하고 있다. 아마존이 그렇고 애플이나 구글도 그렇다. 우리나라의 네이버나 카카오도 예외는 아니다. 인터넷이나 IT 기업들만 그런 것이 아니다. 7장에서 살펴보겠지만, 최근에는 오프라인과 결합한 다중 플랫폼 및 통합 멤버십을 도입하려는 움직임도 나타나고 있다. 반면, 단일 플랫폼을 물리적으로만 확대하려던 이베이 같은 기업들은 어려움을 겪고 있다. 그럼에도 불구하고 아직까지 이런 복합적인 구조의 플랫폼 비즈니스를 지칭하는 용어가 존재하지 않는다.

구조적으로 봤을 때 여러 개의 플랫폼을 이용하고 있고 통합 멤버십을 이용해서 사용자들이 여러 서비스 플랫폼을 왔다갔다 하면서 자유롭게 이용할 수 있다는 측면에서 다중 플랫폼보다는 크로스 플랫폼

Cross-Platform이라는 용어가 더 적합할지도 모른다. 원래 크로스 플랫폼이라는 용어는 소프트웨어 분야에서 흔히 사용하는 것으로 서로 다른 컴퓨터 운영체제나 서로 다른 스마트폰 운영체제에서도 동일한 방식으로 동작하는 소프트웨어를 지칭한다. 통합 멤버십만 있으면 어떤 서비스 플랫폼이라도 이용할 수 있는 것이 컴퓨터 운영체제^{플랫폼}에 상관없이 동작하는 소프트웨어와 구조적으로 동일하다. 따라서, 다소간의 혼선이 있을지는 모르겠지만, 이 책에서는 다중 플랫폼이라는 말 대신 크로스 플랫폼이라는 용어를 사용하고자 한다.

크로스 플랫폼의 정의

2장에서 다중 플랫폼에는 세 가지 유형이 있을 수 있다고 했다. 가장 일반적인 형태가 여러 플랫폼이 하나의 수요자 측 고객 집단을 공유하는 것이며, 어떤 플랫폼의 수요자 측 고객과 공급자 측 고객을 각각 수요자 측 고객으로 하는 플랫폼들이 추가되는 형태도 존재할 수 있다. 혹은 어떤 플랫폼의 공급자 측 고객을 수요자 측 고객으로 하는 여러 개의 새로운 플랫폼들이 추가되는 구조를 띨 수도 있다. 그리고 이미 여러 기업들이 자신들의 상황에 맞게 이 세 가지 유형의 다중 플랫폼 전략을 활용하고 있다는 것까지 살펴봤다. 크로스 플랫폼은 이 세 가지 유형의 다중 플랫폼 중에서 여러 플랫폼이 하나의 수요자 측 고객 집단

그림 11. 크로스 플랫폼의 구조

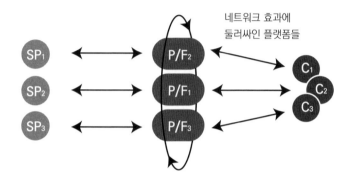

을 공유하는 경우에만 해당한다. 즉, 위 그림에 보이는 것처럼 동일한 수요자 측 고객을 공유하는 다중 플랫폼에 통합 계정 혹은 통합 멤버십 서비스가 적용된 것을 크로스 플랫폼이라 부른다.

이런 크로스 플랫폼은 기존에 별개로 존재하던 여러 개의 플랫폼을 하나로 결합하는 방식으로 구성될 수도 있고 기반이 되는 어떤 플랫폼의 운영자가 사업을 확장하는 관점에서 기존의 수요자 측 고객 집단을 대상으로 새로운 플랫폼들을 이용해서 추가적인 서비스를 제공하는 방식으로 구성될 수도 있다. 크로스 플랫폼이 만들어지는 방식이 어떻든 중요한 것은 여러 플랫폼이 동일한 고객 집단을 공유한다는 것이다. 따라서, 기존에 따로 존재하던 플랫폼들이 결합되는 경우에는 수요자 측 고객 집단을 하나로 통합하기 위한 노력이 뒤따라야 한다. 즉, 기존에 서로 다른 사용자 계정을 이용해서 각각의 서비스 플랫폼을 이용하던 고객들이 앞으로는 하나의 통합 사용자 계정을 이용해서 여러 플랫폼을 자유롭게 이용할 수 있게 만들어줘야 한다.

통합 사용자 계정은 플랫폼들이 통합될 때 새로 만들 수도 있고, 기존에 이용하던 계정 중에서 하나를 선택할 수도 있다. 이를 위해 기존에는 개별 플랫폼의 일부로 존재하던 사용자 관리 기능이 별도의 시스템으로 분리될 필요가 있다. 개별적인 플랫폼들이 물리적으로 혹은 논리적으로 떨어져 존재할 가능성이 있기 때문에 이들과 유연하고 신속하게 연결되어 동작하기 위해서는 사용자 관리 기능이 특정한 플랫폼에 포함되어 있는 것이 바람직하지 않기 때문이다. 또한, 사용자와 관련된 구매 이력이나 활동 이력, 리워드 등을 통합 관리하고 일관된 방식으로 고객 관계 관리CRM를 하기 위해서도 이는 필수적이다.

통합 사용자 관리 시스템을 별도의 시스템으로 분리해서 운영하는 것은 서로 다른 플랫폼들을 통합하는 경우뿐만 아니라 어떤 특정한 플랫폼을 바탕으로 다른 플랫폼들을 통합하는 경우에도 예외는 아니다. 일반적으로 후자의 경우 기존 시스템을 그대로 유지하려는 경향이 있는데, 이는 시스템의 확장 및 유연성 측면에서 바람직하지 않다.

크로스 플랫폼의 특징

동일한 수요자 측 고객들에게 하나의 플랫폼을 이용해서 여러 개의 서비스를 제공하는 것과 각각의 서비스에 특화된 여러 개의 플랫폼을 이용해서 여러 개의 서비스를 제공하는 것은 수요자 측 고객 관점에서는 크게 다르지 않다. 물론, 여러 서비스 플랫폼을 이용하기 위해서는 회원 가입을 여러 번 해야 하는 불편함이 있을 수 있지만, 이는 통합 사용자 계정을 이용하면 쉽게 해결된다. 그러나, 플랫폼을 개발하고 운영하는 사업자 입장에서는 완전히 다른 이야기다. 유사한 여러 개의 서비스 플랫폼을 개발하고 운영한다는 자체가 비용을 수반하는 것이며, 여러 플랫폼들 사이에 사용자 경험^{UX}을 일관되게 유지함으로써 불편함 없이 서비스를 이용할 수 있게 해줘야 하기 때문이다.

그런데도 주요 선도적인 플랫폼 사업자들이 크로스 플랫폼 구조를 도입하고 있다. 그 이유는 여러 가지가 있는데, 가장 대표적인 것이 플랫폼들 사이에서 교차 네트워크 효과를 일으키는 것이 가능하기 때문이다. 즉 단일 플랫폼에서 공급자 측 고객 집단과 수요자 측 고객 집단 사이에서 발생하는 교차 네트워크 효과가 서로 다른 플랫폼들 사이에서도 나타난다는 것이다. 이 말은 여러 서비스 플랫폼을 교차해서 이용하도록 함으로써 전체 통합 플랫폼의 사용자 기반을 늘리고 서비스 이용량을 늘려 수익성을 개선할 수 있게 된다는 것을 의미한다.

크로스 플랫폼에서의 교차 네트워크 효과를 설명하기 위해 편의상 플랫폼1과 플랫폼2로 구성된 구조를 가정해보자. 두 플랫폼은 통합 사용자 계정을 이용해서 사용자들은 간단히 이용 동의만 하면 플랫폼1과 플랫폼2를 모두 이용할 수 있게 된다. 역시 편의상 플랫폼1을 통합의 기반이 되는 기반 플랫폼이라 하고 플랫폼2를 플랫폼1에 통합되는 기존 서비스 플랫폼 혹은 플랫폼1에 새롭게 추가된 신규 서비스 플랫폼이라고 하자. 이때 교차 플랫폼 사업자는 플랫폼1의 공급자 측 및 수요자 측 고객 기반을 확대하기 위해 전략적으로 플랫폼1의 수수료를 경쟁자보다 매우 낮게 만든다. 물론, 수수료를 낮추는 것 말고도 아마존처럼 공급자 측 고객에게 있어서는 필수적이며 매우 유용한 서비스들을 좋은 조건에 제공할 수도 있다. 그러면, 유사 서비스 플랫폼을 이용하던 고객들이 플랫폼1로 몰려들어 플랫폼의 고객 기반을 강화할 수 있다.

하지만 수수료를 낮추었기 때문에 플랫폼1의 수수료 수익은 줄어들게 된다. 그러나 크게 걱정할 것은 없다. 낮은 수수료는 강력한 마케팅 툴이 되어 기존에 마케팅 활동에 사용하던 비용을 크게 낮추게 되며, 이를 통해 늘어난 고객 기반은 플랫폼의 한계비용을 더욱 낮추게 될 것이기 때문이다. 또한, 뒤에서 자세히 설명하겠지만, 플랫폼2나 혹은 추가로 달라붙게 되는 플랫폼3, 플랫폼X들로부터 약간의 수익을 배분받을 수도 있다. 플랫폼들 사이에서도 일종의 교차보조cross-subsidy 현상이 발생하게 되는 것이다.

플랫폼1의 수익성 이슈는 차치하더라도 이렇게 해서 플랫폼1 혹은 기반 플랫폼이 강화된다는 것은 장기적으로 매우 유리한 구조를 만든다. 기반 플랫폼에 더 많은 공급자 측 고객들과 수요자 측 고객들이 유입되어 플랫폼의 경쟁력은 더 없이 강화될 것이기 때문이다. 그리고 이들 사이의 거래도 그와 비례해서 늘어날 가능성이 크다. 물론 낮은 수수료가 이 모든 것을 보장하는 것은 아니기에 플랫폼 사업자는 더 많은 고객이 유입되고 더 많은 거래가 일어나도록 하는 다양한 노력을 강구해야 할 것이다. 경쟁자들도 가만히 있지는 않을 것이기 때문이다.

그리고 동시에 추진해야 하는 일이 있는데, 바로 기반 플랫폼의 수요자 측 고객들이 수익 플랫폼플랫폼2을 이용하도록 유도하는 것이다. 물론 기반 플랫폼 이용자로 하여금 플랫폼2를 이용하도록 하는 것은 쉽지 않다. 특히 기반 플랫폼과 플랫폼2가 전혀 상관도 없는 경우라면 더욱 그렇다. 따라서, 가능하면 플랫폼2는 기반 플랫폼과 연관성이 있는 서비스를 대상으로 하는 것이 바람직하다. 앞에서 예를 든 것처럼, 빈방 예약 서비스 플랫폼이 기반 플랫폼이라면 여행지에서 즐길 수 있는 문화체험이나 스포츠/레저 활동, 맛집 예약, 공연 및 이벤트 티켓 구매 같은 것들이 좋다. 그래야만, 빈방을 예약한 고객들이 이어서 다른 서비스 플랫폼을 이용할 가능성이 커진다. 이는 인터넷 쇼핑몰에서 내가 어떤 상품을 구매했을 때 나와 비슷한 구매 성향을 가진 사람들이 구매한 다른 상품을 보여주며 추가 구매를 유도하는 것과 같은 이치다. 실제로 에어비앤비나 야놀자 같은 숙박시설 예약 서비스가 이런 접근법을 취하고 있으며 항공권 예약 서비스인 스카이스캐너는 항공권을 예약한 다음에 호텔을 예약하도록 유도하고 있다.

이렇게 해서 기반 플랫폼의 수요자 측 고객들이 플랫폼2의 서비스를 이용하게 된다는 것은 플랫폼2 관점에서는 두 가지 의미가 있다. 먼저 고객 획득 및 마케팅 비용이 줄어든다. 즉, 신규 회원 가입이나 복잡한 절차 없이 기반 플랫폼 이용자들이 자연스럽게 플랫폼2를 이용하게 되므로 신규 고객을 유입시키기 위한 노력을 줄일 수 있게 되는 것이다. 고객이 늘어난다는 것은 결국에는 플랫폼 이용량 증가로 이어지고 한계비용은 줄어들게 되어 매출과 수익이 모두 증가하는 결과로 이어지게 된다. 따라서, 플랫폼2는 수익 플랫폼 역할을 하게 된다. 물론 맛집이나 문화체험 서비스를 예약하려고 새롭게 플랫폼2에 유입된 고객들은 추후 빈방을 예약하는 플랫폼1의 고객이 되기도 한다.

여기서 중요한 것이 기반 플랫폼에서 수수료를 인하하면서까지 포기한 수익과 플랫폼2, 즉 수익 플랫폼에서 추가로 확보한 수익 사이의 관계다. 사실, 기반 플랫폼에서 포기한 수익과 수익 플랫폼에서 추가로

그림 12. 크로스 플랫폼의 조건

| 기반 플랫폼에서 포기한 수익 | + | 수익 플랫폼에서 절약한 비용 | + | 수익 플랫폼에서 추가로 확보한 수익 | > 0 |

얻은 수익을 정확히 계산하는 것이 쉽지는 않겠지만, 결과적으로는 기반 플랫폼에서 포기한 수익보다 수익 플랫폼에서 추가로 얻은 수익이 커지게 하는 것이 관건이다. 그렇게 함으로써 수익 플랫폼이 기반 플랫폼의 포기한 수익을 보조할 수 있어야만 교차 플랫폼 전략이 의미 있다. 크로스 플랫폼 사업자는 플랫폼2와 같은 방식으로 계속해서 새로운 수익 플랫폼을 추가할 수 있으며, 한두 개의 수익 플랫폼만으로도 전체적인 재무 성과는 플러스로 돌아서게 된다. 개념적이지만 이처럼 수익 플랫폼에서 발생한 수익의 일부를 기반 플랫폼에 지원하는 것을 두고 크로스 플랫폼에서의 교차보조 전략이라 말할 수 있다.

물론, 기반 플랫폼의 고객 기반을 키워놨다고 해서 이들이 수익 플랫폼인 플랫폼2나 플랫폼3를 이용하리라는 보장은 없다. 그리고 플랫폼2나 플랫폼3의 수익이 플랫폼1에서의 의도된 손실을 커버하기에 충분하리라는 보장도 없다. 따라서, 통합 플랫폼 사업자는 고객들이 여러 서비스 플랫폼을 자주 이용하도록 하는 장치를 제공해야 한다. 이것이 바

그림 13. 크로스 플랫폼에서 플랫폼 사이의 교차보조

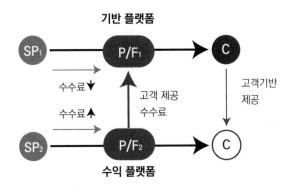

로 아마존의 프라임 멤버십이나 네이버의 네이버플러스 같은 멤버십 서비스다. 만약 이런 노력이 포함되지 않는다면 롯데쇼핑의 통합 쇼핑 플랫폼인 롯데ON처럼 열심히 플랫폼을 통합해 놓고도 손실만 커지는 일이 발생할 수도 있다.

다음으로 생각해 볼 것은 플랫폼들 사이의 교차 네트워크 효과다. 앞에서도 설명했던 것처럼 교차 네트워크 효과는 단일 플랫폼에서 특정한 고객 집단의 규모가 커지면 다른 고객 집단의 규모도 덩달아 커지는 현상을 말한다. 그리고 이렇게 유입된 고객들은 다시 상대측 고객 집단의 규모를 키우며 선순환 현상을 유도한다. 엄밀한 의미에서 교차 네트워크 효과는 플랫폼이 추가로 고객 기반을 확보하는 데 사용해야 하는 비용을 줄여주게 된다. 크로스 플랫폼에서도 이런 현상이 발생하는데, 개별 플랫폼에서뿐만 아니라 동시에 플랫폼과 플랫폼 사이에서도 발생한다는 점이다.

설명을 위해 기반 플랫폼인 플랫폼1과 수익 플랫폼인 플랫폼2가 통합되었고 통합 멤버십과 같은 추가 수단을 활용해서 플랫폼1의 사용자 중 상당수가 플랫폼2의 수요자 측 고객 기반이 된다고 가정해보자. 플랫폼2의 수요자 측 고객이 늘어났다는 것은 플랫폼2에 새로운 공급자 측 고객들을 유입시키게 된다. 그리고 이들은 다시 플래폼2의 수요자 측 고객 기반을 키우게 된다. 플랫폼1의 이용자 기반이 플랫폼2에 교차 네트워크 효과를 일으키게 되는 것이다. 재밌는 사실은 이들 플랫폼은 통합 사용자 계정을 이용하기 때문에 플랫폼2에서 발생한 교차 네트워크 효과로 인해 새로 유입된 이용자 기반은 플랫폼1 및 다른 플랫폼의 이용자 기반을 늘리게 된다. 그리고, 다시 플랫폼1에서는 교차 네트워크 효과가 나타나서 이용자 기반이 더욱 확대되고 다시 플랫폼2의 이용자 기반 확대에 선순환적인 영향을 미치게 된다. 플랫폼들 사이에 교차 네트워크 효과를 발휘하게 되는 것이다.

어떤 플랫폼의 규모가 커진다는 것은 새로운 고객을 대상으로 서비스를 제공하는데 소요되는 비용, 즉 한계비용을 낮추게 된다. 제레미 리프킨은 자신의 저서 《한계비용 제로 사회》에서 이 비용이 궁극적으

그림 14. 크로스 플랫폼에서의 두 가지 교차 네트워크 현상

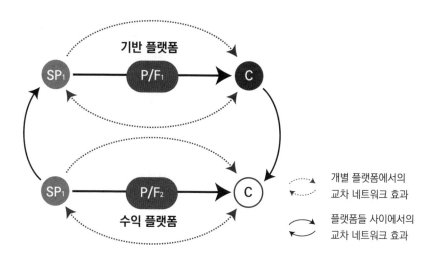

로 제로에 이를 것이라고까지 주장했다. 한계비용이 0원이 될지는 모르 겠지만, 적어도 그 비용이 현격히 줄어들 것이라는 점에 대해서는 누구 나 공감한다. 이런 사실은 통합 플랫폼에서 매우 중요하다. 기반 플랫 폼에서는 수수료를 낮추더라도 장기적으로 수익성을 확보하는 것이 가 능해지며, 수익 플랫폼에서는 수익률이 더 올라가게 된다. 장기적으로 전체 통합 플랫폼의 수익성이 개선되는 시기를 단축시키는 데 중요한 역할을 하게 된다.

크로스 플랫폼은 의외의 효과를 가져다주기도 한다. 기반 플랫폼을 중심으로 여러 개의 수익 플랫폼이 통합되는 경우 수익 플랫폼들 사이

그림 15. 기반 플랫폼 및 수익 플랫폼이 개별 서비스의 유입 채널로 활용되는 크로스 플랫폼

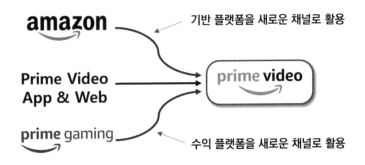

에서도 상호 간에 서비스 이용을 촉진시키는 것이 가능하다. 즉, 어떤 수익 플랫폼의 서비스 채널이 자체 앱이나 웹과 기반 플랫폼 외에도 다양한 수익 플랫폼들로 확대될 수 있다는 이야기다. 특정 서비스에 접근할 수 있는 채널이 늘어난다는 것은 그만큼 해당 서비스를 이용할 가능성이 커진다는 것을 의미한다. 이런 현상은 아마존의 프라임 비디오 서비스에서 발견되는데, 프라임 비디오 앱이나 웹 외에도 기반 플랫폼에 해당하는 아마존닷컴에서도 프라임 비디오로 넘어갈 수 있으며 2020년 8월에 트위치 프라임Twitch Prime에서 서비스명이 변경된 프라임 게이밍Prime Gaming에서도 프라임 비디오로 넘어갈 수 있도록 하고 있다.

플랫폼은
어떻게 이익을 만들어내는가?

크로스 플랫폼은 일반적으로 한 개의 기반 플랫폼과 여러 개의 수익 플랫폼으로 구성된다. 크로스 플랫폼은 기존에 운영 중이던 플랫폼에 새로운 서비스 플랫폼을 추가하는 식으로 만들어질 수도 있으며 기존에 운영 중이던 여러 개별 플랫폼을 통합하는 방식으로도 만들어질 수 있다. 전자처럼 기존에 운영 중이던 플랫폼에 새로운 서비스 플랫폼을 추가하는 경우는 일반적으로 기존에 운영 중이던 플랫폼이 기반 플랫폼이 되고 새롭게 추가되는 서비스 플랫폼이 수익 플랫폼의 역할을 하게 된다. 그러나 기존에 운영되던 플랫폼이 기반 플랫폼으로서의 역할을 충실히 할 수 있으며 또 새로 추가되는 플랫폼은 수익 플랫폼의 역할을 충실히 할 수 있을지에 대해서는 곰곰이 따져 봐야 한다.

반면 기존에 운영 중이던 여러 개의 플랫폼을 통합하는 식으로 크로스 플랫폼을 만드는 경우는 통합되는 플랫폼 중에서 기반 플랫폼의 역할을 할 플랫폼과 수익 플랫폼의 역할을 할 플랫폼을 신중히 선택해야 한다. 어떤 플랫폼을 기반 플랫폼으로 선정했는데 고객 기반이 기대만큼 빠르게 증가하지 않는다거나 혹은 수익 플랫폼에서 충분한 수익을 창출하지 못하면 크로스 플랫폼 전략은 그대로 실패하게 되기 때문이다. 또한, 통합되는 여러 플랫폼이 서로 다른 사업자가 소유한 경우에는 기반 플랫폼과 수익 플랫폼 사이에서 발생하는 교차 보조와 관련된 정책도 함께 검토되어야 한다.

기반 플랫폼과 수익 플랫폼을 신중하게 선정하라고 했지만, 실은 이 일이 그리 어렵지는 않다. 인터넷 서비스 초기에 이메일이나 검색 등과 같은 단면시장 구조의 인터넷 서비스들을 수익형 플랫폼으로 만드는 것과 유사하기 때문이다. 그리고 수익 플랫폼이 기반 플랫폼을 교차 보조한다는 점에서 기존의 교차보조금 모델이나 3자간 시장Third-Party Market 모델을 참조하면 된다. 예를 들면, 기반 플랫폼은 기존의 교차보조금 모델에서 고객을 끌어들이기 위한 미끼 상품loss leader이나 인터넷 포털에서 사용하는 3자간 시장 모델을 참조하면 된다.

이러한 내용들을 바탕으로 기반 플랫폼과 관련된 시장의 특징을 정리하면 다음과 같다. 첫째, 유효시장의 규모SAM, Service Available Market

가 큰 것이어야 한다. 즉, 수익시장SOM, Service Obtainable Market처럼 수익은 낼 수 없더라도 현실적으로 접근 가능한 시장의 규모가 커야 한다는 것이다. 그래야만 잠재적으로 큰 규모의 이용자 기반을 확보할 수 있다. 둘째, 보편적이면서 자주 이용하는 서비스여야 한다. 인터넷 메신저나 인터넷 쇼핑, 음식 배달처럼 주기적이지는 않더라도 반복적으로 사용하는 서비스여야 한다. 셋째, 유용하지만 지불 의사가 낮거나 가격 민감도가 높은 서비스인 경우다. 즉, 사실상 공짜라면 자주 쓰거나 사용해 볼 의향은 있지만 쓸 때마다 돈을 내라고 하면 굳이 이용하려고 하지 않는 것들이다. 넷째, 고객 획득비 및 한계비용이 크지 않아야 한다. 제대로 된 수익을 발생시키기도 쉽지 않은데 비용이 많이 들어가면 기반 플랫폼 자체를 지속시키기 어렵기 때문이다.

그러나 기반 플랫폼이 반드시 이 네 가지 특징을 모두 따라야 하는 것은 아니다. 특히 네 번째 특징이 그러한데, 앞으로는 사물인터넷 시대가 될 것이기 때문에 지금처럼 데스크탑이나 스마트폰 대신 인공지능 스피커나 스마트 가전제품을 통해 플랫폼 서비스를 이용할 가능성이 크기 때문이다. 이 경우 다른 목적으로 이미 구매해서 이용하고 있는 컴퓨터나 스마트폰과 달리 스마트 디바이스를 새롭게 구매해야 하는데, 스마트 냉장고나 스마트 오븐처럼 적어도 몇십만 원에서 몇백만 원이나 하는 스마트 디바이스들을 무료로 주는 것은 불가능하기 때문이다. 그렇다고 이런 디바이스의 가격을 있는 그대로 받는다면 기반 플랫폼은 절대 만들어지지 않게 된다. 대기업 가전제조사들이 사물인터넷 기반의 비즈니스를 잘 하지 못하는 이유가 바로 여기 있다. 물론, 테슬라처럼 수천만 원이 훨씬 넘는 디바이스를 서로 사려고 하는 경우는 다르다. 그러나, 일반적인 스마트 디바이스는 그렇지 않다.

이런 경우 전략적으로 디바이스 가격을 인하해서 판매하거나 상업자 표시 신용카드^{PLCC}를 이용하는 것처럼 디바이스 구매 부담을 완화할 수 있는 방법을 활용해야 한다. 물론 가격을 인하해서 판매한다고 하더라도 통상적인 고객 획득비를 훌쩍 뛰어넘을 가능성이 크다. 하지만 그렇게 해서라도 더 많은 고객이 해당 디바이스를 구매하고 서비스 플랫폼에 합류하게 하는 것이 중요하다. 예를 들면, 디바이스를 정상 판매 가격의 50~60% 수준에 판매하는 것이다. 꼭 50~60%가 아니더라도 누가 보더라도 사실상 이건 거저주는 것이라는 느낌이 들거나, 더 나아가 지금 잘 쓰고 있는 제품을 바꿔볼까 하는 생각이 들게 만드는 가격이면 된다. 보통 디바이스의 생산원가_{정상 판매가의 30% 내외}에 취급 비용을 더하면 이 정도 가격이 된다.

일례로 가격이 5~6만 원 정도 하는 보급형 스마트 스피커의 경우에는 특별 프로모션이나 콘텐츠 서비스와의 결합 등을 통해 50% 할인된 가격이나 무료로 제공하기도 한다. 아마존의 경우에는 거의 원가 수준

혹은 약간의 손해를 보면서까지 디바이스를 보급하기도 하는데, 2012년에 출시된 파이어 태블릿의 경우에는 원가보다 1%나 낮은 가격에 판매하기도 했다. 2020년 연말 쇼핑 시즌에는 신형 에코닷을 무려 60%정도 할인된 가격에 판매하기도 했다. 또한, 토발라라는 기업은 통상 2,000~3,000달러 하는 스마트 스팀오븐을 300달러에 판매하기도 하며, 심지어는 6개월 동안 무상으로 빌려주기도 한다. 디바이스를 판매하는 것보다 디바이스 이용자를 확보하는 것이 더 중요하다고 생각하기 때문이다.

이런 식으로 기반 플랫폼을 선정했다면, 나머지는 수익형 플랫폼으로 포지셔닝을 해야 한다. 기본적으로 수익성이 좋은 플랫폼이라면 더 많은 이용자들이 해당 서비스를 이용하도록 유도만 하면 되겠지만, 그렇지 않은 플랫폼인 경우에는 기반 플랫폼의 수요자 측 고객들을 유입시키는 것과 함께 수익성을 높이기 위한 전략도 함께 고민해야 한다. 가장 일반적인 방법이 수익형 플랫폼에서 제공하는 서비스를 세분화하는 것이다. 예를 들면, 기존에 제공되던 서비스를 기능과 가격 등의 관점에서 두 가지 이상의 유형으로 분리하는 것이다. 그렇게 함으로써 기반 플랫폼의 수요자 측 고객들이 자신들의 상황에 맞는 서비스를 부담 없이 더 많이 이용하도록 해야 한다. 또 다른 방법으로는 기반 플랫폼 이용자들에게 차별화된 할인 혜택이나 리워드를 제공하는 방법인데,

이 방법은 뒤에서 소개할 멤버십 서비스에서 다시 설명하기로 한다.

통합 ID 체계의 구축

기반 플랫폼과 수익 플랫폼이 결정되었다면, 이들을 하나로 연결하기 위한 통합 사용자 계정이 필요하다. 즉, 하나의 사용자 계정을 이용해서 모든 서비스 플랫폼을 이용하도록 하는 것이다. 만약 기반 플랫폼의 수요자 측 고객을 바탕으로 새로운 수익 플랫폼을 만드는 경우라면 통합 사용자 계정의 문제는 단순해진다. 기존 서비스를 이용하려고 할 때, '새로운 서비스 이용하기'에 동의하도록 하면 된다. 그러나, 기존에 개별적으로 운영되던 여러 개의 플랫폼을 통합할 때는 통합 사용자 계정을 만드는 것이 쉽지 않다. 특히 플랫폼별로 사업자가 다른 경우에는 사용자 관리 체계가 제각각일 가능성이 크기 때문이다. ID 체계만하더라도 어떤 곳은 단순한 문자열을 ID로 사용하지만, 어떤 곳은 이메일 주소를 이용하기도 한다. 또한 사용자들은 서비스마다 일부러 서로다른 ID나 이메일 주소를 사용하기도 하는데, 이런 경우는 통합 자체가쉽지 않을 수도 있다.

이런 문제를 해결하기 위해 흔히 사용하는 방법이 기반 플랫폼의 사용자 계정을 통합 사용자 계정으로 만들고 수익 플랫폼의 사용자 계정을 연동시키는 방법이다. 주민번호나 전화번호를 이용해서 계정을 연

그림 16. 아마존과 트위치 계정의 연동

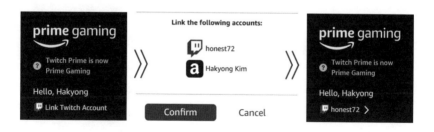

결할 수도 있지만, 외국 기업들의 경우 기반 플랫폼으로 로그인을 한 후 수익 플랫폼에서 사용하던 기존의 사용자 계정을 통해 로그인을 하도록 함으로써 두 계정을 연동시키는 방법을 흔히 사용한다. 예를 들어, 아마존에 로그인을 한 상태에서 트위치라는 서비스 연동하기 버튼을 누른 후 기존의 트위치 계정으로 로그인을 하면 두 서비스 플랫폼이 아마존 계정으로 통합된다. 그 이후부터는 아마존 계정으로 트위치 서비스를 이용할 수 있게 되는 것이다. 통합 이후에 트위치에서 사용하던 기존의 계정을 그대로 유지할지 혹은 없애버릴지는 통합 플랫폼 사업자의 선택의 문제다.

통합 사용자 계정을 이용한다는 것은 단순히 하나의 사용자 계정으로 여러 서비스 플랫폼을 이용하는 것만을 의미하지는 않는다. 여러 서비스 플랫폼을 이용할 때 발생하는 사용자 관련 정보를 하나로 통합 관

그림 17. 기반 플랫폼과 사용자 통합 관리 구조

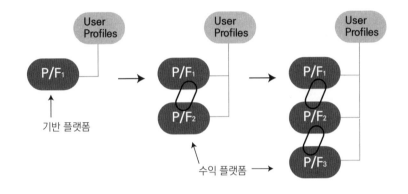

리하는 것을 의미하며, 여러 서비스를 보다 빈번하게 이용하도록 하기 위한 프로모션이나 리워드도 통합해서 관리하는 것을 의미한다. 또한, 여러 서비스의 이용 이력 및 이와 관련된 상품의 유형이나 구매 시점, 구매 지역, 구매 채널온라인, 모바일, 디바이스 등 등과 같은 다양한 정보들을 함께 수집해서 관리하는 것도 포함한다. 즉, 통합 사용자 계정을 바탕으로 전체 서비스 플랫폼 이용자에 대한 종합적이고 입체적인 이해를 할 수 있는 구조로 만드는 것이다. 그리고 이를 바탕으로 고객에게 추가적인 서비스를 제안하거나 고객 맞춤형 서비스를 제공하고 더 나아가서는 제로클릭0-Click이라 불리는 자동화된 서비스까지 제공하는 것을 목표로 한다.

실제로 이런 일들은 여러 서비스에서 이미 진행되었는데, 2009년 KT가 이동통신 서비스인 KTF를 인수하여 통합하며 사용자 계정을 통합한 것이라든지 2019년 6월에 카카오가 음악 스트리밍 서비스인 멜론과 인터넷 포털인 다음의 계정을 카카오 계정을 중심으로 통합한 것이 대표적이다. 사용자 정보를 통합하는 경우 일반적으로는 통합 계정을 이용해서 모든 서비스를 이용하도록 유도하지만, 일정 기간 동안은 통합 계정과 기존에 사용하던 계정 모두를 이용해서 서비스를 이용하도록 허용하기도 한다.

멤버십 서비스

그러나 앞에서도 언급한 것처럼 여러 플랫폼의 사용자 계정을 통합한다고 해서 고객들이 새롭게 이용할 수 있게 된 플랫폼들을 열심히 이용하리라는 보장은 없다. 심지어는 고객 기반을 확보하기 위해서 플랫폼 사업자가 제공하는 혜택만 교묘하게 이용하고 기반 플랫폼의 이용마저 중단하는 사용자들도 많기 때문이다. 그들 입장에서는 매우 합리적이고 현명한 소비를 하는 것임에 틀림없다. 통합 플랫폼 사업자는 고객들을 자신의 플랫폼에 머무르게 하는 것뿐만 아니라 이런 체리피커들까지 끌어들이기 위한 전략을 마련해야 한다. 그것이 바로 멤버십 프로그램이다. 즉, 멤버십 프로그램은 통합 ID 체계를 강화하려는 전략으로 이해할 수 있다.

멤버십 프로그램은 호텔의 멤버십 서비스나 FFP^{Frequent Flyer} Program이라 불리는 항공사의 마일리지 멤버십 서비스처럼 반복적으로 서비스를 이용함으로써 매출 상승에 기여를 한 고객들을 대상으로 차별화된 서비스나 혜택을 제공하는 것을 말한다. 이를 통해 고객의 재방문을 유도하고 추가적인 서비스를 이용하도록 함으로써 매출을 상승시키는 효과적인 마케팅 수단이자 수익원이다. 동시에 고객들의 충성도를 높이고 락인 효과를 이끌어낼 수도 있다. 단지 이 책에서 말하고자 하는 멤버십 서비스와 차이가 있다면, 적용 대상이 여러 개의 전통적인 단면시장이냐 교차 플랫폼이냐의 차이밖에 없다.

멤버십 프로그램으로는 2005년 2월에 시작된 아마존의 프라임 멤버십이나 2020년 6월부터 시작된 네이버의 네이버플러스 멤버십, 그리고 월마트가 아마존의 프라임 멤버십에 대응하기 위해 2020년 9월 15일부터 시작한 월마트플러스^{Walmart+} 멤버십이 대표적이다. 이 외에 애플과 구글도 '애플 원^{Apple One}'과 '구글 원^{Google One}'이라는 멤버십 서비스를 각각 2020년 말과 2018년 8월부터 제공하고 있다. 아마존의 프라임 멤버십은 두 차례의 가격 변동이 있기는 했지만, 현재는 월 12.99달러 혹은 연 119달러에 이용할 수 있다. 공식적인 통계는 아니지만 CIRP의 추정에 따르면 2019년 말을 기준으로 전 세계적으로 약 1억

표 1. 주요 기업들의 멤버십 서비스와 요금제

기업	멤버십 서비스	월 이용료	연 이용료
아마존	Amazon Prime	$12.99	$119
애플	Apple One	$14.95 (개인) $19.95 (가족) $29.95 (Premier)	
구글	Google One	$1.99 $2.99 $9.99	$19.99 $29.99 $99.99
월마트	Walmart +	$12.95	$98
네이버	Naver +	₩4,900	

5,000만 명이 아마존의 프라임 멤버십 서비스를 이용하는 것으로 알려져 있다.

이 외에도 이베이코리아가 2017년 4월부터 제공하고 있는 '스마일클럽'이나 2018년 10월에 시작한 쿠팡의 '로켓와우', 2019년 7월 시작한 롯데쇼핑의 '롯데ON', 요기요의 '슈퍼클럽', 2020년 5월부터 서비스를 개시한 GS리테일의 '더팝플러스' 등이 있다. 그러나 이런 멤버십 서비스는 아마존, 네이버, 월마트의 그것과는 달리 무료 배송이나 쇼핑 적립금 증액 등 해당 쇼핑몰이나 오픈마켓에서만 제공하는 혜택에 한정되어 있다. 이 외에도 무신사의 멤버십 제도도 유명하다. 다단계 판매업체의 등급 체계를 떠올리게 하는 무신사의 멤버십은 쇼핑 금액에 따라 고객 혜택이 달라진다. 더 큰 혜택을 받기 위해 무신사에서 더 많은 쇼핑을 하게 만들기 때문에 한 번 이용하면 빠져나올 수 없다고 해서 '개미지옥' 멤버십이라고 불리기까지 한다.

멤버십 서비스가 월 혹은 연 단위로 회비를 내기 때문에 흔히 구독 서비스 관점에서 이야기되는데, 이는 적절하지 않은 접근법이다. 이는 단지 수익모델 관점의 이야기일 뿐이며 그보다는 고객들의 충성도를 제고하여 락인시키고 결과적으로 교차 플랫폼 내의 서비스를 더 많이 이용하도록 하는 관점에서 바라보는 것이 더 바람직하다. 실제로 여러 조사 결과에 따르면 멤버십 고객들은 일반 고객들에 비해 더 많이 구매하는 것으로 나타나고 있다. 예를 들면, 아마존의 프라임 멤버십 고객들은 구매 빈도 및 구매 금액에 있어서 일반 고객들에 비해 2배 정도 높으며, GS25의 더팝플러스의 경우에도 일반 고객대비 최대 3.7배나 더 많이 이용하는 것으로 알려져 있다.

따라서 플랫폼 사업자들은 멤버십 가입자를 늘리기 위해 다양한 노력을 전개한다. 가장 일반적인 방법이 가입 첫 달 이용료를 면제해주는 방법이다. 즉, 무료로 멤버십 혜택을 경험해 보면서 멤버십 서비스가 제공하는 혜택들이 지불할 가치가 있는 것들임을 직접 경험하게 하는 것이다. 혹은 페이팔이 했던 것처럼 회원 가입을 추천한 사람과 신규 가입자 모두에게 리워드를 제공하기도 한다. 기존 회원들로 하여금 주변인들을 대상으로 직접 마케팅에 참여하도록 함으로써 기업의 마케팅 활동에 비해 신뢰도를 높이는 방법이다. 하지만, 이 역시 악용하는 사람들이 많다 보니 5회 혹은 10회로 리워드 제공 회수를 제한하기도 한다.

특정 분야의 서비스 플랫폼도 먼저 시작하는 것이 좋은 것처럼, 멤버십 서비스도 가능하면 빨리 시작하는 것이 좋다. 그렇게 해서 초기에 충분한 기반 가입자를 확보하고 이들로 하여금 해당 서비스 플랫폼을 이용하는 습관을 만들어야만 다른 경쟁 플랫폼이나 멤버십 서비스로의 이동을 막는 데 용이하기 때문이다. 그렇지 않다면 기존 멤버십 서비스와는 확연히 다른 고객 혜택을 제공하는 것이 한 방법이다. 그런 측면에서 뒤늦게 멤버십 서비스를 시작한 월마트는 월마트 제휴 주유소에서 5% 할인을 해주거나 '월마트 캠프Camp by Walmart'와 같은 오프라인 중심의 혜택을 제공함으로써 아마존의 프라임 멤버십과 차별화를 꾀하고 있다.

플랫폼의 플랫폼

지금까지 우리는 개별 서비스 플랫폼이 진화한 형태인 다면 플랫폼, 다중 플랫폼, 그리고 크로스 플랫폼에 대해 알아봤다. 다면 플랫폼이나 다중 플랫폼이 단순한 서비스 포트폴리오의 확대를 위해 만들어진 구

그림 18. 플랫폼의 플랫폼 구조

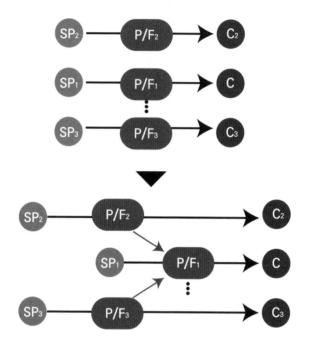

조였던 반면, 다중 플랫폼이 통합 멤버십 서비스와 결합해서 만들어진 크로스 플랫폼은 플랫폼들 사이에서 교차 네트워크 효과를 일으키면서 지속적으로 팽창하는 플랫폼 구조임을 알 수 있었다. 이 외에 또 다른 플랫폼 구조를 생각한다면, 그중의 하나가 플랫폼의 플랫폼Platform over Platform 구조가 될 것이라고 생각한다.

크로스 플랫폼이 여러 버티컬 플랫폼들을 유기적으로 통합하는 수평적인 구조를 띄고 있다면, 플랫폼의 플랫폼은 개념적으로 여러 개의 종

그림 19. 간편결제 서비스에서 발견되는 플랫폼의 플랫폼 구조

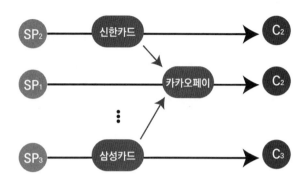

속 플랫폼들 위에 대표 플랫폼이 존재하는 수직적인 구조를 띄고 있다. 특이한 점은 대표 플랫폼이 여러 종속 플랫폼의 통합 서비스 채널을 제공하는 역할을 하는 동시에 자체적으로는 종속 플랫폼들과 동일하거나 유사한 서비스를 제공하는 개별 서비스 플랫폼이라는 점이다. 카카오페이, 네이버페이, 알리페이 같은 간편결제 서비스들이 대표적인 예에 해당하는데, 자체적으로 보유한 결제 플랫폼을 통해 결제 서비스를 제공하면서도 다른 결제 플랫폼들에 대한 간편 결제 채널을 제공한다.

카카오페이를 예로 들면, 일종의 직불카드와 비슷한 서비스인 카카오페이머니에 일정 금액을 충전한 후 PIN 번호나 지문인식 혹은 바코드나 QR코드와 같은 수단을 이용해서 간편결제 서비스를 제공한다. 신용카드나 직불카드가 여러 사용자와 거래처를 중개하는 대표적인 플랫폼인 것처럼 카카오페이도 이들 사이에서 독자적인 결제 서비스를 제공한다. 그런데, 카카오페이는 다른 신용카드나 직불카드와는 다른 특이한 점이 있다. 카카오페이머니처럼 카카오페이에 결제수단으로 등록된 다른 신용카드나 직불카드, 은행계좌의 결제를 대행하는 채널로 이용되기도 한다. 만약 어떤 사용자가 카카오페이의 결제수단으로 특정 신용카드를 연결해 놓았다면, 카카오페이로 결제를 하더라도 최종적으로는 해당 신용카드로 결제가 된다.

예를 들어, 앞의 그림 19에서 보이는 것처럼 신한카드나 삼성카드가 카카오페이 아래에 연결될 수 있는데, 신한카드나 삼성카드는 기존과 동일한 방식으로도 결제 서비스를 제공할 수도 있고 카카오페이를 통해서도 결제 서비스를 제공할 수 있게 되는 것이다. 여기서 우리가 주목해야 하는 부분은 기존의 카드회사들이 카카오페이를 더 이상 자신들의 경쟁자가 아니라 새로운 결제 채널로 인식하고 있다는 점이다. 서비스 초기 때와는 달리 카카오페이의 이용자 기반이 두터워지면서 카카오페이를 자신들의 경쟁자가 아니라 자신들의 결제서비스를 제공하기 위한 새로운 채널로 인식하는 것이다. 즉, 멀티 채널 전략의 한 방편으로 카카오페이를 바라보는 것이다. 그래서 신용카드사들은 카카오페이뿐만 아니라 네이버페이, 삼성페이, 스마일페이 등 다양한 간편결제 서비스에 종속 플랫폼 형태로 참여하고 있다.

마찬가지로 카카오페이도 신용카드사나 다른 금융기관들을 경쟁자가 아닌 자신의 결제 플랫폼을 통해 서비스를 제공하는 공급자 측 고객으로 바라본다. 자신들이 직접 결제 서비스를 제공할 수도 있지만, 이들을 통해서 더 많은 결제가 이루어지는 것이 자신들에게 수수료나 고객 데이터 관점에서 유리하다고 생각하는 것이다. 이렇게 되면 고객들이 신용카드를 쓰든 직불카드를 쓰든 상관없이 카카오페이는 고객들이 언제 어디서 어떤 것에 돈을 쓰는지에 대한 정보를 확보할 수 있게 되는 것이다. 이런 정보는 자신들이 제공하는 카카오T나 카카오T대리, 카카오내비 같은 모빌리티 서비스나 다른 O2O 서비스들과 결합하게 되면 고객이나 새로운 비즈니스에 대한 인사이트를 확보할 수 있게 된다. 신용카드사나 은행의 거래를 중개해주는 수수료는 덤에 불과할 뿐이다.

이런 트렌드는 디지털 콘텐츠 서비스 분야에서도 나타나고 있다. 스트리밍 비디오 서비스가 대표적인데, 스트리밍 서비스는 서비스 플랫폼별로 배타적인 콘텐츠를 제공하는 경우가 많아서 넷플릭스와 프라임 비디오 혹은 웨이브wavve와 티빙tving처럼 동시에 두 개 이상의 콘텐츠 서비스를 이용하는 고객들이 많은 분야다. 개별 플랫폼별로 이용자 기반을 확보하기 위해서 자체 제작한 오리지널 콘텐츠나 독점 콘텐츠를 제공하는데, 이런 콘텐츠를 이용하기 위해서는 서로 다른 서비스 플랫폼을 동시에 이용해야만 하기 때문이다. 문제는 동시에 여러 콘텐츠 서비스를 이용해야 하는 상황이 고객들에게는 부담이 된다는 것이다. 결국 상당수의 이용자들은 자신의 취향이나 서비스 이용 패턴에 가장 적합한 한두 개의 서비스만을 선택하게 된다. 이때 중요한 것이 바로 콘텐츠의 양과 질인데 이를 가능하게 하는 방법이 플랫폼의 플랫폼 구조다.

실제로 이와 비슷한 현상이 아마존에서도 나타나고 있다. 바로 프라임 비디오에서 제공하고 있는 '채널Channels' 서비스다. 채널 서비스는 IPTV나 케이블TV에서 채널별로 별도의 이용료를 내야만 볼 수 있는 유료 채널과 같은 개념이다. 즉, 프라임 비디오 이용자들이 HBO나 Showtime과 같은 별개의 OTT 서비스를 추가로 이용하고 싶은 경우 프라임 비디오 페이지에서 원하는 서비스에 가입하고 이용할 수 있다. 만약 정기적으로 구독하고 싶지 않다면 개별 콘텐츠 단위로 구매하거나 렌트해서 보는 것도 가능하다. 이 경우에도 프라임 비디오는 고객들을 자신들의 서비스에 묶어 두면서 다양한 OTT 서비스를 제공하는 것이 가능하고 그 과정에서 중개 수수료와 스트리밍 서비스에 대한 고객들의 데이터를 확보할 수 있게 된다. 반면, 개별적인 OTT 사업자들은 아마존의 어마어마한 고객들을 대상으로 자신들의 서비스를 마케팅할 수 있게 된다.

프라임 비디오의 채널 서비스가 IPTV나 케이블TV 서비스와 비슷한 것처럼 보이기도 하지만, 엄밀히 따지면 조금 다르다. IPTV나 케이블TV 사업자들은 단순히 콘텐츠 사업자contents providers들로부터 확보한 콘텐츠를 서비스 이용자들에게 제공하는 중개 플랫폼이지만, 프라임 비디오는 개별 콘텐츠 사업자들처럼 자체 콘텐츠도 제작하고 IPTV나 케이블TV 사업자처럼 콘텐츠 중개 서비스도 제공하기 때문이다. IPTV나 케이블TV 사업자는 다나와나 에누리닷컴 같은 가격 비교 서비스나 쿠차 또는 쿠폰모아처럼 소셜커머스 통합 검색 서비스를 제공하는 것에 더 가깝다고 보는 것이 적당하다.

플랫폼의 플랫폼 구조가 상위 플랫폼 사업자나 하위 플랫폼 사업자 모두에게 득이 되는 것처럼 보이기 때문에 얼핏 보면 서로 윈윈하는 플랫폼 구조로 볼 수도 있다. 단기적으로는 그렇다. 상위 플랫폼 사업자는 자신들의 거대한 고객들에게 보다 다양한 선택권을 제공할 수 있는 반면, 하위 플랫폼 사업자는 상위 플랫폼 사업자가 보유하고 있는 고객 기반을 통해 추가 수익을 기대할 수 있기 때문이다. 그러나 장기적으로 봤을 때는 전적으로 상위 플랫폼 사업자에게 유리한 구조다. 하위 플랫폼 사업자들의 경우 자신들의 서비스를 이용한 고객에 대한 제한적인 데이터만 확보할 수 있지만, 상위 플랫폼 사업자는 고객들이 자신들이 직접 제공한 서비스뿐만 아니라 모든 하위 플랫폼 사업자가 제공한 서비스 이용 정보에 대해서 확보하는 것이 가능하기 때문이다. 따라서, 하위 플랫폼 사업자들은 이런 플랫폼의 플랫폼 구조에 참여할 때 신중해야 한다.

뭉치면 살고
흩어지면 죽는다

다면 플랫폼이나 다중 플랫폼과는 달리 크로스 플랫폼은 멤버십 서비스를 이용해서 보다 더 효과적으로 고객 이탈을 막을 수 있다. 이를 위해 크로스 플랫폼 사업자는 단기적인 손실이 발생하더라도 충분한 고객혜택을 제공해야 하는데, 고객들이 플랫폼을 이탈하지 않는 한 이는 커다란 문제가 되지 않는다. 고객들이 과도하게 이탈하지 않는 한 크로스 플랫폼은 플랫폼들 사이의 교차 네트워크 현상으로 인해 자가 성장을 하며 시장을 독점하고 그 결과로 여러 수익 플랫폼들을 통해 안정적인 수익을 확보할 수 있기 때문이다.

만약 시장만 독점할 수 있다면 플랫폼 수수료는 그대로 놔둬도 된다. 혹은 기존보다도 더 가격을 인하할 수도 있다. 규모의 경제로 인해 매출 규모는 빠른 속도로 커질 것이며 절감되는 비용 역시 만만치 않을 것이기 때문이다. 하지만 이런 상황이 되면 대부분의 사업자는 더 큰 수익에 대한 욕심을 내게 돼 있고, 그 결과로 크로스 플랫폼 전략을 이용하는 새로운 경쟁자의 등장을 용인하게 된다. 따라서 오히려 처음부터 더 고객 친화적인 정책을 도입함으로써 기존 고객들의 이탈을 막고 신규 고객들의 유입을 더 강화하는 것이 보다 현명한 방법이라고 생각한다.

이렇게 되면 기존에 개별적인 서비스 플랫폼을 운영하던 사업자들은 치명적인 타격을 입을 수밖에 없게 된다. 고객들은 여러 개의 개별적인 서비스 플랫폼을 이용하는 것보다 하나의 통합 서비스 플랫폼을 이용하는 것이 더 합리적이라는 것을 알고 있기 때문이다. 즉, 크로스 플랫폼을 중심으로 고객들이 본격적으로 이동하게 되며 그 결과 개별 서비스 플랫폼은 재무적인 어려움에 처하게 될 가능성이 크다. 물론, 개별적인 서비스 플랫폼 사업자들도 다른 서비스들을 추가하고 통합 멤버십 서비스를 함께 제공함으로써 크로스 플랫폼으로 전환할 수도 있을 것이다. 하지만 시장에 대응하기 위해 급조된 서비스가 경쟁력을 확보하는 것은 사실상 불가능하다.

또 다른 방법은 개별 서비스 플랫폼 사업자들이 연대 혹은 제휴를 통해 크로스 플랫폼을 구축하는 것이다. 즉, 대표적인 개별 서비스 플랫폼을 이용할 수 있는 통합 멤버십 서비스를 개발하여 마치 한 기업이 운영하는 크로스 플랫폼을 이용하는 것처럼 이용하게 하는 것이다. 하지만 이 방법은 이론적으로는 가능하지만 현실적으로는 사실상 불가능하다. 제휴 플랫폼 사업자들 중에서 수익을 포기해야만 하는 기반 플랫폼을 하려는 곳이 없을 것이기 때문이다. 설령 어떤 기업이 기반 플랫폼을 하겠다고 자처하더라도 결국은 수익 플랫폼들과의 수익 분배 문제를 해결하는 것이 쉽지 않을 것이다. 이 외에도 통합 멤버십 서비스를 누가 어떻게 운영하고 고객들과 관련된 데이터에 대한 소유 및 활용 등에 대한 합의를 이끌어내는 것도 쉽지 않을 것이다.

따라서 유일한 해법은 크로스 플랫폼 전략을 활용하는 사업자가 적을 때 서둘러 시장에 진출하는 것이다. 고객들을 사로잡을 수 있는 3~4개의 서비스를 통합하고 이를 기반으로 통합 멤버십 서비스를 개발한다면 지금도 늦지 않았다고 생각한다. 뒤에서 자세히 소개하겠지만, 크로스 플랫폼 서비스를 제공하는 네이버나 월마트도 2020년 6월과 9월에 시장에 진출했다. 경쟁사의 멤버십 서비스 이용자를 빼앗아 오는 것은 경쟁 플랫폼의 이용자를 빼앗아 오는 것보다 10배 이상 어렵다는 사실만 명심하기 바란다.

플랫폼의 독점 이슈

지금까지 살펴본 것처럼 크로스 플랫폼 전략은 기존의 단일 플랫폼 전략의 한계를 극복하기 위한 방법이다. 즉, 특정한 분야에서는 손해를 보더라도 강력한 고객 기반을 만든 후 이들을 대상으로 수익성이 좋은 분야에서 수익을 도모하는 것이다. 그리고 이들이 크로스 플랫폼 생태계에서 벗어나지 못하도록 통합 멤버십 서비스로 묶어 두는 종합적인 전략이다. 크로스 플랫폼 전략은 장기적인 관점에서 추진해야 하기 때문에 다소 이상적인 전략처럼 보일 수도 있지만, 아마존이나 네이버처럼 현재 시장을 이끌고 있는 주요 기업들은 알게 모르게 이런 전략들을 적극 활용하고 있다. 그리고 그 결과는 해당 기업들의 독점 혹은 우월적인 시장 지배로 이어지고 있다.

물론 어떤 제품이나 서비스가 절대적으로 좋거나 처음부터 경쟁자가 존재하지 않는 경우에 독점은 피할 수 없는 일이다. 실제로 인터넷 검색 분야에서 구글이 세계 검색 시장의 90%를 장악하고 있으며 마이크로소프트는 컴퓨터 운영체제의 90% 정도를 독점하고 있다. 문제는 독점적인 기업이 시장 장악력을 기반으로 고객들이나 협력사들에 횡포를 부리는 것이다. 혹시라도 모를 이런 횡포를 막기 위해서 각 나라들은 특정한 기업의 독점을 제한하는 일종의 '반독점법Anti-Trust Act'을 두고 있으며 우리나라도 1980년 말에 '독점규제 및 공정거래에 관한 법률'이제정되어 적용되고 있다.

그럼에도 불구하고 다양한 플랫폼 기업들이 시장지배적 지위를 악용하거나 남용하는 일들이 비일비재하다. 음식배달 시장을 독점하게 되자 수수료 정책을 자신들에게 유리한 방식으로 바꾸었던 배달의민족은 언론의 뭇매를 맞고 철회하기도 했다. 네이버의 경우도 자사의 결제 수단을 이용하는 사업자의 상품이나 서비스를 검색창 상단에 우선적으로 노출시킨다고 고발을 당하기도 하고 자신들에게 유리하도록 쇼핑 검색 결과를 조작해서 공정위로부터 제재를 받기도 했다. 미국에서는 반독점 청문회가 개최될 때마다 흔히 FAANG이라고 하는 페이스북, 아마존, 애플, 구글 등이 단골손님처럼 불려 나간다.

사실 반독점 이슈는 모바일 생태계에서는 더욱 심각하다. 스마트폰 앱스토어 시장을 독점하고 있는 구글과 애플이 30%에 달하는 과도한 수수료를 청구하는 것은 이미 잘 알려진 사실이다. 여기서 한 걸음 더 나아가 게임 아이템을 구입하거나 콘텐츠 서비스 정기 이용 결제처럼 앱을 이용하는 과정에서 발생하는 모든 거래In-App Purchase에 대해서도 자신들을 통해서만 결제하도록 하고 고율의 수수료를 청구하는 등의 횡포를 부리고 있다. 그리고 자신들에게 유리한 정책을 따르지 않는 앱들은 임의적으로 앱스토어에서 퇴출시키기도 한다. 물론 이와 관련해서는 다른 시각도 존재한다. 다른 사업자들이 구글이나 애플보다 더 낮은 수수료와 고객 친화적인 조건으로 플랫폼 서비스를 제공할 수도 있는데 아무도 그렇게 하지 않는다는 것이다. 시장이 받아들이는 조건을 횡포라고 하는 것은 어불성설이라는 것이다.

아무튼 이런 독점 문제는 단일 플랫폼에서보다 크로스 플랫폼에서 더 심각할 수 있다. 예를 들어, 디지털 콘텐츠 서비스를 제공하는 특정 플랫폼이 자신들과 관련된 서비스 플랫폼을 사용하는 고객들에 대해서는 추가 할인을 해주거나 고객들을 차별할 수 있다. 물론, 어떤 경우에는 이것이 시장지배적 지위를 악용하는 것인지 아닌지 애매한 경우도 많다. 특정 플랫폼에서 제공하는 서비스나 조건들이 통합 멤버십을 통해 복잡하게 얽혀 있기 때문이다. 따라서, 규제 당국은 지금부터라도 크로스 플랫폼에서의 반독점 행위에 대한 대응 방안도 고민해야 한다.

아울러 크로스 플랫폼을 운영하는 사업자들은 보다 공정하고 합리적인 방법으로 사업을 추진하도록 노력해야 할 것이다. 경쟁이 아니라 상생의 관점에서 해법을 찾아야 하는 것이다. 예를 들면, 플랫폼의 플랫폼 전략처럼 플랫폼 내에서 자신들의 서비스와 함께 경쟁사 서비스도 제공하는 것이다. 물론 이 과정에서도 자신들의 결제 솔루션을 강요하거나 검색 결과를 조작하고 차별적인 수수료를 부과한다면 문제가 되겠지만, 그렇지 않는 한 반독점 이슈에서 자유로울 수 있는 방법 중의 하나다. 다양한 서비스 제공 과정에서 발생하는 고객 데이터를 활용해서 새로운 수익원을 발굴하기 위한 노력을 한다면 더 이상 전통적인 수수료 수익에 의지하지 않아도 되기 때문이다.

그럼에도 불구하고 플랫폼 기업의 횡포가 계속된다면 결국은 이용자들로부터 외면을 당할 수도 있다. 실제로 고객들이나 입점 업체들에게 과도한 수수료를 요구하거나 일방적으로 자신들에게 유리한 정책으로 변경한 플랫폼사업자들을 배척하자는 움직임이 여러 차례 있었다. 해당 기업의 앱을 삭제하고 직접 음식점에 전화를 걸어 주문을 하는 이용자들도 늘고 있으며, 빠른 배송을 이용하지 않으면 상품을 구매하지 못하게 한 오픈마켓을 이용하지 않겠다고 하는 사람들도 등장하고 있다. 또한, 미국에서는 플랫폼 기업이 독점적 지위를 이용해서 불공정한 경쟁을 하는 것을 막기 위한 '인터넷판 글래스 스티걸법Glass-Steagall Act'을 준비 중에 있다. 여기서 한발 더 나아가 셔먼법Sherman Antitrust Act을 바탕으로 독점 플랫폼 기업을 플랫폼 운영사와 플랫폼 참여사로 분할해야 한다는 여론도 커지고 있다. 플랫폼 비즈니스를 하고 있거나 준비하는 기업들은 미래 플랫폼의 핵심 가치는 저렴한 수수료나 편리한 이용환경이 아니라 신뢰와 공정이라는 사실을 명심해야 할 것이다.

4장

세계 시장을 지배하는
크로스 플랫폼 공룡

크로스 플랫폼의
선구자

2019년 5월 초, 미국의 경제지인 포브스는 〈아마존 생태계는 매일 더 커지고 더 강해지고 있다Amazon's Ecosystem Grows Bigger and Stronger By The Day〉는 제목의 기사를 게재했다. 온라인 서점으로 시작한 아마존이 오픈마켓으로 전환하며 1999년 3%에 달하던 제3자 판매 비중이 그로부터 20년이 지난 2019년에는 53%에 이르렀기 때문이다. 포브스는 아마존에서 제3 판매자third-party sellers의 비중이 이렇게 급증한 이유가 아마존이 재고 관리, 결제 처리, 배송 추적처럼 이들을 지원하기 위한 다양한 도구를 제공하고 있기 때문이라고 지적하고 있다. 그로 인해 이베이보다 아마존에서 더 나은 실적을 올리게 되었으니 아마존으로 몰릴 수밖에 없었다는 것이다.

그림 20. 아마존의 플라이휠

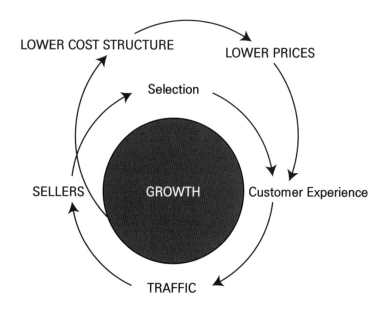

사실 아마존의 이런 노력들은 고객 집착customer obsession과 성장이라는 경영원칙을 바탕으로 한다. 잘 알려진 아마존 플라이휠Amazon Flywheel은 이 두 가지 목적을 동시에 달성하기 위한 구체적인 실행 전략에 해당한다. 즉, 위와 같은 노력들을 바탕으로 낮은 비용 구조lower cost structure를 만들어 제품의 가격을 낮추면lower prices 고객 경험 customer experience이 개선되어 더 많은 고객이 유입traffic되고, 그렇게 되면 더 많은 판매자들이 유입sellers되어 고객들에게 선택의 폭selection 을 키워주게 되어 교차 네트워크 현상을 일으키며 성장하게 된다는 것이다.

아마존닷컴이라는 이커머스 비즈니스가 어느 정도 정상적인 궤도에 오르자 아마존은 고객 기반을 바탕으로 콘텐츠 서비스나 클라우드 서비스 등의 서비스 플랫폼에도 새로운 플라이휠을 달기 시작했다. 최초의 플라이휠이 아마존이 안정적인 성장을 할 수 있게 도와준 것이었다면, 새로운 플라이휠은 아마존에 새로운 엔진을 추가한 것처럼 아마존의 성장에 가속도를 더해주며 오늘에 이르고 있다. 제프 베조스가 처음부터 의도한 것인지는 모르겠지만, 아마존닷컴을 중심으로 다양한 크로스 플랫폼 생태계가 만들어져 가고 있는 것이다. 게다가 개별 플랫폼의 서비스 채널을 스마트 디바이스와 오프라인 매장으로 확대하면서 개별 플랫폼의 다채널화를 추진하고 있으며 고객들이 아마존의 정글에서 빠져나가지 못하도록 프라임 멤버십이라는 마법을 쓰고 있다. 이 장에서는 아마존이 아마존닷컴이라는 단일 플랫폼을 성공적으로 구축하고 이를 프라임 멤버십을 바탕으로 크로스 플랫폼으로 확장해 나가는 과정을 소개하고 앞으로의 진화 방향에 대해 소개하고자 한다.

아마존의 기반 플랫폼과 기반 고객 확보

1995년 인터넷 서점으로 시작한 아마존은 1998년부터 책뿐만 아니라 CD나 영화 DVD 등을 판매하기 시작한다. 그리고 그 대상은 전자제품이나 컴퓨터 소프트웨어, 비디오 게임, 의류, 가구 등으로 확대됐다. 처음에는 고객들의 주문을 모아서 유통업체에 전달하고 유통업체에서 해당 제품을 받은 후에 이를 다시 고객에게 전달하는 방식이었다. 일을 줄이기 위해 책을 판매할 때처럼 아이템별로 몇몇 대형 유통업체를 통해 제품을 공급받는 방식을 취했다. 처음에는 이런 방식이 별다른 문제가 되지 않았는데, 시간이 지나면서 고객들은 주문한 제품을 받는데 걸리는 시간이 너무 길다는 불평을 하기 시작했다.

아마존은 이런 문제를 해결하기 위해 여러 곳에 창고와 물류센터를 구축하기 시작한다. 사업을 시작한 지 몇 년이 지나면서 고객들이 주문하는 제품들에 대한 데이터가 쌓이기 시작했고, 이를 바탕으로 일정 기간 동안에 판매될 것으로 추정되는 만큼의 제품들을 미리 구매해 놓기 위해서였다. 그러면 주문 즉시 배송할 수 있어서 배송 시간을 단축하는 것이 가능했다. 또한, 대량으로 구매함으로써 구매 원가를 낮추고 결과적으로 제품들을 더 싸게 공급하는 것도 가능했다. 물론 여전히 문제는 발생했다. 배송 및 반품과 관련된 문제들도 많았지만, 가장 큰 문제는 자신들의 예측과는 달리 제 때에 물건들이 공급되지 않거나 혹은 예상한 것만큼 팔리지 않아 재고가 쌓이는 것이었다. 재고가 많이 남는 것은 바람직하지 않았지만 기다리는 고객을 줄이기 위해 아마존은 충분한 재고를 확보했고, 그렇게 했는데도 팔리지 않는 제품들은 연말의 블

블랙프라이데이를 활용해서 저렴하게 구입할 수 있는 기회를 제공하기도 했다.

반면, 비슷한 시기에 사업을 시작한 이베이는 처음부터 다수의 판매자들과 구매자들을 연결해 주는 오픈마켓 형태의 플랫폼 서비스를 전개했다. 이베이의 설립 취지가 고객들에게 시장에 대한 동등한 정보를 제공하는 것이었기 때문에 이베이는 판매자들과 구매자들 사이의 거래에 깊이 관여하고 싶지 않았던 것이다. 또한 아마존처럼 판매자와 구매자 사이의 거래를 넘어서는 물류나 유통과 관련한 다양한 문제들로부터 자유롭고 싶었다. 물류와 유통 인프라를 구축하는 것은 대규모의 투자를 수반하는 것이었고 수익성마저도 불확실했기 때문이었다. 대신 판매자들의 상품 정보를 효과적으로 전달하거나 거래에 따른 수수료 구조를 합리화하는 부분에 집중했고, 이를 바탕으로 더 많은 판매자와 이용자가 참여하도록 플랫폼 규모를 키우는 데 관심을 두었다.

아무튼 아마존은 수많은 제품을 선구매해서 쌓아놓기 위해서 대규모의 물류센터를 확보해야만 했다. 이는 어마어마한 돈을 필요로 했다. 그래서 1998년 이후에 아마존은 투자금 유치에 집중했고, 1999년에는 3억 달러를 들여 물류센터를 확장하기도 했다. 당시 아마존닷컴의 물류 관리 직원 수가 전 세계적으로 30만 명에 달할 정도였으니 그 규모가 상상을 넘어설 정도였다. 이는 20년이 지난 현재 아마존 물류센터 직원의 35%에 해당하는 수준이다. 최근 소프트뱅크 비전펀드로부터 거대한 투자를 받아 열심히 자체 물류센터를 구축하고 있는 쿠팡이 아마존을 따라 한다는 이야기를 듣는 것이 바로 이런 이유 때문이다.

이와 더불어 새롭게 추가된 아이템들의 판매를 활성화하기 위해 아마존은 다양한 기업들을 인수했다. 영화 데이터베이스 서비스인 IMDB^{Internet Movie Database}를 인수해서 서적이나 음반에 대해 했던 것처럼 영화에 대한 리뷰를 제공하며 영화 DVD를 판매했고 온라인에서 많이 판매되는 제품을 파악하기 위해 온라인 마켓플레이스였던 익스체인지닷컴^{exchange.com}을 인수했다. 또한, 고객들에게 맞춤형으로 상품을 제안하기 위해 고객들의 온라인 활동 정보를 수집하는 알렉사 인터넷^{Alelxa Internet} 등을 인수합병하기도 했다. 알렉사^{Alexa}는 아마존의 인공지능 서비스의 이름으로도 잘 알려져 있는데, 이 이름이 선정된 이유 중의 하나가 음성 대화를 통해 고객들의 다양한 활동 정보나 취향을 수집하겠다는 의도가 담겨 있음을 유추해 볼 수 있다. 물론, 대외적으로는 단어에 포함된 자음 X가 단어의 인식 정확도를 높여주기 때문에 선정했다고 소개하고 있다.

그러나 2000년 전후에 불어닥친 닷컴버블의 붕괴는 아마존에게도 커다란 시련을 가져다주었다. 코즈모^{kozmo.com}나 펫츠닷컴^{pets.com}처럼 그 사이 인수하거나 투자한 기업들이 대부분 도산하며 적자 규모가

7억 달러를 넘어섰고 부채 규모도 20억 달러를 넘어섰다. 이 위기를 극복하기 위해 아마존은 상당수의 직원을 감축하고 많은 투자가 필요한 직매 중심의 아마존닷컴을 오픈마켓으로 전환하기로 결정한다. 경쟁업체인 이베이의 오픈마켓 구조를 유심히 지켜보던 아마존은 2000년에 자신들만의 오픈마켓 시스템인 마켓플레이스를 발표하고 기존과는 달리 아마존이 직접 판매하는 제품들을 입점 소매상들의 제품과 나란히 놓고 판매하게 된다.

아마존이 마켓플레이스를 론칭하자 이베이에서 제품을 판매하던 소매상들의 상당수가 아마존에 입점하기 시작했다. 저렴한 가격에 아마존에서 판매되던 제품들이 있었기에 초반에는 이들이 아마존의 전체 판매량에서 차지하는 비중은 매우 제한적이었다. 하지만 이들은 아마존에서 판매하는 상품군에 다양성을 제공하며 빠르게 아마존의 매출과 수익성을 개선시켰다. 결국 2년 후인 2002년부터 아마존은 다시 흑자로 돌아서게 되고 본격적인 플랫폼^{마켓플레이스} 비즈니스를 강화하기 시작한다. 최근 코로나19로 많은 기업들이 뜻하지 않게 비즈니스 패러다임의 전환을 고민하고 있는 것처럼, 아마존도 닷컴버블의 붕괴가 직매 중심의 단면시장에서 직매와 오픈마켓을 혼용하는 양면시장으로 비즈니스 모델을 전환하게 된 것이다.

아마존이 성공적으로 인터넷 쇼핑 사업자에서 플랫폼 사업자로 전환할 수 있었던 것은 무엇보다도 인터넷 서점을 통해 구축해 놓았던 탄탄한 수요자 측 고객 기반이 있었기 때문이다. 즉, 전통적인 단면시장에서 고객 기반을 키운 후에 이를 바탕으로 플랫폼 비즈니스로 전환한 사례에 해당하다. 아마존은 본격적인 플랫폼 비즈니스를 하기 전부터 수요자 측 고객 기반을 확보하기 위한 다양한 노력을 해왔는데, 대표적인 것이 앞에서 언급한 직매를 통한 가격 인하다. 처음부터 오픈마켓 방식으로 제품 판매를 중개했던 이베이와 달리 아마존은 몇몇 대형 유통업체를 대상으로 대규모로 제품을 구매함으로써 제품의 가격을 현격히 낮출 수 있었다. 저렴한 가격만큼 훌륭한 마케팅 툴은 없다는 말처럼, 결국 많은 고객들이 아마존을 찾기 시작했다.

그러나 전혀 생각지도 못했던 곳에서 문제가 발생했다. 아마존에 방문하면 원하는 제품을 저렴하게 구매할 수 있었지만, 결제하는 것이 생각보다 번거로웠던 것이다. 한국에서도 4~5년 전만 하더라도 결제를 하기 위해 공인인증서를 이용해야 하고 이를 위해 ActiveX를 설치하고 몇몇 보안 프로그램을 설치해야 했던 것처럼, 결제할 때마다 비용을 송금하거나 카드 정보를 입력하고 배송지 정보를 입력해야만 했었다. 이 과정에서 발생하는 다양한 오류들은 고객들의 불만으로 이어졌고 아마존에서의 구매를 포기하거나 클레임으로 이어졌다. 물론, 이는 아마존만의 문제는 아니었다. 그러나 아마존은 이 문제를 해결하기 위해 노력했고 그 결과 찾은 솔루션이 오늘날 간편결제 서비스의 기반이 된 '원 클릭 주문1-Click Ordering' 방식이다.

원클릭 주문은 고객의 결제 및 배송과 관련된 정보를 클라우드에 안 전하게 저장해 두고 구매 시 해당 정보를 호출해서 이용하는 방식이다. 따라서, 고객들은 제품을 구매할 때마다 복잡하게 결제 정보와 배송 정 보를 입력할 필요가 없이 버튼 클릭 한 번으로 구매 프로세스를 끝낼 수 있었다. 더 나아가서는 구매하려는 제품을 굳이 장바구니cart에 넣지 않고 상품 소개 페이지에서 원클릭으로 주문과 결제를 끝낼 수도 있었 다. 장바구니에 물건을 담지 않는다는 것이 별 게 아닌 것처럼 보일 수 도 있지만, 장바구니에 담아 두었던 제품들을 몇 달이 지나도 구매하지 않았던 일들을 생각해 보면 원클릭이 고객들의 제품 구매를 얼마나 촉 진시켰는지 알 수 있다. 물론 원클릭으로 주문한 제품들은 마음이 바뀌 면 구매 결정 후 30분 이내에 취소도 가능했다. 따라서 아마존 이용자 들은 아무런 부담 없이 원클릭 버튼을 눌렀으며 이렇게 편리한 사용 경 험은 고객들로 하여금 아마존을 반복적으로 이용하도록 만들며 트래픽 을 생성했다.

아마존은 1997년 원클릭 주문 방법을 특허로 청구한 후 적극적으 로 권리를 행사했다. 경쟁자들의 결제 과정을 조금이라도 불편하게 만 들어서 고객들을 끌어오고 싶었던 것이다. 그래서 아마존으로부터 원클릭 주문에 대한 라이선스를 취득한 애플 이외에는 특허가 만료되는 2017년까지 어떤 기업도 간편 결제를 이용할 수 없었다. 딱 하나 예외 기업이 있었다면, 바로 이베이였다. 아마존의 원클릭에 상응하는 결제 솔루션을 찾던 이베이는 현재 테슬라의 CEO인 일론 머스크가 운영하던 페이팔 서비스를 발견하고 2002년 페이팔을 인수하게 된다. 그 결과 2000년대 말까지 아마존과 이베이의 양강체제가 유지되게 된다. 또한, 일론 머스크는 페이팔의 매각을 통해 확보한 자금으로 스페이스X를 설립하고 테슬라의 대주주가 되며 오늘날에 이르게 된다.

원클릭 주문으로 인해 선택한 상품을 결제하는 과정이 쉬워지자 구매하고자 하는 상품을 찾아서 주문하는 과정이 상대적으로 복잡해 보이기 시작했다. 그래서 아마존은 상품 검색 기능을 강화하기 시작했고 제품 주문 과정을 쉽게 하기 위한 다양한 디바이스들을 개발하기 시작한다. 그것이 잘 알려진 대시완드Dash Wand나 대시 버튼Dash Button과 같은 주문형 장치들이다. 이어서 스마트폰인 파이어폰FirePhone과 스마트 스피커인 에코Echo를 개발하는 것으로 이어진다. 또한, 대시 버튼 기능을 자동화시킨 대시보충서비스Dash Replenishment Service, DRS도 출시하고 고객의 검색 이력이나 관심사를 바탕으로 제품을 주문하기 전에 먼저 배송하는 선행 배송anticipatory shipping과 관련된 기술을 개발하는 등 주문 과정을 단순화시키기 위한 일련의 노력들이 있었다.

그림 21. 주요 IT 기업들의 R&D 비용 비교 (단위: 억 달러)

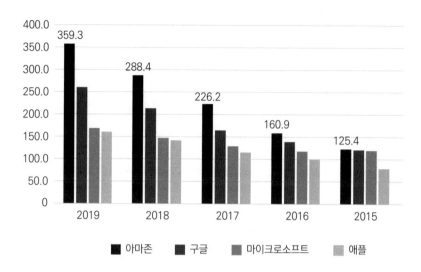

자료: 각사가 발표한 R&D 비용을 재구성

이런 노력은 결실로 이어졌다. 2000년대 말에 이르자 주문량이 폭증하기 시작한다. 물론 결정적인 계기가 됐던 것은 스마트폰이 보급됨에 따라 모바일 주문이 급증하기 시작했던 것이다. 아마존에는 더없이 좋은 일이었지만, 물류센터에서 병목현상이 발생하기 시작했다. 물류센터는 충분히 많았고 공간도 넓었는데, 그게 오히려 문제가 된 것이었다. 물류센터에서 배송해야 할 제품을 찾아서 포장하는 피킹&패킹Picking & Packing에 걸리는 시간이 건당 1시간 이상씩 걸렸으며, 물류센터에서 일하는 직원들은 하루에 평균 16마일약 24Km 이상 걸어야 했다. 그로 인해 하루에 고작 몇 개의 상품을 포장하는 것이 전부였으며, 힘들다고 그만두는 직원들도 부지기수였다. 이러한 상황은 아마존의 물류 비용을 급속하게 상승시키는 결과로 이어진다.

이 문제를 해결하기 위해 아마존은 2014년부터 키바Kiva라는 물류센터용 로봇을 도입하기 시작했으며, 보다 빠른 배송서비스를 제공하기 위해 2013년 말부터는 드론을 이용한 배송, 스카우트Scout라는 자율주행차량을 이용한 배송, 도심지 내의 마이크로 물류센터의 건설, 2시간 이내에 배송해주는 프라임 나우Prime Now와 같은 서비스들을 잇따라 출시한다. 물론, 택배 수령을 위해 아마존 라커Amazon Locker를 개발하기도 하고 부재 중에 배송을 완료하기 위한 아마존 키Amazon Key 서비스도 출시하게 된다. 아마존이 전 세계 모든 기업 중에서 가장 많은 R&D 비용을 쓰는 이유가 바로 이 때문이다. 매출이 지속적으로 상승했지만 2016년이 되어서야 비로서 어느 정도 수익 규모를 키워가기 시작한 이유가 여기 있다. 결국 고객들을 위한 집착customer obsession이 지금의 아마존을 만들고 있는 것이다.

적자를 흑자로 전환시킨
두 가지 방법

닷컴버블 붕괴에 따른 위기를 성공적으로 극복해낸 아마존은 자신들의 비즈니스를 강화하기 위한 일들을 본격적으로 추진하게 된다. 이런 노력은 크게 두 가지 방향으로 전개됐는데, 하나는 기존 아마존닷컴이라는 전자상거래 플랫폼을 강화하기 위한 노력이었고 다른 하나는 새로운 사업군의 발굴이었다. 먼저 아마존닷컴을 강화하기 위해서는 크게 판매 채널을 다양화하고 아마존 프라임이라는 멤버십 프로그램을 도입했다. 그리고 새로운 사업군의 발굴은 기존의 수요자 측 고객 집단을 대상으로 디지털 콘텐츠 서비스 등을 추진한 것과 제3 판매자들을 위한 서비스, 그리고 기업 고객을 대상으로 새롭게 클라우드 서비스를 제공한 것이 대표적이다.

아마존닷컴을 강화하기 위한 모든 노력은 고객 락인lock-in에 초점이 맞춰져 있었다. 플랫폼이 성장하기 위해서는 신규 고객들이 지속적으로 유입되는 것도 필요하지만, 기존 고객들이 플랫폼에 계속 남아서 반복적으로 서비스를 이용하는 것이 더 중요했기 때문이다. 그리고 그래야만 고객과 관련된 데이터를 수집하는 것이 가능해지며, 언젠가는 고객들이 주문을 하지 않더라도 고객들이 필요로 하는 제품이나 서비스를 알아서 제공하는 제로클릭 주문이 가능할 것이라고 생각했다. 그 방법 중의 하나가 프라임 멤버십과 판매 채널을 다양화하는 노력이었다.

프라임 멤버십에 대해서는 뒤에서 자세히 살펴보기로 하고 여기서는 먼저 판매 채널의 다양화에 대해서만 살펴보기로 하자. 판매 채널을 다양화한다는 것은 고객들이 다양한 방법으로 아마존에 접속해서 상품을 구매하게 만드는 것을 의미한다. 예를 들면, 2000년 초반만 하더라도 인터넷에 연결된 컴퓨터가 유일한 판매 채널이었지만, 스마트폰이 등장하고 전자책 리더나 태블릿이 등장하기 시작한 2007년 이후부터는 이런 모바일 디바이스를 이용해서 쇼핑을 하는 것도 가능해졌다. 사실 여기까지는 대부분의 기업에서 마찬가지다. 하지만, 아마존은 2014년부터는 본격적으로 온라인 쇼핑을 용이하게 하는 주문 장치ordering devices를 개발하고 2015년부터는 오프라인 매장으로 확대한다.

2007년 11월에 출시한 전자책 리더인 킨들은 와이파이나 이동통신망을 통해 전자책을 다운로드 받아 읽을 수도 있었지만, 아마존닷컴에 들어가 쇼핑을 하는 것도 가능했다. 또한, 2011년에는 LCD 디스플레이를 이용한 파이어 태블릿Fire Tablet을 출시해서 사용성을 개선했고, 2014년 4월에는 대쉬 완드라는 주문형 장치를 출시하기도 했다. 대시 완드는 버튼을 클릭한 후 제품에 부착된 바코드를 인식하거나 제품의 이름을 말하는 식으로 기존에 주문했던 제품들을 간단히 다시 주문할 수 있도록 하는 제품이었다. 그리고, 이 기술을 바탕으로 2014년 7월에는 파이어플라이Firefly라는 주문 버튼이 탑재된 스마트폰을 출시하기도 했다. 파이어폰이라 불리던 이 스마트폰은 비록 실패하기는 했지만, 버튼 클릭을 통해 스마트폰에서 책이나 일상 용품들을 쉽게 주문하도록 하려는 노력이 담겨 있었다.

2015년 3월 말에는 버튼 클릭 한 번으로 주문뿐만 아니라 결제까지 처리하는 대시 버튼과 대시 버튼의 기능을 일반 가전제품에서 이용할 수 있게 만든 대시 보충 서비스를 출시하기도 했다. 그리고 파이어폰을 개발하는 과정에서 함께 개발된 음성인식 기술을 바탕으로 2014년 11월에는 음성인식 기반 개인 비서 서비스인 알렉사와 스마트 스피커인 에코Echo를 출시했다. 이 외에도 2018년 11월에는 에코와 연결해서 이용 가능하며 팝콘을 자동으로 주문할 수 있는 전자레인지를 출시했으며, 음성인식 기능과 대시 보충 서비스 기반의 자동 주문 기능들을 가

전 및 디바이스 제조사들을 대상으로 판매하고 있다.

물론 이뿐만이 아니다. 아마존은 알렉사를 다양한 장치에 활용하기 위해 노력하고 있다. 이미 주요 가전제품 제조사들은 자사의 스마트 제품에 아마존의 음성인식 서비스를 활용하고 있으며 주요 자동차 제조사들도 예외는 아니다. 즉, 운전을 하면서 쇼핑할 것이 생각나면 알렉사를 불러 주문하는 것이 가능하다. 또한, 주요 호텔 객실에도 아마존 에코 스피커가 설치되고 있으며 몇몇 건설사들은 아파트에 알렉사를 내장하기도 하고 있다. 또 하나 주목해야 할 것이 홈서비스 로봇Domestic Robot이다. 홈 서비스 로봇은 이동성을 가지고 있는 에코 스피커로 이해하면 되는데, 아직 공식적으로 출시 일정이 잡힌 것은 아니지만 집안에서 사람들을 쫓아다니며 아마존 서비스를 이용하도록 할 것으로 기대된다. 실제로 아마존은 2020년 9월에 말소리가 들리는 방향으로 화면을 회전시키는 3세대 에코쇼Echo Show를 소개하기도 했는데, 홈서비스 로봇의 등장이 머지않았음을 보여주는 제품이었다.

아마존의 다채널 전략은 온라인, 모바일, 디바이스에서 멈추지 않았다. 2015년 말부터는 오프라인에 아마존 관련 매장들을 하나씩 열고 있다. 가장 먼저 문을 연 것은 2015년 11월에 워싱턴 대학교 인근에 자리 잡은 아마존 북스Amazon Books였다. 그리고 2018년 1월에는 계산원이 없는 매장인 아마존 고Amazon Go를, 9월에는 아마존닷컴에서 별점 4개 이상을 받은 제품만 판매하는 오프라인 매장인 아마존 포스타Amazon 4 Star 매장을 오픈하기도 했다. 가장 최근인 2020년 2월에는 신선식품도 취급하는 아마존 고 매장인 아마존 고 그로서리Amazon Go Grocery도 서비스를 개시했으며, 2020년 8월에는 아마존 그로서리 스토어Amazon Grocery Store를 오픈하기도 했다.

아마존의 CEO인 제프 베조스는 시간이 지나도 변치 않는 분야를 좋아한다. 그런 분야 중의 하나가 식료품 분야인데, 일반 가공식품들과는 달리 신선식품은 상하거나 변질되기 쉬워서 온라인 전자상거래에서는 좀처럼 취급하지 않던 분야였다. 월마트에 비해서도 가장 뒤처지는 분야가 이 분야였다. 그러나 꾸준히 준비해 온 콜드체인 기반의 물류센터와 딜리버리에 있어서의 자신감을 바탕으로 2017년부터는 신선신품 분야에도 뛰어들게 된다. 2017년 3월에는 식료품 배달 서비스인 아마존 프레시AmazonFresh를 론칭하고 8월에는 유기농 식품체인인 홀푸드Whole Foods를 137억 달러에 인수한다. 그리고 이런 노력이 2020년에는 아마존 고 그로서리 및 아마존 그로서리 스토어와 연결되게 된다.

특정 서비스 플랫폼이 제공하는 서비스의 품질이나 가격, 다양성 등에 별다른 문제가 없다면, 다채널화는 고객 접점을 확대하는 방식으로 해당 플랫폼 사용자들로 하여금 더 다양한 방식으로 플랫폼이 제공하는 서비스를 이용할 수 있게 만든다. 고객들은 언제 어디서나 어떤 수

표 2. 아마존의 다채널 전략 및 주요 사례

채널 유형 (시점)	주요 사례
온라인 (1995~)	아마존(1995)
모바일 (2007~)	스마트폰 앱(2007), 킨들(2007), 파이어 태블릿(2011), 파이어폰(2014)
디바이스 (2014~)	대시완드(2014), 에코(2014), 대시버튼(2015), 대시 보충 서비스(2015), 아마존 베이직 마이크로웨이브 오븐(2018), 에코 프레임(2019), 에코 루프(2019)
오프라인 (2015~)	아마존 북스(2015), 아마존 고(2018), 아마존 4-Star(2018), 아마존 고 그로서리(2020), 아마존 그로서리 스토어(2020)

단을 이용해서든 아마존의 서비스를 이용할 수 있게 되므로 결과적으로 고객들은 아마존이라는 플랫폼에 견고하게 락인된다. 즉, 타 플랫폼으로의 이탈에 대해 고민을 하지 않게 된다는 것이다. 이런 상황에 도달하게 되면 플랫폼 사업자는 수익성을 강화하기 위한 고민을 하게 된다.

기반 플랫폼의 고객 기반을 바탕으로 수익을 강화하는 방식으로 쉽게 생각할 수 있는 것은 공급자 측 고객 및 수요자 측 고객들을 대상으로 새로운 서비스를 제공하는 것이다. 새롭게 제공되는 서비스는 단면 시장형 서비스일 수도 있고 양면 혹은 다면 시장형 서비스일 수도 있다. 아마존의 경우에는 공급자 측 고객에 해당하는 판매자들을 대상으로 물류센터를 이용할 수 있게 한다거나 판매 제품의 배송이나 반품 관리, 위치 추적, 고객 관리 등과 같은 제3 판매자 서비스Third-Party Seller

그림 22. 아마존의 다양한 사업 구조

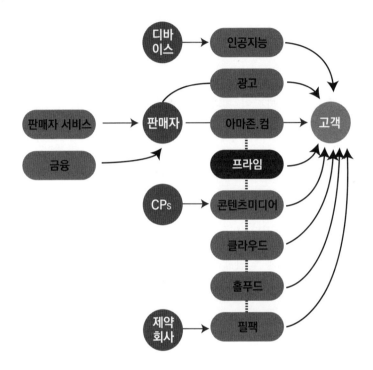

Services를 제공하거나 아마존 렌딩Amazon Lending 같은 금융 서비스를

제공하고 있다. 이러한 서비스들은 판매자들을 대상으로 아마존이 직

접 제공하는 서비스들에 해당한다. 또한, 이들 및 외부 광고주들을 대

상으로 광고 서비스도 제공하고 있는데 광고 서비스는 별도의 플랫폼

형태로 제공된다.

　반면, 수요자 측 고객에 해당하는 아마존닷컴 이용자들을 대상으로

는 다양한 추가 서비스들을 제공하고 있다. 2006년 9월부터 비디오 서비스Prime Video를 제공하기 시작했으며 2007년 9월부터는 음악 서비스Amazon Music를 제공하고 있다. 전자책의 경우 킨들Kindle이라는 전자책 리더가 출시되기 훨씬 이전인 2000년부터 판매하기 시작했으며, 2011년 3월부터는 사진이나 파일을 백업할 수 있는 아마존 드라이브Amazon Drive를 제공하기 시작했다. 그리고, 워싱턴 포스트를 인수2013년 10월한 이후부터는 신문 구독 서비스도 제공하고 있고 2020년 말부터는 루나Luna라는 클라우드 기반 스트리밍 게임 서비스를 구독 서비스 형태로 제공하고 있다.

이 외에 유기농식품을 판매하는 홀푸드나 약품배달 서비스를 제공하는 필팩PillPack과 같은 기업들을 인수한 이후에는 기존 고객들을 대상으로 해당 서비스를 유리한 조건에 이용할 수 있도록 하고 있다. 특히 2020년 8월에는 아마존 헤일로Amazon Halo라는 헬스케어 서비스를 출시하기도 했는데, 스마트 밴드에서 수집된 활동 및 건강 정보를 바탕으로 전문가들의 조언을 제공해주기도 한다. 그리고 2020년 9월에는 홀로 계시는 부모님을 위한 돌봄 서비스인 케어 허브Care Hub를 출시했고, 이 외에도 아마존 가드 플러스Amazon Guard Plus와 링 카 시큐리티 서비스Ring Car Security Service같은 가정 및 차량을 대상으로 하는 보안 서비스를 출시하기도 했다.

물론, 이런 서비스들이 기존의 아마존닷컴 이용자들만 이용할 수 있는 것은 아니다. 프라임 회원이 아닌 사람들은 물론 아마존닷컴을 전혀 사용하지 않는 사람들도 이용할 수 있다. 하지만, 아마존닷컴 이용자나 프라임 회원들과는 달리 비교적 비싼 이용료를 내지 않으면 이용할 수 없다. 그럼에도 불구하고 개별적인 서비스를 이용하는 고객들은 아마존에게 매우 높은 수익을 가져다주게 된다. 한편, 아마존의 프라임 회원들에게는 완전히 무료로 제공되는 서비스들도 있지만 일부 서비스들은 일정한 범위 내에서만 무료로 이용할 수 있게 하고 있다. 즉, 완전한 서비스를 이용하기 위해서는 일반 이용자들보다는 적지만 추가적인 요금을 내고 이용하도록 하고 있다. 업셀링up-selling을 유도함으로써 해당 서비스의 수익성을 제고하는 것이다.

많은 사람이 착각하는 것이 이 부분인데, 프라임 회원에 가입하면 모든 미디어 콘텐츠 서비스가 제한 없이 무료인 것으로 알고 있다는 것이다. 즉, 월 12.99달러, 연 119달러에 그 많은 혜택을 무제한으로 제공하는 줄 알고 있다. 그러나 사실은 그렇지 않다. 음악 서비스만 하더라도 무제한으로 듣기 위해서는 별도로 아마존 뮤직 언리미티드Amazon Music Unlimited 서비스에 가입해야 한다. 프라임 회원에 무료로 제공되는 프라임 뮤직의 경우 2백만 곡의 노래만 무료로 들을 수 있는 반면, 아마존 뮤직 언리미티드의 경우 6천만 곡의 노래를 들을 수 있다.

유료로 무제한 클라우드 공간을 제공하던 아마존 드라이브 서비스도 2017년 6월부터는 금액에 따라 100GB 혹은 1TB로 용량을 제한하기 시작했다. 워싱턴 포스트의 경우에도 멤버십을 가입하면 처음 6개월간 은 무료로 이용할 수 있다. 그러나, 이후에는 월 3.99달러를 내고 이용 해야 한다. 물론, 프라임 회원이 아닌 경우에는 월 9.99달러를 내야 하 는 것보다는 저렴하다. 손해를 작정하고 멤버십 서비스를 제공하는 것 이 아니라는 것이다. 한편으로는 충성도 높은 프라임 회원들을 대상으 로 업셀링을 하는 것이며, 다른 한편으로는 프라임 회원이 아닌 고객들 을 프라임 회원으로 전환하도록 유도하려는 의도가 담겨 있는 것이다.

아마존의 3개의 기둥

제3자 판매의 활성화 및 다채널화를 통한 아마존닷컴 중심의 서비스 생태계 강화 노력이 결실을 맺기 시작했다. 아마존의 매출은 꾸준히 상승했으며 전 세계 기업 중에서 가장 많은 R&D 비용을 투자함에도 불구하고 아마존의 수익은 안정적으로 유지됐다. 그러자, 아마존의 CEO인 제프 베조스는 사업 다각화를 통한 수익성 다변화에 집중한다. 제프 베조스는 먼저 아마존닷컴을 운영하면서 확보하게 된 다양한 형태의 데이터베이스를 개방형 API^{Open API}화 하여 외부에 공개했으며, 다른 인터넷 서비스 사업자들이 아마존의 결제 시스템을 이용할 수 있도록 하면서 추가적인 수익을 창출했다.

아마존은 마켓플레이스를 운영하는 과정에서 데이터베이스뿐만 아니라 아마존닷컴에서 이용되는 모든 기능을 API 형태로 만들어서 이용했다. 즉, 아마존닷컴은 처음부터 서비스 지향 아키텍쳐^{SOA}로 구성되어 있었던 것이다. 이런 시스템 구조는 특정한 서버 기능이나 저장공간 등을 필요에 따라 탄력적으로 이용할 수 있게 만들었다. 즉, 아마존에서 직매로 다량의 제품을 수급한 후 저렴하게 판매했던 것처럼 컴퓨팅 시스템 및 스토리지 인프라도 대규모로 구축해 놓은 후 이를 고객들의 필요에 따라 서비스 형태로 제공하는 것을 가능하게 만들었다. 이것이 바로 현재의 아마존을 지탱하고 있는 아마존 웹 서비스^{AWS}다. 아마존은 2006년 3월에는 스토리지 서비스인 아마존 S3를, 그리고 그해 가을에는 컴퓨팅 서비스인 아마존 EC2를 출시하게 된다.

이후 아마존의 클라우드 서비스는 일반인들은 이해하기 어려울 정도로 복잡다단하게 발전한다. 최근 몇 년 사이에 추가된 대표적인 서비스만 살펴보면, 텍스트 및 음성인식 기반 대화형 인공지능 서비스인 렉스^{Lex}, 텍스트 분석 및 음성 변환 서비스인 폴리^{Polly}, 지능형 이미지 분석 서비스인 레코그니션^{Rekognition}과 같은 머신 러닝 서비스는 물론 데이터 분석 서비스, AWS IoT 같은 사물인터넷 서비스, 모바일 및 위성통신을 위한 서비스까지 포함하고 있다. 2020년 기준 AWS 서비스의 종류는 무려 160개가 넘을 정도다. 이처럼 빠르게 증가하는 AWS 서비스는 빠른 속도로 관련 시장의 점유율을 키워나갔다. 시장조사기관인 캐널

리스^{Canalys}의 자료에 따르면 2020년 7월 기준 전 세계 클라우드 시장에서 AWS가 차지하는 비중은 무려 31%에 달할 정도다.

중요한 것은 아마존이 장기적 관점에서 AWS 사업을 추진해 오고 있다는 것이다. AWS가 이 책에서 말하는 플랫폼과는 성격이 다른 비즈니스이지만, 플랫폼 사업자들에게는 장기적 관점에서 비즈니스를 바라보는 것이 매우 중요한데 그걸 실천으로 옮겼다는 것이다. 아마존은 2006년에 이 서비스를 출시했는데, 다른 기업들이 단기적인 수익에 급급할 때도 아마존은 장기적인 관점에서 기존 고객들을 묶어두고 신규 고객들을 유치하기 위해 노력했던 것이다. 단적인 예가 클라우드 서비스의 가격 인하다. 아마존은 2006년 AWS를 출시한 이후 지금까지 무려 70회 정도의 가격 인하를 단행했다. 그러면서도 26%에 달하는 높은 영업 이익율을 달성하고 있으며 2019년 기준 전체 매출의 12.5%를 차지하고 있다. 더 놀라운 사실은 아마존의 전체 수익에서 AWS가 차지하는 비중인데, 무려 63%에 달한다. 실제로 2017년에는 AWS가 없었다면 적자로 돌아설 뻔하기도 했다. 아마존닷컴이나 다른 서비스들처럼 오픈마켓형 플랫폼은 아니지만, 수익원으로써의 역할을 톡톡히 하고 있는 것이다.

그런 이유로 AWS는 마켓플레이스 및 프라임 멤버십 서비스와 함께 아마존을 지탱해주는 3개의 기둥^{3 Pillars of Amazon}이라고 불린다. 제프

그림 23. 아마존의 매출 구성 (2019)

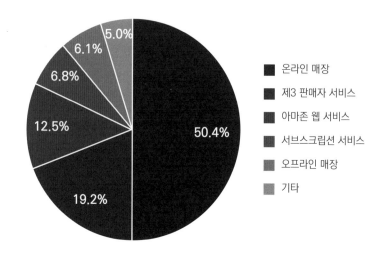

베조스도 2016년에 주주들에게 보내는 편지에서 이런 생각을 처음 공개하기도 했다. 그러나, 아마존의 매출 구성에서 보이듯이 AWS나 프라임 멤버십은 고작 전체 매출의 12.5% 및 6.8%밖에 차지하지 않는다. 그럼에도 불구하고 이들을 '아마존의 빅3Big 3 of Amazon'라고 칭한 이유는 자명하다. 온라인 마켓플레이스가 기반 플랫폼의 역할을 해 왔다면, 앞으로는 AWS와 프라임 멤버십 서비스가 수익 플랫폼으로써의 역할을 할 것이라는 기대가 담겨 있는 것이다.

아마존의 3개의 기둥 중 프라임 멤버십은 다음 절에서 소개하기로 하고 이곳에서는 비즈니스 및 시장 관점에서 마켓플레이스에 대해 조금 더 살펴보기로 하자. 마켓플레이스와 관련된 매출은 온라인 스토어에서의 매출, 제3 판매자들에 제공되는 서비스, 그리고 오프라인 스토어Physical Stores에서의 매출로 구성된다. 여전히 마켓플레이스 매출이 아마존 전체 매출에서 차지하는 비중이 50% 이상이며, 마켓플레이스 관련 매출의 합은 75%에 달한다. 온라인 스토어 매출은 아마존닷컴이라는 플랫폼 이용료 및 상품 판매 수수료를 포함한다. 그리고 제3 판매자들에게 제공되는 서비스는 아마존 주문처리 서비스Fulfillment by Amazon 수수료, 환불 처리 수수료, 재고 보관 수수료 등이 포함된다. 마지막으로 오프라인 스토어 매출은 주로 홀푸드 매출로 구성되며 아마존이 직접 론칭한 오프라인 매장의 매출은 미미한 상황이다.

온라인 스토어 매출을 기준으로 했을 때, 아마존은 2020년 6월 기준 미국 내 온라인 전자상거래 시장의 38.0%를 차지하고 있다. 다음으로 월마트가 5.8%를 차지하고 있는데 이베이의 4.5%를 제치고 2위로 올라선 것이다. 2018년에 47%에 달했던 점유율이 10%p 가까이 빠진 이유는 여러 가지가 있겠지만, 소매업체들이 온라인 비즈니스를 강화한 것이 가장 큰 이유로 분석된다. 특히, 월마트나 타깃Target, 코스트코Costco Wholesale 같은 대형 오프라인 할인마트들이 온라인으로 주문하고 오프라인에서 직접 수령해 가도록 하는 서비스click-and-collect를 본격적으로 제공한 것이 가장 큰 영향을 준 것으로 분석된다. 7장에서 다루겠지만 온라인과 오프라인의 결합이 얼마나 중요한지를 보여주는 한 대목이라 할 수 있다.

마법의 가루, 프라임 멤버십

아마존은 2005년 2월 프라임이라는 멤버십 제도를 도입했다. 프라임 멤버십은 79달러의 연회비를 내면 조건 없이 무료로 배송을 해주는 서비스였다. 프라임 도입 당시 아마존의 이틀 내 배송비가 건당 9.48달러였으니 연간 9건 이상을 구매하면 구매할 때마다 배송비를 내는 것보다 프라임 멤버십에 가입하는 것이 이득이었다. 또한, 아마존을 9회이상 이용한다면 훨씬 더 큰 이득을 얻을 수 있었다. 그러나 이 말은 반대로 아마존은 그만큼 손해를 본다는 것을 의미했다. 실제로 2005년 한 해에만 고객들이 절감한 배송 비용이 4억 7,500만 달러에 달했고 이는 그대로 아마존의 손실로 이어졌다. 그래서 처음에는 아마존 내에서도 프라임 멤버십 도입에 대해 반발이 많았으며 외부 컨설팅 결과도 마찬가지였다.

하지만 고객을 먼저 생각하는 제프 베조스의 생각은 달랐다. 고객에게 유리한 서비스를 제공하면 당장에는 손해를 보겠지만, 이런 서비스를 이용하려는 고객들이 몰려들고 그렇게 몰려든 고객들이 아마존닷컴에서 더 많이 구매하게 될 것이라고 생각했다. 그러면 결과적으로 추가적인 매출이 발생하게 되며 동시에 배송을 포함한 전체적인 비용이 낮아질 것이라고 생각했던 것이다. 물론 상당히 오랜 시간이 걸릴 것이고 그 사이에 재무적인 문제가 불거질 수도 있었다. 그러나 제프 베조스는 내외부의 반발에도 무릅쓰고 프라임 멤버십을 밀어부쳤다. 그리고 그의 예상은 적중했다.

아마존이 프라임 멤버십을 시작한 지 10년이 지난 2015년에는 가입자 수가 5천만 명을 넘어섰다. 벤처비트VentureBeat의 발표에 따르면 그로부터 3년 후인 2018년 4월에는 1억 명을 돌파했으며 2018년 봄에 연회비가 99달러에서 119달러로 인상됐음에도 불구하고 8개월 후인 2019년 1월에는 전 세계적으로 1억 5,000만 명이 멤버십 서비스를 이용하고 있다. 이 중 미국에서 가입한 고객은 1억 2,400만 명으로 전체 프라임 가입자의 82.7%에 해당한다. 이는 전체 아마존 이용자의 65%에 달하는데, 프라임 회원은 그 혜택을 가족 회원과 공유할 수 있기 때문에 실제 유료 프라임 회원의 숫자는 이보다 낮을 것으로 예상된다. 그러나, 결국 제프 베조스의 생각이 옳았다는 것이 입증되었고 멤버십 서비스는 플랫폼 생태계에서 중요한 요소로 주목받게 된다.

특히 2016년에는 기존에 연 단위로만 제공되던 멤버십 서비스를 월 단위로도 제공하기 시작했는데, 프라임 회원 수 증가의 기폭제 역할을 했다. 월 단위 멤버십 이용료가 연 단위 이용료보다 30% 정도 비싸기는 하지만, 주급으로 생활하는 사람들이 많은 미국에서 한꺼번에 1년 치 회비를 내는 것보다는 자신들의 수입 상황이나 소비 패턴에 맞춰 필요할 때에만 프라임 서비스를 이용하는 것이 보다 합리적이었기 때문이다. 월 단위 멤버십 서비스를 허용하자 프라임 회원들의 숫자는 빠른 속도로 증가했다. CIRP의 연구에 따르면, 실제로 2016년 월 단위 멤버십 이용자의 비율은 21%였는데, 2019년 말에는 52%로 늘어났다.

코로나19의 여파로 비대면 소비가 확산되던 2020년 상반기에도 프라임 회원들의 숫자는 큰폭으로 증가했다. 2020년 1분기 아마존에 처음 가입해서 한 달간 무료로 프라임 서비스를 이용한 고객들 중 70%가 유료 회원으로 전환하기도 했다. 하지만, 최근 몇 년간의 가파른 증가세는 꺾이고 있다. 아마존을 이용할 사람들은 이미 대부분 회원으로 가입했거나 프라임 멤버십을 이용하고 있기 때문이다. 그러나 프라임 회원의 증가세가 주춤하기 시작했다고 해서 아마존의 이용량 증가세도 주춤한 것은 아니다. 코로나19로 인한 언택트 트렌드가 일상화되면서 온라인 주문량이 코로나 이전보다 수십 퍼센트 이상 증가한 것으로 나타나고 있으며 이런 추세는 앞으로도 계속될 것으로 전망된다.

2005년에 서비스를 시작할 당시 프라임 멤버십의 혜택은 고작 이틀 내 빠른 배송이 전부였다. 하지만 이후 다양한 혜택들이 지속적으로 추가됐다. 프라임 비디오나 음악, 오디오북 서비스인 오더블Audible 등과 같은 디지털 콘텐츠 서비스를 전부 혹은 제한적인 범위에서 무료로 이용할 수 있었으며 회원 대상의 독점 판매 및 할인 등과 같은 혜택도 누릴 수 있었다. 아마존이 자체 제작한 디바이스들은 물론 홀푸드 매장에서는 회원 할인도 받을 수 있었으며 프라임 나우 2시간 배송이나 아마존 포토Amazon Photo와 같은 혜택들도 누릴 수 있게 되었다. 이러한 혜택들을 모두 모으면 금액으로는 약 784달러에 달하는데 이는 연회비의 6.6배에 달한다. 그러나, 프라임 회원들만을 대상으로 하는 할인 행사나 깜짝 판매에서의 비용 절감 혜택까지 감안한다면 프라임 회원들을 위한 혜택은 이보다 훨씬 클 것으로 예상된다.

프라임 회원들에 대해 더 많은 혜택을 제공하려는 노력의 일환으로 아마존은 매년 여름 48시간 동안의 프라임 데이 행사를 개최하기도 한다. 2015년에 시작된 이 행사는 2019년에는 단 이틀 만에 72억 달러 이상의 매출을 올리기도 했다. 이는 평상시 매출의 5배를 넘어서는 수준이다. 이 외에도 2018년부터는 스마트 전자레인지나 무선 이어폰 등과 같은 아마존이 자체 제작한 제품들을 출시하기 시작했는데, 프라임 회원들을 대상으로 먼저 구매할 수 있는 혜택도 제공한다. 아마존은 계속해서 프라임 회원들의 혜택을 추가하는데, 2020년 초에는 아마존 프레시에서 구매하는 신선식품들을 무료로 배송해주기 시작했다. 그 이전까지만 하더라도 한달에 14.99달러를 내야만 했는데, 월 기준으로 이보다 훨씬 적은 연회비를 내면 해당 서비스를 무료로 이용할 수 있게 된 것이다.

이처럼 증가하는 프라임 회원들은 회비뿐만 아니라 구매량 측면에서도 성과를 올리고 있다. 먼저 구독서비스 매출을 살펴보면 2018년 매출은 141억 7,000만 달러로 전년 대비 45.7%나 증가했다. 2018년에 회원 수가 50% 가까이 증가한 것도 영향이 컸겠지만 2018년 봄에 연회비가 99달러에서 119달러로 인상된 점이 큰 영향을 미친 것으로 분석된다. 이런 추세는 2019년까지 이어져 구독서비스 매출이 35.6% 정도 늘어난다. 2019년에 프라임 회원들은 비회원에 비해 거의 두 배나 많은 주문을 했으며, 평균 연간 지출액도 1,400달러로 약 600달러 수준인 비회원 고객들의 지출을 크게 능가했다.

회원 수나 매출에 대한 기여보다 더 중요한 부분은 프라임 회원들의 강력한 응집력이다. 일단 프라임 회원에 가입하면 좀처럼 멤버십을 취소하지 않는다. CIRP^{Consumer Intelligence Research Partners}에 따르면 멤버십 체험 서비스에 가입한 고객의 64%가 유료 멤버십 서비스에 가입하며, 유료 멤버십에 가입한 고객의 93%는 다음 해에도 멤버십을 유지하는 것으로 나타났다. 또한, 이들 중 98%는 다시 멤버십 기간을 연장하는 것으로 나타났다. 이런 이유로 아마존은 매년 여름 프라임데이 행사 기간이나 겨울 휴가 시즌에 프라임 서비스를 무료로 체험해 보도록 유도한다. 2019년 휴가 시즌에는 1주일 동안에만 무려 500만 명이 프라임 서비스를 무료로 체험했으며 이들 중 상당수가 유료 회원으로 전환됐다.

아마존은
다 계획이 있다

아마존 프라임 멤버십에 가입하면 무료 배송이나 무료 환불은 물론 프라임 회원 대상의 할인혜택을 누릴 수 있다. 또한, 회원 한정판 제품들도 구매할 수 있다. 이 외에 주목할만한 혜택으로는 다양한 디지털 콘텐츠들을 무료로 이용할 수 있다는 것이다. 대표적인 것이 2006년 9월부터 서비스를 제공하기 시작한 프라임 비디오Prime Video다. 처음에 아마존 언박스Amazon Unbox라 불리던 프라임 비디오 서비스는 수 차례의 서비스명 변경을 거친 끝에 2011년 2월 22일부터 아마존 인스턴트 VoDAmazon Instant Video on Demand라는 이름으로 프라임 회원들에게 무료로 제공되기 시작했다. 그 이후에도 수차례 이름이 변경되다가 2015년 9월부터 프라임 비디오로 불리고 있다.

아마존은 DVD 배달 및 VoD 서비스에서 승승장구하는 넷플릭스Netflix를 바라보며, 온라인을 통해 제공되는 비디오 서비스가 미래에 중요한 수익원이 될 것으로 생각했다. 특히 자신들이 직접 클라우드 서비스를 제공하기 시작하면서 비디오와 같은 디지털 콘텐츠 서비스가 시너지를 낼 수 있을 것이라고 판단했다. 그래서 2014년에는 우편으로 DVD를 배송하기도 하고 스트리밍 서비스를 하기도 했던 영국의 러브필름LoveFilm을 인수하기도 했으며, 2015년 7월에는 거금을 들여 제레미 클락슨Jeremy Clarkson, 리처드 헤이먼드Richard Hammond, 제임스 메이James May를 고용해서 남자들에게 인기가 많았던 탑기어Top Gear에 대응하는 더 그랜드 투어The Grand Tour를 제작하기도 했다. 그리고 2017년 4월부터는 NFLNational Football League과 같은 미국의 프로 스포츠 리그에 대한 독점 중계권이나 ATP World Tour나 US Open과 같은 테니스 경기, 프리미어 리그Premier League와 같은 축구 경기의 중계권을 구매하기도 했다.

그리고 아마존 스튜디오Amazon Studio를 통해 자체적인 오리지널 프로그램을 제작하기도 했다. 서비스 초기에는 다수의 콘텐츠 공급자들이 몇 안 되던 OTTOver-The-Top 플랫폼 사업자들에게 교차해서 콘텐츠를 제공했으나 시간이 지나면서 인수 및 제휴 등의 이유로 특정 OTT 사업자에게만 배타적으로 콘텐츠를 제공했기 때문이다. 혹은 디즈니플러스$^{Disney+}$처럼 자체 콘텐츠를 바탕으로 새롭게 OTT 사업을 시작하는 경우도 있었다. 따라서, 차별화된 콘텐츠를 제공할 필요가 있었던 OTT 사업자들은 자체적으로 콘텐츠를 제작하거나 이를 전담할 회사를 설립하기도 했다. 아마존도 예외는 아니었고 그렇게 해서 탄생한 것이 아마존 스튜디오다.

아마존 스튜디오가 제작한 작품 중에 트랜스패어런트^{Transparent}는 2015년에 골든 글로브$^{Golden\ Globe}$ 최고 TV 시리즈상을 수상하기도 했다. 또한, 맨체스터 바이 더 씨$^{Manchester\ by\ the\ Sea}$는 2017년에 아카데미 최우수 영화상을 수상했다. 이 외에도 더 세일즈맨$^{The\ Salesman}$을 포함한 다수의 작품이 주요 상을 수상하거나 후보에 오르기도 했다. 하지만, 아마존이 아마존 스튜디오를 통해 제작한 작품의 수는 지극히 제한적이다. 그 이유는 오리지널 콘텐츠를 제작하는 비용과 시간이 만만치 않은 점도 있겠지만, 프라임 비디오를 넷플릭스와는 달리 프라임 회원들의 엔터테인먼트 수단으로 바라보기 때문이다. 즉, 자체적인 콘텐츠의 양으로 넷플릭스나 디즈니플러스와 경쟁하기보다는 콘텐츠를 유통하고 이용하는 채널로 활용하겠다고 생각한 것이다.

따라서, 다른 OTT 사업자 대비 부족한 콘텐츠는 프라임 비디오 내에 별도의 채널을 운영하는 방식으로 해결하고 있다. 즉, IPTV의 채널을 돌려 가며 원하는 프로를 보는 것처럼 프라임 비디오 내에서 HBO

그림 24. 서비스 분야별로 플랫폼의 플랫폼을 만드는 아마존

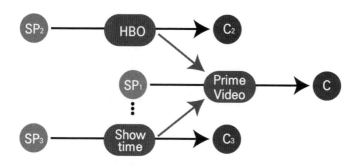

나 STARZ, Showtime, Cinemax 같은 개별 프로그램을 시청할 수 있도록 하고 있다. 물론 해당 채널을 이용하기 위해서는 개별적으로 서비스에 가입되어 있어야 한다. 물론 프라임 멤버십을 통해 개별 콘텐츠 단위로 구매하거나 빌려서 보는 것도 가능하다. 어떤 형태가 되었든 아마존은 자신들의 통합 멤버십을 통해 자신들이 제공하는 서비스뿐만 아니라 일종의 경쟁사에서 제공하는 서비스들까지 이용할 수 있도록 하고 있다. 고객들이 편리하게 동영상 콘텐츠를 이용할 수 있다면 자신들의 플랫폼을 통해서 경쟁 서비스를 제공하는 것도 마다하지 않겠다는 것이다.

경쟁사들 역시 처음과는 달리 프라임 비디오에 자신들의 채널을 개설하는 것에 대해 적극적이다. 동일한 콘텐츠를 놓고 서로 경쟁하던 과거와 달리 사업자별로 서로 차별화된 콘텐츠를 제공하는 상황에서는 아마존 프라임 회원들을 새로운 고객군으로 만드는 것이 더 바람직하다고 생각했기 때문이다. 2015년에 스트리밍 파트너스 프로그램 Streaming Partners Program이라는 이름으로 아마존 채널Amazon Channels을 처음 론칭했을 때는 Curiosity Stream, Lifetime Movie Club, AMC's Shudder, Showtime, Starz 같은 채널들만 참여했었다. 그러나 이후 HBO, Cinemax, Fandor, PBS Kids, Seeso, Toku, Boomerang 같은 파트너들이 새롭게 추가됐다.

아마존 채널은 파이어TVFireTV 장치를 이용해서도 시청할 수 있다. 일반 스마트TV에서 여러 스트리밍 서비스를 선택해서 이용할 수 있는 것처럼, 아마존의 콘텐츠뿐만 아니라 파트너 채널들의 콘텐츠들을 이용할 수도 있다. 이런 점에서 IPTV나 케이블TV와 비슷하다는 생각을 할 수 있으나, 아마존은 자신들이 직접 제작하거나 확보한 콘텐츠도 함께 제공한다는 점에서 기존의 IPTV나 케이블TV 사업자와는 다르다. 즉, 자신들도 플랫폼 사업자이면서 다른 플랫폼에서 제공하는 콘텐츠까지 수용한다는 것이다. 이런 점에서 아마존 채널을 포함하고 있는 프라임 비디오는 플랫폼의 플랫폼 성격을 갖는다. 아직 단정하기에는 좀 이르지만, 시간이 지나면서 프라임 비디오는 동영상 스트리밍 분야의 대표 플랫폼의 성격을 공고히 해나갈 것으로 예상된다.

이것이 아마존이 대단한 이유다. 프라임 회원이라는 지불 능력이 충분히 있는 거대한 고객들을 기반으로 플랫폼의 플랫폼을 구축하면서 기존의 플랫폼 사업자들을 자신의 경쟁자가 아니라 통합 플랫폼의 공급자 측 고객 집단으로 만들어 버린다. 경쟁 플랫폼 사업자들이 아마존에 플랫폼 수수료를 내는 한 해당 분야에서의 아마존의 독점적인 지위는 지속될 것으로 보인다. 또 하나 아마존이 무서운 것은 이런 움직임이 프라임 비디오에서 끝나지 않을 것이라는 사실이다. 음악 서비스에서도 그럴 것이고 트위치 같은 실시간 방송 서비스에서도 그럴 것이며 2021년부터 서비스가 제공될 스트리밍 게임 분야에서도 그럴 것이기 때문이다.

디지털 콘텐츠는 세 가지 측면에서 아마존의 미래 수익원이 될 수 있다. 첫 번째는 프라임 구독서비스 매출이다. 아마존의 전체 매출에서 구독 서비스 매출이 차지하는 비중이 점점 커지고 있는데, 2016년 4.7%에서 2019년 6.8%로 증가했다. 물론, 그 사이 연회비가 인상되기도 했지만, 지난 3년 사이에 아마존의 전체 매출이 2배 증가할 때 구독 서비스 매출은 3배 증가했다. 두 번째는 업셀링 매출이다. 프라임 회원들이 이용할 수 있는 디지털 콘텐츠는 완전 무료인 것들도 있지만, 대부분은 제한적인 범위에서만 이용할 수 있다. 아마존 뮤직의 경우만 하더라도 프라임 회원들에게 무료로 제공되는 프라임 뮤직과 추가 비용을 내고 구독해야 하는 아마존 뮤직 언리미티드는 다르다. 더 많은 음악을 듣기 위해서는 아마존 뮤직 언리미티드에 별도의 비용을 내고 가입해야만 한다. 마지막으로 세 번째는 플랫폼의 플랫폼에서 발생하는 수수료다. 이 부분은 앞에서 설명했기에 추가적인 설명을 생략하기로 한다.

디지털 서비스와 관련해서 많은 사람이 놓치고 있는 부분이 스마트 디바이스와 관련된 기능들을 서비스화하는 것이다. 예를 들면, 기본 기능만 활성화된 제품을 저렴하게 보급한 후 부가적인 기능들은 별도의 유료 구독서비스로 이용하도록 하는 것이다. 대표적인 것이 이에로 Eero 같은 와이파이 공유기다. 아마존은 이에로의 메쉬 와이파이 라우터Mesh Wi-Fi Router를 199달러에 판매한 후 웹 사이트 필터링 기능이나 암호화된 VPN 같은 기능들을 별도의 구독서비스로 제공한다. 이 외에도 기본적인 기능만 활성화된 클라우드카메라Cloud Cam를 129달러에 판매하고 화면 녹화, 사람 인식 등의 서비스를 월단위 구독서비스 형태로 제공하고 있다. 이런 디바이스 관련 부가 서비스들도 미래의 중요한 수익원이 될 것이라 생각한다.

디지털 콘텐츠 외에 아마존의 미래 수익원이 될 수 있는 것들은 식료품과 헬스케어 분야다. 식료품은 일반 가정에서 가장 많은 비용을 지출하는 분야인데, 신선도 유지나 재고에 따른 문제 등으로 인해 주로 지역 단위의 전문 사업자들을 중심으로 서비스가 제공됐던 분야다. 그러나 최근 아마존도 신선식품 전용의 물류센터와 배송 체계를 확보하면서 해당 분야에 뛰어들고 있다. 이미 2017년에 아마존 프레시를 론칭했고 홀푸드를 인수했으며 2020년 초에는 아마존 그로서리 스토어와 아마존고 그로서리도 론칭한 바 있다. 그리고 식료품에 대한 구독 서비스를 시작했으며 가정간편식HMR을 조리할 때 사용할 수 있는 스마트 전자레인지나 스마트 오븐과 같은 조리기구들을 직접 출시하기도 했다.

아마존이 이런 움직임을 보이는 것은 식료품 시장의 규모가 어마어마하게 크기 때문이다. 시장 전망 자료를 종합하면, 2025년 기준 미국 식료품 관련 시장 규모는 무려 1조 8,500억 달러 규모로 추산되며 그 중 온라인 식료품 시장 규모가 1,000억 달러에 이를 것으로 전망된다. 최근 코로나19의 여파로 온라인 식료품 시장 규모는 더욱 커질 것으로 전망되는데, 그럼에도 불구하고 관련 시장에서 아마존이 차지하는 비중은 지극히 미미한 것이 현실이다. PYMNTS의 자료에 따르면 2019년 기준 미국 소비자들이 식료품에 쓰는 비용 중 오직 1.9%만 아마존에서 소비하고 있는 것으로 나타났다.

다음으로 주목해야 할 부분은 헬스케어 시장이다. 미국의 헬스케어 시장은 식료품 시장 못지않게 큰 분야로 전자상거래 시장보다 6배나 크다. 아마존은 비교적 최근에 헬스케어 시장에 관심을 갖기 시작했는데, 2018년에는 온라인 의약품 배송기업인 필팩을 인수하기도 했고 2019년에는 JP모건^{JPMorgan}, 버크셔 해서웨이$^{Berkshire\ Hathaway}$와 함께 건강보험 조인트벤처인 헤이븐^{Haven}을 설립하기도 했다. 아직까지는 세 회사의 임직원들을 대상으로 제한적인 서비스를 제공 중에 있지만, 머지않아 프라임 회원들을 대상으로 서비스가 제공될 것으로 전망된다.

아마존은 2020년 8월에 스마트밴드를 이용하여 건강관리 및 생활 습관을 개선하도록 도와주는 아마존 헤일로$^{Amazon\ Halo}$라는 서비스를 출시하기도 했다. 지금은 단순히 건강 및 생활 습관에 대한 분석 및 전문가들의 관리 서비스를 제공하는 수준이지만, 건강보험회사인 오스카 헬스$^{Oscar\ Health\ Insurance}$나 아메리칸 패밀리$^{American\ Family\ Insurance}$가 그러는 것처럼 헤이븐과의 결합을 통해 건강보험 상품을 출시할 가능성도 점쳐지며 건강보조식품 판매 등과 관련해서는 필팩 등의 서비스와 연계할 가능성도 크다.

2020년 11월에는 아마존 파머시$^{Amazon\ Pharmacy}$라는 온라인 약국 서비스를 출시하기도 했다. 2018년 인수한 필팩을 기반으로 한 이 서비스는 온라인 웹사이트나 모바일 앱을 통해 처방약을 주문하고 배달받을 수 있게 한 것이다. 마약성 진통제 등 규제의약품을 제외한 처방약을 일반 생필품을 구매하듯 아마존을 통해 구매하면 하루 이틀 후에 택배로 받을 수 있다. 서비스 개시 시점에는 미국의 45개 주에서 이용이 가능했지만, 아마존은 50개주 전역에 약국 면허를 가지고 있기 때문에 전국을 대상으로 서비스를 제공할 수 있을 것으로 예상된다. 의약품의 온라인 판매 시장 규모는 미국 처방약 시장의 5.8% 정도에 불과하지만, 부피가 작은 데다 반복적으로 구매해야 하는 특성상 아마존의 이용과 수익성을 증가시킬 것으로 예상된다.

아마존에 있어서 헬스케어 분야가 중요한 또 다른 이유는 헬스케어 서비스가 그동안 아마존에서 상대적으로 소외됐던 50대 이상의 중장년층을 아마존으로 끌어들일 것으로 보이기 때문이다. 이들은 주로 월마트나 타깃 등 오프라인 매장을 주로 이용하는 편인데, 헬스케어 관련 플랫폼을 통해 이들의 발걸음을 아마존으로 돌릴 수 있기를 기대하는 것이다. 특히 앞서 소개한 아마존 파머시만 하더라도 반복적으로 제조약을 구매해야 하는 장년층 및 노년층을 아마존으로 유인하는 데 중요한 역할을 할 것으로 보인다.

마지막으로 아마존이 주력할 것으로 보이는 분야는 패션 분야다. 패션衣 분야는 먹고食 사는住 것과 더불어 가장 변화가 적은 분야 중에 하나인데, 다른 사업가들과 달리 제프 베조스는 시간이 지나도 변하지 않는 분야에 주목하기 때문이다. 이런 분야일수록 시간이 지나며 안정적이게 되므로 이커머스 사업자들은 보다 나은 사업 전략을 수립하는 것이 가능하다고 생각했던 것이다. 실제로 제프 베조스는 이런 생각을 수차례 이야기했었는데, 2012년 리인벤트re:Invent 행사에서 아마존의 CTO인 버너 보글Werner Vogels과의 대화에서는 다음과 같이 이야기하기도 했다.

"I very frequently get the question: 'What's gonna change in the next 10 years?' I almost never get the question: 'What's NOT going to change in the next 10 years?'

And I submit to you that that second queston is actually the more important of the two. Because you can build a business strategy around the things that are stable in time."

실제로 지금까지 아마존이 전개해 온 사업들을 보면 대부분이 먹고 사는 것과 관련된 것들이다. 물론 클라우드나 인공지능 기술을 개발하고 있고 우주산업에도 엄청난 투자를 하고 있기는 하지만, 대부분의 비즈니스는 집에서 사용할 제품이나 서비스를 판매하는 것들이었고 최근에는 식료품과 헬스케어 분야에 집중하고 있다. 이제 남은 것이라고는 패션과 관련된 부분밖에 없다. 물론 그렇다고 해서 지금까지 패션과 관련된 비즈니스를 전혀 하지 않았던 것은 아니다. 아마존은 이미 100여 개의 패션 브랜드를 보유하고 있고 프라임 워드로브Prime WarDrobe라는 의류 및 패션 용품 구독 서비스도 제공하고 있다.

그러나, 지금까지 판매한 옷들은 다른 이커머스 사업자들이 판매하는 것과 크게 다를 바가 없었다. 다양한 브랜드가 생산한 옷들을 노출시키고 판매하는 것에 불과했기 때문이다. 잘 해야 고객의 취향을 분석한 후 고객이 선호할만한 옷을 추천해주는 정도였다. 그러나 2017년 4월에는 카메라가 내장된 스마트 스피커인 에코룩Echo Look을 출시하며 패션 전문가들의 조언과 인공지능 기술을 바탕으로 패션 매치에 대해 평가해주는 서비스를 제공한 적도 있었다. 그리고 그때 모은 데이터를 바탕으로 2020년 5월부터는 아마존닷컴에서 옷을 구매하려는 고객들에게 적합한 옷을 추천해주는 스타일바이아마존Style by Amazon이라는 서비스를 제공하기도 했다.

하지만 앞으로 아마존이 집중하려는 패션 비즈니스는 지금까지의 서비스와는 차원이 다르다. 키, 몸무게, 신체 스타일 등 고객과 관련된 정보를 바탕으로 고객에게 딱 맞는 맞춤형 옷을 제공하려 하고 있다. 물론, 이런 시도가 전혀 새로운 것은 아니다. 아디다스도 2017년에 독일의 베를린에 '니트포유Knit for You'라는 팝업 매장을 설치하고 고객 맞춤형 니트를 제작해 판매한 적도 있다. 이 외에 버버리Burberry나 커스

터맥스CustoMax 등도 고객 맞춤형 의류를 생산해서 판매하고 있다. 하지만, 이런 제품들이 적어도 몇십만 원에서 몇백만 원에 이르는 고가의 제품인 반면, 아마존은 고작 25달러에 맞춤형 셔츠를 제공하려 한다. 현실적인 가격에 맞춤형 의류를 제공함으로써 마지막 남은 분야마저 싹쓸이하겠다는 생각이다. 이런 노력의 일환으로 2017년에는 '주문형 의류 생산On Demand Apparel Manufacturing'에 대한 특허를 취득하기도 했으며 2020년 12월에는 '메이드포유Made for You'라는 서비스를 공식적으로 론칭하기도 했다.

빅데이터 사업자가 되기를 희망하는 아마존

크로스 플랫폼 전략을 소개한 3장에서도 언급했듯이 어떤 기업이 여러 개의 서비스 플랫폼을 보유하고 있고 고객들로 하여금 이런 서비스들을 자유롭게 이용하도록 하는 것은 그 기업이 고객들에 대한 종합적이고 입체적인 정보를 확보할 수 있게 만든다. 인터넷 비즈니스를 하는 모든 기업들이 고객과 관련된 다양한 정보를 모으고 분석하고 비즈니스 활성화를 위해 활용하고 있기에 고객에 대한 입체적인 정보를 확보한다는 것이 그렇게 대수롭게 보이지 않을 수도 있다. 그러나, 이는 큰 오산이다. 아마존처럼 크로스 플랫폼 전략을 이용하는 기업들은 단일 플랫폼 사업자와는 달리 고객에 대한 차원이 다른 인사이트를 확보할 수 있기 때문이다.

일반적으로 데이터는 형태에 따라 흔히 정형 데이터Structured Data
와 비정형 데이터Unstructed Data, 그리고 정형 데이터와 비정형 데이터
의 속성을 모두 가지고 있는 반정형 데이터Semi-Structured Data의 세 가
지 유형으로 구분된다. 정형 데이터는 엑셀처럼 우리가 자주 사용하는
스프레드시트나 관계형 데이터베이스Related DataBase가 대표적이며 고
정된 필드에 미리 정해진 형태로 저장되며 간단한 방법으로 연산이나
분석이 가능하다. 반면, 비정형 데이터는 페이스북이나 트위터와 같은
SNS 게시글, 음원 파일이나 유튜브에 게시된 동영상처럼 형태나 크기
가 제각각이어서 연산이 불가능한 데이터를 말한다. 그리고 반정형 데
이터는 XML이나 JSON처럼 일정한 포맷을 띠고 있는 비정형 데이터들
을 말한다.

만약 어떤 이커머스 사업자가 있다고 가정하면, 이들은 고객들이 자
신들의 쇼핑몰 혹은 마켓플레이스에서 구매한 제품들에 대한 정보, 즉
주문정보를 확보할 수 있다. 그리고 고객들이 자신들에게 어떤 빈도로
얼마의 금액을 소비하는지도 알 수 있다. 하지만, 그 고객들이 다른 곳
에서는 어디에 어떻게 얼마의 돈을 사용하는지, 즉 지급결제와 관련된
정보를 알 수 없다. 반대로, 카드사나 은행과 같은 금융사들은 고객들
의 지급결제정보는 알 수 있지만, 고객들이 구체적으로 어떤 제품을 구

매하고 어떤 음식을 주문하는지에 대한 구체적인 주문정보는 알 수 없다.

아마존은 마켓플레이스뿐만 아니라 다양한 콘텐츠 서비스 및 생활 서비스를 제공하고 있고 아마존 페이Amazon Pay와 같은 온라인 지불 서비스도 제공하고 있기 때문에 다소 제한적이기는 하지만 두 가지 정보를 모두 확보할 수 있다. 일부 이커머스 사업자들 중에도 자체적인 지불결제 서비스를 도입한 기업들이 있지만, 이들이 이커머스에 대한 지급결제정보만 알 수 있는 것과 달리 다양한 분야에 대한 정보까지 확보할 수 있는 것이다. 만약, 아마존의 서비스 영역이 더 다양한 분야로까지 확대된다면 아마존은 다양한 분야의 주문정보뿐만 아니라 지급결제정보까지 확보할 수 있게 된다.

여기서 끝이 아니다. 주문정보와 지급결제정보 같은 정형 데이터 외에도 아마존이 제공하는 프라임 비디오, 아마존 뮤직, 아마존 드라이브, 오더블, 트위치 같은 콘텐츠 서비스들로부터 고객과 관련된 비정형 혹은 반정형 데이터를 확보하는 것도 가능하다. 정형 데이터가 주로 과거나 현재와 관련된 정보를 담고 있는 반면에 비정형 및 반정형 데이터는 미래와 관련된 정보, 즉 고객들의 미래를 예측하는 데 도움이 되는 정보를 담고 있어서 고객에게 도움이 될만한 서비스를 제공하는 것을 가능하게 만든다.

예를 들면, 아마존닷컴에서 캠핑과 관련된 제품을 구매했을 뿐만 아니라 프라임 비디오를 통해 여행이나 탐험과 관련된 영화를 즐겨 보고 킨들을 통해 여행과 관련된 책을 구매하기도 했다면 이 사람에게는 여행이나 레저와 관련된 추가 상품이나 서비스를 추천하는 것이 가능할 것이다. 캠핑장에서 맛있게 해먹을 수 있는 요리를 추천해 줄 수도 있으며 부재중 집안 상태를 확인할 수 있도록 아마존 클라우드캠이나 아마존 가드 플러스와 같은 홈시큐리티 장치 및 서비스를 추천해 줄 수도 있다. 만약 헤일로라는 스마트밴드를 통해 여행지에서의 활동량이 급증한다는 것을 확인했다면 활동 유형에 따른 상품을 추천하는 것도 가능해진다.

물론, 아마존이 제공할 수 있는 서비스에는 한계가 있는 만큼 아마존이 고객과 관련된 모든 데이터를 확보하는 것은 불가능할 것이다. 하지만, 고객과 관련하여 그 어떤 사업자보다 광범위한 정보를 확보할 것은 확실하며 부족한 부분은 기업 인수나 제휴 등을 통해 확보할 것으로 보인다. 또한, 지금까지 그랬던 것처럼 고객 정보에 대한 분석과 예측 능력을 최대한 활용할 것이다. 이를 통해 고객과 관련된 인사이트를 자신들의 서비스를 활성화하기 위한 수단으로도 사용할 것이며 동시에 이를 필요로 하는 다양한 사업자에게 효과적으로 판매하기 위한 서비스와 비즈니스 모델을 개발할 것으로 예상된다.

손바닥 결제 기술을 출시한 이유

아마존은 2020년 9월 말에 손바닥 인식 기반의 결제 및 인증 솔루션인 '아마존 원Amazon One'을 출시했다. 손바닥의 정맥 패턴을 인식해서 사용자를 확인하고 미리 등록해 놓은 결제 수단을 이용해서 간편하게 결제까지 할 수 있도록 하는 솔루션이다. 손바닥 인증 기술은 이미 오래전부터 소개된 것이고 심지어 국내 몇몇 공항이나 은행에서는 신분증을 대체해서 본인을 확인하는 수단으로도 이용되고 있다. 그래서 아마존 원이 그렇게 새롭거나 대단해 보이지는 않지만 여기에는 미래를 위한 아마존만의 전략이 숨어 있다.

먼저, 아마존 원은 기존의 손바닥 인식 기술과는 다소 다르다. 기존의 손바닥 인식 기술이 주로 손바닥의 정맥 패턴만 인식하는 것과 달리 아마존 원은 정맥 패턴은 물론 손금의 모양이나 손의 형태까지도 이용한다. 보다 많은 정보를 이용함으로써 정확도와 신뢰성까지 높였다. 그런 이유로 기존 방식에서는 손바닥을 인식장치에 대거나 가까이 가져가야 하는 반면, 아마존 원은 인식장치로부터 10cm 이상 거리를 두어야만 한다. 처음부터 의도한 것은 아니었겠지만 코로나 이후 비접촉이 대세인 시대에 유용하게 이용할 수 있게 된 셈이다. 사용자 등록 방법도 간단하다. 인식 장치에 신용카드만 삽입한 후 손바닥만 가져다 대면 사용자와 금융정보를 등록할 수 있으며 매장의 시스템과 연동하는 것도 간단히 해결된다.

아마존이 이런 간편결제 솔루션을 출시한 이유는 여러 가지가 있다. 첫 번째는 아마존고나 홀푸드마켓과 같은 오프라인 매장에서의 고객 경험을 개선하기 위함이다. 흔히 '무인매장'이라고 알려진 ^{정확하게는 계} ^{산원이 없는 매장이다} 아마존고에서는 구매하고자 하는 물건을 들고 그냥 나가기만 하면 자동으로 결제가 되는데 여기서 뭘 더 개선하려고 그러느냐 하겠지만, 매장에 들어갈 때 본인임을 확인하기 위해 스마트폰을 꺼내고 앱을 실행시켜야 하는 불편함이 존재했다. 이런 사소한 불편함마저 없애겠다는 것이 아마존의 생각이다.

이런 생각은 장기적으로 스마트폰 이용을 줄이려는 의도가 있는 것으로도 해석할 수 있다. 즉, 스마트폰 이후Post Smartphone의 시대에 선제적으로 대응하려는 것으로 생각된다. 2014년 파이어폰의 실패 이후에 제2의 파이어폰을 출시할 거라는 소문도 있었지만, 알렉사 기반의 음성인식 기술이 빠르게 보급되면서 아마존은 스마트폰보다는 다른 방식으로 사용자와 인터페이스를 하는 것이 더 바람직하다고 생각한 것 같다. 그도 그럴 것이 구글이나 애플, 삼성전자 같은 회사들이 여전히 스마트폰에 집중할 때 스마트폰 이후를 준비함으로써 미래 시장을 지배하는 것이 더 아마존스럽다고 볼 수 있다.

또 하나 주목해야 할 부분은 손바닥 인식 기술이 탁월한 보안 특성을 제공한다는 점이다. 지문이나 홍채인식 혹은 얼굴이나 목소리 인식과는 달리 손바닥 인식은 손바닥의 겉모습만 보고는 사람의 신원을 확인하는 것이 불가능하다. 본인이 손바닥을 가져다 대기 전까지는 사진을 찍거나 지문을 뜨는 식으로는 절대 복제할 수가 없는 방법이다. 따라서 아마존도 손바닥 인식 기술이 다른 생체인식 기술들보다 더 사적이며 사용자 인증이나 결제에 대한 사용자의 의도를 더 정확히 파악할 수 있다고 주장한다.

그리고 가장 중요한 부분은 고객과 관련된 빅데이터의 수집이다. 앞에서도 언급한 것처럼 아마존은 자신들이 제공하는 다양한 서비스와 자체 결제 서비스를 바탕으로 어느 정도는 주문정보 및 지급결제정보를 확보하는 것이 가능하다. 그러나, 여전히 아마존 생태계 내에서 확보할 수 있는 정보에 국한된다는 한계가 있다. 아마존은 이 범위를 더 넓히고 싶은 것이다. 즉, 아마존이 아닌 곳에서 생성되는 지급결제정보를 얻을 수단이 필요했으며 아마존 원을 통해 이런 목적을 달성하려고 한다. 이를 위해 아마존은 아마존 원 시스템을 다양한 오프라인 매장에 보급한 후 고객들의 지급결제와 관련된 정보 및 위치정보를 확보할 것으로 예상된다.

아마존은 이전에도 이와 비슷한 전략을 활용한 적이 있었다. 예를 들면 카메라가 탑재된 인공지능 스피커인 에코 룩Echo Look이라는 제품

을 출시하면서 사용자가 보유하고 있는 옷이나 패션 용품에 대한 정보
는 물론 신체 정보까지 확보한 적이 있으며, 천장에 수백 대의 카메라
가 설치되어 있는 아마존 고에서도 온라인에서는 확보할 수 없는 개인
과 관련된 정보까지 수집하는 것으로 알려져 있다. 결국 아마존은 이렇
게 모은 고객 관련 정보를 활용하여 빅데이터 기반의 서비스를 하고자
한다. 즉, 자신들은 리테일, 식음료, 헬스케어, 그리고 패션 등에 집중하
며 나머지 분야에 대해서는 고객과 제3 판매자를 중개하는 종합 서비
스 사업자가 되려고 한다.

5장

글로벌 인프라를
만들어가는 한국 기업들

궁금하면 지식인에게
물어보라던 기업

대표적인 크로스 플랫폼 사업자로 미국에 아마존이 있다면 국내에는
네이버가 있다. 잘 아는 것처럼, 1997년 2월에 설립된 네이버Naver는
다음Daum과 더불어 우리나라의 대표 인터넷 포털 사이트다. 다음은 2014
년에 카카오에 인수합병되었다. 정보의 바다로 일컬어지는 인터넷을 항해하
는 사람Navigate+er이라는 뜻의 네이버는 삼성SDS의 사내 벤처인 '웹
글라이더'로 시작해서 1998년 1월 네이버컴으로 분리되어 운영하다가
2000년에는 자회사인 한게임과 합병하여 NHN이 되었다. 이후 2013년
㈜네이버와 NHN엔터테인먼트로 재분리되었다. 현재 ㈜네이버는 인터
넷 검색 포털인 네이버와 글로벌 모바일 메신저인 '라인Line 등과 같은
인터넷 서비스를 기반으로 광고, 비즈니스플랫폼, IT플랫폼, 콘텐츠서

비스, 라인 및 기타 플랫폼 사업을 전개하고 있다. 반면, 2019년 4월 다시 NHN으로 사명을 바꾼 NHN엔터테인먼트는 게임, 결제, 엔터테인먼트, 광고 등 IT 기반의 다양한 서비스를 제공하고 있다. 이 외에 대표적인 계열사로는 NHN한국사이버결제와 NHN벅스 등이 있다.

지금은 네이버가 다음보다 훨씬 큰 회사가 되었지만, 인터넷 서비스 초창기 때에는 이메일 서비스로 사용자 기반을 확보하고 있었던 다음이 네이버를 훨씬 앞서 있었다. 그러나 2002년 10월 네이버가 '지식인'이라는 지식검색 서비스를 시작한 이후 빠른 속도로 가입자가 늘어나기 시작했다. 이후 초고속 인터넷의 보급과 더불어 네이버는 블로그, 카페, 지역정보 검색, 웹툰, 동영상, 지도, 클라우드 등 다양한 서비스를 제공하기 시작했다. 2020년 6월 말 기준으로 네이버의 누적 회원 수는 4,200만 명이며 월평균 이용자 수^{MAU}는 3,016만 명에 이르게 된다.

전자상거래와 관련해서는 최근 주목받고 있는 '네이버 쇼핑' 서비스를 2001년 5월에 시작했고 2012년 3월이 되어서야 오픈마켓형 서비스인 '샵N'을 출범했다. 샵N은 이후 잠시 스토어팜으로 브랜드를 변경했었고, 지금은 스마트스토어라는 브랜드로 서비스를 제공하고 있다. 그리고 2016년 말에는 쇼핑검색 서비스를 출시한다. 2015년 6월과 8월에는 각각 간편결제 서비스인 '네이버페이'와 '페이코^{Payco}'를 출시하기도 했으며, 2020년 6월에는 네이버플러스$^{Naver+}$ 멤버십 서비스와 네이버

통장을 출시했다.

사실 2012년에 네이버가 샵N을 출시하며 쇼핑 분야를 강화하기 전까지 네이버와 아마존은 전혀 다른 회사였다. 그러나, 네이버가 쇼핑 분야를 강화하기 시작하면서 상황은 달라졌다. 아마존은 글로벌하고 네이버는 아직 로컬하다는 점을 뺀다면 매우 비슷한 사업 구성과 전략을 취하고 있다. 특히, 아마존이 온라인 전자상거래, 클라우드, 물류 및 유통, 미디어 콘텐츠, 금융 등 다양한 분야의 서비스 플랫폼을 바탕으로 교차 플랫폼을 구축한 것처럼, 네이버도 유사한 서비스들을 바탕으로 최근 빠르게 교차 플랫폼을 구축하고 있다. 또한, 아마존이 프라임 멤버십을 바탕으로 여러 플랫폼들 사이의 고객 구속력을 강화하는 것처럼 네이버는 네이버플러스 멤버십을 바탕으로 고객들을 꼭꼭 묶어두려 하고 있다. 아마존이 전자상거래에서 시작해서 다른 분야로 사업 영역을 확대한 반면, 네이버는 인터넷 포털에서 시작해서 다른 분야로 사업 영역을 확대하면서 서로 비슷한 회사가 되어가고 있다는 사실이 매우 흥미롭다.

기반 플랫폼과 기반 고객 집단의 형성

어떤 사업자가 두 고객 집단을 바탕으로 하는 특정한 서비스 플랫폼을 구축하는 방법에는 세 가지가 있다. 하나는 공급자 측 고객 집단을 확보한 후 수요자 측 고객들을 유인하는 것이며 다른 하나는 반대로 수요자 측 고객 집단을 확보한 후 공급자 측 고객들을 유인하는 것이다. 그리고 세 번째 방법은 특정 아이템을 중심으로 소규모의 플랫폼을 구축한 후 대상 아이템을 확대하는 식으로 플랫폼 규모를 키우는 방식이다. 앞에서 살펴 본 것처럼 아마존은 온라인 서점을 통해 수요자 측 고객 집단을 확보한 후 대상 아이템을 확대하면서 수요자 측 고객 집단을 확대한 후 이를 바탕으로 오픈마켓으로 전환한 케이스다.

네이버는 아마존과 비슷하면서도 다소 다른 접근법을 취하고 있다. 처음에는 아마존처럼 인터넷 검색과 뉴스, 그리고 이메일 서비스를 시작으로 수요자 측 고객 집단을 형성하기 시작했다. 이는 다음이나 구글, 야후와 같은 다른 인터넷 포털들도 예외는 아니다. 이렇게 확보한 초기 고객 기반을 바탕으로 2001년 5월에 키워드 광고 서비스를 시작하면서 본격적으로 플랫폼 구조를 형성해 나갔다. 비슷한 시기에 네이버 쇼핑 서비스도 시작했는데, 판매하는 제품들을 네이버가 직접 수급해서 판매하는 인터넷 쇼핑몰 형태였다.

네이버가 경쟁력 있는 플랫폼이 된 것은 대략 2008년 전후다. 네이버는 사실상 유일한 수익 플랫폼이었던 광고 서비스의 트래픽을 늘릴 필요가 있었는데, 2002년 10월 시작한 '지식검색' 서비스가 히트를 친 것이다. '궁금한 것이 있으면 네이버 지식검색에 물어보라'고 할 정도로 이즈음부터 사람들은 네이버에 몰려들었다. 그리고 그로부터 6년이 지난 2008년 9월에는 네이버 메일 이용자 수가 다음 메일 이용자 수를 앞지르기 시작했다. 물론, 그 사이 블로그나 카페와 같은 일종의 SNS 서비스도 제공했고 웹툰이나 동영상 서비스 같은 디지털 콘텐츠 서비스도 제공했으며, 지역정보검색이나 지도 같은 생활정보 서비스도 강화했다.

빅데이터 플랫폼 기업인 아이지에이웍스가 발표한 자료에 따르면, 2020년 6월말 기준 월평균 네이버 이용자 수는 3,000만 명이 조금 넘으며 네이버 포털의 1인당 월간 평균 사용 시간은 10.2시간이었다. 이 수치는 카카오톡 이용자인 3,560만 명과 11.7시간에 비해 다소 낮은 수치다. 그러나, 커뮤니케이션과 금융·결제, 모빌리티에 집중된 카카오톡과는 달리 네이버에서는 검색, 쇼핑은 물론, SNS, 디지털 콘텐츠 등 다양한 활동이 이루어지고 있다. 실제로 월평균 사용일수는 네이버가 18.6일로 카카오톡의 24.6일의 75% 수준이지만, 개별적인 분야에서는 네이버가 제공하는 서비스 이용량이 압도적으로 많은 상황이다.

예를 들면, SNS 사용자 수에서는 네이버 밴드가 1,692만 명으로 카카오스토리의 996만 명에 비해 월등히 많았으며 지도나 내비게이션 분야에서도 네이버 지도 이용자가 다음 지도 이용자보다 배 이상 많다. 웹툰이나 웹소설 관련 서비스에서도 네이버 사용자 수가 591만 명인

데 비해 카카오페이지 및 다음웹툰 사용자는 408만 명에 불과했다. 이런 상황에 대해 카카오는 어떤 전략으로 대응할지 모르겠지만, 네이버의 경우 2020년 6월에 출시한 네이버플러스 멤버십을 기반으로 쇼핑 및 디지털 콘텐츠의 이용자 수 및 이용 빈도를 더욱 강화할 것으로 보인다.

세계로 뻗어가는
한국 기업의 저력

네이버는 2019년 약 6조 6,000억 원 규모의 매출을 올렸다. 2018년 약 5조 6,000억 원 대비 18% 정도 성장한 수치다. 네이버의 비즈니스는 광고, 비즈니스플랫폼, IT플랫폼, 콘텐츠 서비스, 라인 및 기타플랫폼의 다섯 개 분야로 구분된다. 이 중에서 가장 많은 비중을 차지하는 부문은 비즈니스플랫폼 부문으로 전체 매출의 약 43% 정도를 차지하고 있다. 비즈니스플랫폼은 검색을 기반으로 하는 CPC^{Cost per Click}와 CPS^{Cost per Sales}로 구성되어 있다. 즉, 검색 결과를 바탕으로 광고주의 링크를 클릭하거나 광고주의 상품을 구매한 것에 대한 수수료가 이에 해당한다. 얼핏 보면 CPM^{Cost per Million} 기반의 광고 매출과 비슷하다고 생각할 수도 있지만, 검색 및 그에 따른 액션이 더 강조되며 이커머

표 3. 네이버의 사업 분야별 매출 비교

구분	2019년		2018년		연간성장률
	매출액(억)	매출비중	매출액(억)	매출비중	
전체 영업수익	65,934	100.0%	55,869	100.0%	18.0%
광고	6,333	9.6%	5,730	10.3%	10.5%
비즈플랫폼	28,510	43.2%	24,758	44.3%	15.2%
IT플랫폼	4,575	6.9%	3,558	6.4%	28.6%
콘텐츠 서비스	2,095	3.2%	1,258	2.3%	66.5%
라인 및 기타플랫폼	24,421	37.0%	20,565	36.8%	18.8%

스가 이 분야에 속한다.

전체 매출에서 37% 정도를 차지하는 라인LINE 및 기타 플랫폼 부문은 네이버 매출에서 두 번째로 큰 비중을 차지한다. 라인 및 기타 플랫폼 부문은 네이버의 해외 시장에 대한 매출에 해당하는데, 카카오톡 같은 메신저인 라인을 기반으로 글로벌 시장에서의 광고, 커뮤니케이션, 콘텐츠, 커머스, 핀테크 등과 관련된 해외 매출을 포함한다. 라인은 일본을 중심으로 동남아 등 전 세계 230개국에서 17개 언어로 서비스되고 있으며 이용자는 총 5억 명에 달한다. 연간 성장률은 2017년 13.8%, 2018년 17.9%, 2019년 18.8%로 조금씩이지만 해가 갈수록 커지고 있다.

네이버에 있어서 최근 가장 중요한 역할을 하는 부문은 IT 플랫폼 부문이다. 네이버페이, 클라우드, LINE WORKS, IT 서비스 등의 사업을 운영하는 IT 플랫폼은 아직까지는 네이버 전체 매출에서 차지하는 비중이 7% 수준으로 미약하지만, 2018년 대비 28.6%의 눈에 띄는 성장을 한 분야다. 2018년 매출도 2017년 대비 63%나 증가했다. 특히 네이버페이를 포함한 금융 분야는 2019년 11월에 미래에셋대우의 투자와 함께 네이버파이낸셜로 분사하여 금융플랫폼으로써 확장을 이어나가고 있다. 뒤에서 소개할 네이버플러스 멤버십을 운영하는 곳도 바로 네이버파이낸셜이다.

그리고 또 하나 주목해야 할 부문이 웹툰, 뮤직, 그리고 영상플랫폼인 브이라이브$^{V \ LIVE}$ 등으로 구성되는 콘텐츠서비스 분야다. 2004년 7월부터 시작된 웹툰 서비스의 경우 월 평균 사용자 수^{MAU}는 2020년 8월 기준 전 세계적으로 6500만 명을 넘어섰다. 국내는 2020년 6월 기준 약 570만 명이다. 2019년에 큰 폭으로 성장했으며, 2020년에는 코로나19의 여파로 그 폭을 더욱 키워나가고 있다. 2020년 8월에는 네이버웹툰의 유료 콘텐츠 하루 거래액이 30억 원을 돌파했다. 특히 해외매출이 크게 늘어났는데 2020년 2분기 글로벌 거래액은 전년 동기 대비 57%나 성장했다. 미국에서는 월간 결제자 수가 전년 동기 대비 2배로 늘어났고 결제자당 결제금액도 50% 가까이 증가했다. 그동안 일본 중심이었던 글로벌 웹툰 사업을 미국 법인 중심으로 개편한 효과가 나타나는 것으로 향후 유럽 시장까지 확대할 예정이다.

바이브는 2018년 6월에 네이버에서 출시한 음악 플랫폼이다. YG엔터테인먼트의 자회사인 YG PLUS가 운영을 맡고 있는데 2020년 말 서비스가 종료될 예정인 네이버 뮤직의 후속 음악 플랫폼이다. 바이브가 기존의 네이버 뮤직과 가장 큰 차이점이 있다면, 인공지능이 사용자가 좋아할 만한 가수나 노래를 추천하는 믹스테이프 기능을 제공한다는 점이다. 스트리밍 음악 분야에는 멜론이나 지니뮤직과 같은 기존 강자들이 버티고 있어서 아직까지 그 비중이 크지 않지만, 뒤에서 소개할 네이버플러스 멤버십의 기본 혜택으로 제공됨으로써 시장 점유율을 빠르게 키워나갈 것으로 보인다. 음원 수익 정산 방식을 비례배분제에서 이용자 중심 시스템으로 바꾼 점도 이용자 증가에 큰 몫을 할 것으로 예상된다.

2015년 9월부터 공식적으로 서비스를 제공하기 시작한 브이라이브는 글로벌 스타 인터넷 방송 플랫폼이다. 아무나 방송을 할 수 있는 기존의 영상 플랫폼들과는 달리 허가를 받은 아이돌들이나 배우, 게이머 등 스타들만 방송을 할 수 있는 특이한 플랫폼이다. 따라서 뉴스나 스토어 기능은 물론 중요 이벤트 알림, 독점 티저 공개, 쇼케이스, 콘서트 현장 생중계 등 스타와 팬이 직접 소통할 수 있는 커뮤니티 기능도 제공한다. 동영상 서비스 분야 1위인 유튜브와 경쟁하며 글로벌 시장에 진출하기 위해서 사람들의 관심이 높은 K-Pop 아티스트를 중심으로 서비스를 제공하고 있으며, 여기에 웹드라마, 뷰티, 패션 등 다양한 주제의 영상 콘텐츠를 바탕으로 국내뿐만 아니라 해외시장까지 공략하고 있다. 이런 노력의 결과 2020년 6월말 기준 9,300만의 누적 다운로드를 돌파하기도 했으며 머지않아 1억 다운로드를 돌파할 것으로 예상된다. 이 중 사용자의 80%가 외국인인데, 웹툰과 더불어 네이버의 고객 기반을 글로벌로 확대하기 위한 전략 서비스로 여겨진다.

이 외에 아마존의 프라임 비디오처럼 영화와 방송 콘텐츠 서비스를 제공하는 시리즈온Series On이라는 서비스도 있지만, 콘텐츠의 양도 적고 웨이브Wavve나 티빙Tving처럼 실시간 방송을 볼 수 있는 것도 아니라서 이용자가 많은 편은 아니다. 하지만 네이버플러스 멤버십 이용자들이 이용하기 시작하면서 어느 정도 가입자 기반이 확보되고 있어서 신규로 콘텐츠 사업자가 참여할 가능성이 있으며 CJ ENM에서 분사한 티빙에 투자하는 방식으로도 콘텐츠를 강화할 것으로 전망된다.

네이버플러스 멤버십

아마존이 프라임 멤버십 서비스를 출시한 이후 가입자가 꾸준히 증가하며 아마존의 수익성마저 개선되자 국내 오픈마켓 사업자들도

2017년부터 속속 멤버십 서비스를 출시하기 시작했다. 첫 스타트를 끊은 것은 G마켓과 옥션을 소유하고 있는 이베이코리아였다. 이베이코리아는 2017년 4월 '스마일클럽'이라는 멤버십 서비스를 운영하기 시작했으며, 이어 쿠팡도 2018년 10월부터 '로켓와우'라는 이름의 멤버십 서비스를 제공하기 시작했다. 위메프는 2019년 1월부터 '특가클럽'을 운영했고, 11번가는 2019년 12월부터 '올프라임AllPrime' 서비스를 제공했다.

이 중에 SK텔레콤과 함께 선보인 11번가의 올프라임 서비스만 아마존의 프라임 멤버십처럼 쇼핑 혜택과 콘텐츠 서비스가 결합된 것이었고, 나머지는 모두 무료 혹은 빠른 배송, 할인 혹은 포인트 적립 등 쇼핑과 관련된 혜택만 제공하는 것이었다. 이런 상황에 생뚱맞게 네이버가 '네이버플러스'라는 멤버십 서비스를 출시한 것이다. 얼핏 보면 구글 같은 인터넷 검색 사업자가 구독형 멤버십 서비스를 출시해서 이상하게 보이기도 하지만, 네이버는 2019년 기준 국내 오픈마켓 시장의 1위 기업이다. 통계청이 집계한 자료에 따르면, 2019년 우리나라의 온라인 쇼핑 거래액은 135조 원으로 네이버는 전체의 15.6%에 해당하는 약 21조 원을 거래했다. 이어서 쿠팡이 약 17.7조 원과 이베이코리아의 G마켓과 옥션이 17조 원을 거래했다. 따라서, 네이버가 멤버십 서비스를 출시한 것은 전혀 놀랄만한 일이 아니며 오히려 조금 늦었다는 생각마저 든다.

네이버가 출시한 멤버십 서비스는 다른 이커머스 사업자들의 그것보다는 아마존이나 11번가의 멤버십 서비스와 닮아 있다. 즉, 쇼핑과 관련된 혜택 및 콘텐츠 서비스로 구성되어 있다. 네이버플러스 가입자들은 매달 4,900원을 내면 쇼핑할 때마다 최대 5%의 적립 포인트를 받을 수 있으며 웹툰, 영화, 음악, 오디오북, 클라우드의 다섯 가지 디지털 서비스 중에서 4종을 무료로 이용할 수 있다. 2020년 10월에 서비스 혜택을 개편하며 5종 모두를 제공하는 것으로 변경되었다. 하지만, 네이버에서 제공하고 있는 디지털 콘텐츠 서비스들이 개별 콘텐츠 서비스 사업자들의 그것에 비해 경쟁력이 떨어지는 것들이거나 제한된 범위에서 이용할 수 있도록 되어 있다.

예를 들면, 2000원 상당의 네이버웹툰·시리즈 쿠키 20개, 바이브 VIBE 음원 300회 듣기, 시리즈온 영화·방송 감상용 캐시 3,300원, 네이버클라우드 100GB 추가 이용권, 오디오북 대여 할인 쿠폰 중에서 4가지를 선택해서 이용하는 형태인데, 영화·방송 및 오디오북은 아직까지 콘텐츠가 너무 적은 편이다. 게다가 웹툰을 보지 않는다거나 이미 구글이나 마이크로소프트 등 다른 회사들이 무료로 제공하는 클라우드 서비스를 이용하고 있는 사람들에게는 클라우드 서비스마저 별로 매력적이지 않다. 이런 점에서 네이버플러스 멤버십은 단기적으로는 디지털 콘텐츠 서비스의 활성화보다는 오픈마켓 이용자들의 이용 빈도를 높이고 락인 효과를 기대하는 성격이 짙은 것으로 보인다. 실제로 네이버가 멤버십 서비스를 출시한 이후 월 20만 원 이하를 사용하는 고객들의 쇼핑 금액이 209% 증가했다고 한다.

또 다른 측면은 장기적인 관점에서 현재 경쟁력이 떨어지는 디지털 서비스의 이용자 기반을 확보하기 위한 것으로 보인다. 그동안 이용자 기반이 약해서 콘텐츠의 수급이나 서비스의 운영에 어려움이 있었지만, 멤버십 서비스를 통해 이용자 기반을 확충할 수 있다면 이를 극복하고 미래의 수익 사업으로 자리매김하는 것이 가능할 것으로 판단하는 것 같다. 실제로 네이버는 멤버십 서비스 출시 후 3개월 만에 100만 명이 넘는 가입자를 확보했는데, 만약 이들이 모두 바이브 서비스를 이용한다고 가정하면 바이브 이용자는 기존 가입자의 2배를 훌쩍 뛰어넘는 200만 명에 달할 것으로 추정된다. 또한, 장기적으로 네이버 이용자의 10%에 해당하는 400만 명이 멤버십 서비스를 이용한다고 가정하면 스트리밍 음악 서비스 시장의 1위 사업자로 도약하는 것도 가능하다.

물론, 디지털 콘텐츠 서비스 이용자 기반이 크다고 하더라도 사실상 무료로 제공되는 것이므로 그대로 수익으로 이어지지는 않을 것으로 보인다. 하지만, 이렇게 제공되는 혜택들이 디지털 콘텐츠 서비스를 무제한으로 이용할 수 있는 것이 아니므로 아마존처럼 업셀링을 통해 추가 매출을 확보할 수도 있을 것이다. 예를 들면, 바이브 음원은 300회를 들으면 더 이상 들을 수 없다. 그리고, 네이버클라우드의 경우

100GB를 모두 이용하면 추가로 이용할 수 없으며, 만약 멤버십을 해지하게 되면 기본으로 제공되는 30GB를 넘어서는 데이터들은 모두 날아가게 된다. 이런 점을 이용해서 바이브 음원 듣기를 선택한 고객에게는 매달 추가로 3,850원을 내고 스트리밍 서비스를 무제한으로 이용하도록 유도하며 클라우드 서비스를 선택한 고객에게는 매달 2,200원 혹은 7,700원을 내고 각각 200GB 혹은 2TB를 이용하도록 유도하고 있다.

야심 차게 시작하기는 했지만 네이버플러스 멤버십에 대한 초기 평가가 그렇게 좋은 편은 아니다. 쇼핑 시의 적립 혜택이 크다며 만족해하는 사람들도 있지만, 그 외에 제공되는 혜택이 다양하지도 않고 유용하지도 않다며 불만족스러워하는 사람들도 많다. 사실 쇼핑 시 제공되는 할인 혜택은 다른 서비스들과 비슷한 수준이며 자체 물류 시스템이 없어서 쿠팡처럼 무료 배송과 같은 서비스를 제공할 수도 없다. 이러는 와중에 11번가는 아마존과의 제휴를 추진하고 쿠팡은 로켓와우 멤버십의 기본 혜택에 새롭게 OTT 서비스를 추가하고 있다. 이에 네이버도 네이버플러스 멤버십을 출시한 지 4개월 만에 콘텐츠 서비스 혜택을 확대했으며 같은 달에는 국내 1위 물류기업인 CJ대한통운과의 전략적 제휴도 체결했다. 네이버가 멤버십 서비스를 강화하며 한국의 아마존으로 성장하려는 전략에 대해서는 뒤에서 자세히 설명하도록 하겠다.

애프터 디지털:
온라인과 오프라인의 결합

2020년 8월 20일, 네이버는 '네이버 장보기' 서비스를 새롭게 출시했다. 이 서비스는 2019년부터 운영해온 기존의 '동네시장 장보기' 서비스를 확장한 것으로 네이버 이용 고객들은 별도의 회원 가입 없이 동네 시장은 물론 백화점이나 대형 할인마트에서 판매하는 신선식품들을 간단하게 구입할 수 있도록 하는 서비스다. 즉, 네이버에 로그인을 하기만 하면 네이버의 회원정보를 이용해서 여러 쇼핑몰 및 전통시장에서 장보기를 할 수 있는 것이다. 배달의민족이 서비스 중인 B-마트와 다른 점은 네이버는 연결성만 제공하고 배송과 물류는 제휴 업체가 직접 담당한다는 점이다.

이 서비스는 처음에는 서울과 경기 지역의 32개 전통시장을 대상으로 서비스를 제공했으나, 네이버 장보기 서비스로 새롭게 출시되면서 홈플러스나 현대백화점 식품관, 하나로마트, GS프레시몰과 같은 대형 온·오프라인 유통점도 참여하고 있다. 혜택도 다양하다. 네이버 장보기에 입점한 유통점에 따라 다르기는 하지만, 한 번에 주문하는 금액이 일정액 이상이면 배송비가 무료다. 홈플러스의 경우에는 당일 배송은 물론 배달 시간대까지 선택할 수 있다. 물류 및 배송 관점에서 네이버의 단점을 제휴사들을 통해 해결하고 있는 것이다. 게다가 결제금액의 3%를 포인트로 돌려주는데, 네이버플러스 멤버십 회원에게는 7%를 돌려주는 식으로 차별화를 하고 있다.

홈플러스나 현대백화점 등 네이버 장보기에 입점한 유통점들이 이커머스 플랫폼보다는 온라인 쇼핑몰의 성격이 강하기는 하지만 네이버 장보기 서비스는 전형적인 플랫폼의 플랫폼 구조를 띠고 있다. 즉, 개별적으로 회원을 가입하고 마케팅을 하면서 경쟁하기보다는 네이버가 제공하는 유사 서비스의 공급자 측 고객으로 참여하며 4천만에 달하는 네이버의 튼튼한 고객기반을 활용하겠다는 것이다. 실제로 홈플러스의 경우 2020년에만 160만의 신규 고객을 확보하고 10% 이상의 추가 매출을 올리겠다는 목표를 세우고 있다. GS프레시몰을 운영하는 GS리테일이나 현대백화점도 상황은 다르지만, 당일배송이나 새벽배송 등과 같은 고객 혜택을 제공하며 고객 확대에 나설 예정이다.

네이버 장보기에서 주목해야 할 것은 홈플러스나 현대백화점 같은 대형 유통사가 참여하고 있다는 점이다. 과연 이들은 왜 네이버 장보기에 공급사로 참여하는 것일까? 사실 홈플러스나 현대백화점도 오프라인뿐만 아니라 온라인 비즈니스를 강화하려고 노력한 적이 있었다. 그러나, 막대한 자금력을 바탕으로 그룹사 통합 몰을 구축한 롯데ON이나 SSG닷컴에 비해 상품 규모나 경쟁력에서 밀려 별로 효과를 보지 못했다. 특히 새벽배송으로 무장한 쿠팡이나 마켓컬리와는 상대가 되지 않았다. 경쟁 업체들에 비해 멤버십 플랫폼의 범용성이 부족했기 때문에 네이버 멤버십 회원을 잠재 고객으로 확보함으로써 시장에 대응하고자 했던 것으로 분석된다.

이커머스 분야에서 이런 플랫폼의 플랫폼 현상이 나타난 것은 이번이 처음은 아니다. 이마트, 롯데마트, 홈플러스 등 주요 대형마트들은 이미 G마켓, 11번가, 티몬 등 주요 이머커스에 입점해 있다. 롯데백화점, 신세계백화점, 현대백화점 등도 G마켓, 옥션 등 주요 오픈마켓에 입점해 있다. 그러나, 이러한 오픈마켓 서비스가 시장에서 차지하는 비중이 그리 크지 않다는 점에서 제대로 된 효과를 볼 수 없었다. 반면, 네이버의 경우 기반 고객이 튼튼하기 때문에 효과가 남다를 것으로 기대된다.

네이버는 신선식품 중심의 장보기 분야뿐만 아니라 라이브 커머스

그림 25. 네이버 장보기를 중심으로 한 플랫폼의 플랫폼 구조

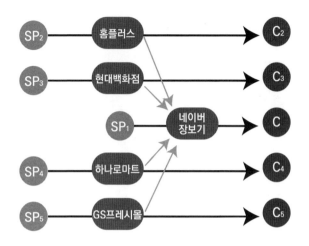

분야에서도 플랫폼의 플랫폼 전략을 추진하고 있다. 2020년 7월부터 서비스를 개시한 '쇼핑라이브'가 대표적인데, 별도의 스튜디오나 전문적인 장비 없이도 판매자가 스마트폰 하나로 원하는 장소에서 원하는 방식으로 쉽게 라이브로 쇼핑 방송을 할 수 있도록 해주는 플랫폼이다. 따라서, 모바일에 친숙한 2030 세대를 타깃으로 라이브 커머스를 하고 있는 중소상공인들이 적극적으로 참여하고 있다. 2020년 8월 말에는 네이버의 자회사인 스노우에서 운영하는 모바일 라이브 커머스 플랫폼인 '잼라이브'를 인수함으로써 쇼핑 콘텐츠를 더욱 강화하고 있다. 동시에 이용자 기반을 활용하여 CJ오쇼핑이나 SK스토아처럼 독자적인 라이브 쇼핑 플랫폼을 보유한 기업들의 참여도 유도함으로써 라이브 커머스에서도 플랫폼의 플랫폼 구조를 만들어갈 예정이다.

한국의 아마존이 되어가는 네이버

2019년 기준 네이버 쇼핑의 거래액은 거의 21조 원에 달한다. 이는 그동안 업계 선두의 자리를 지키고 있었던 쿠팡이나 이베이코리아의 17조 원 규모를 훌쩍 뛰어넘는 수준이다. 그러나, 네이버가 자체적인 물류 및 배송 시스템을 구축하지 않고 단지 스마트스토어, 브랜드스토어, 네이버 장보기, 라이브 커머스 같은 커머스 중개 서비스와 네이버플러스 멤버십 서비스를 기반으로 아마존과 같은 이커머스 생태계를 확보해 나갈 수 있을지는 미지수다.

그런 측면에서 어쩌면 물류 및 배송 인프라를 보유하고 있는 중소 규모의 이커머스 사업자를 인수하거나 물류기업과의 제휴를 통해 관련 비즈니스를 본격화할 수 있을지도 모른다. 실제로 이 책을 마무리하던 즈음 네이버와 CJ 그룹 사이에 포괄적인 사업 제휴를 추진 중이라는 소식이 들려오고 있다. 아직 구체적인 내용이나 일정에 대해 확정된 것은 없지만, 양사 간에 지분을 교환하는 방식으로 물류 및 디지털 콘텐츠 분야에서 협력하는 것이 주된 내용이 될 것으로 알려지고 있다.

대표적인 것이 국내 물류 분야 1위 업체인 CJ대한통운을 통해 아마존과 같은 풀필먼트 서비스를 제공하는 것이다. 즉, 네이버의 스마트스토어에서 판매하는 제3 판매자들에게 상품을 위탁받아 보관, 배송, 재고 관리, 교환 및 환불 등 물류와 관련된 모든 일을 대행해 주는 것이다. 이를 통해 네이버는 판매자들에 대한 부가 서비스를 제공함으로써 스마트스토어의 공급자 측 고객 기반을 더욱 강화하며 신규 수익을 창출할 수 있을 것으로 보인다. 그리고 네이버플러스 회원들에게도 무료 및 빠른 배송 서비스를 제공하는 것이 가능해질 것으로 기대된다. 네이버는 이미 2020년 4월에 CJ대한통운과 함께 풀필먼트 서비스를 출범하기도 했는데, 이를 통해 네이버 브랜드스토어를 통해 판매되는 LG생활건강 상품을 주문 즉시 24시간 이내에 배송해주고 있었기 때문이다.

디지털 서비스와 관련해서는 tvN과 OCN 등 인기 채널을 보유하고 있는 CJ ENM과의 제휴를 통해 네이버가 취약한 영화와 드라마 부분을 강화할 것으로 보인다. 또한 티빙과의 제휴를 통해 네이버에서도 다양한 방송을 실시간으로 제공할 수도 있을 것으로 보인다. 특히 '도깨비'나 '사랑의 불시착' 등의 드라마를 제작한 스튜디오드래곤과는 네이버 웹툰이나 웹소설을 영화나 드라마로 제작할 가능성도 크다. 네이버와 CJ 모두 콘텐츠 사업의 글로벌화를 추진하고 있기 때문이다. 실제로 네이버는 라인과 브이라이브를 통해 해외 이용자 확보에 집중하고 있으며 CJ는 방송, 음악, 드라마, 영화 등의 다양한 분야에서 한류 문화 사업K-Culture을 추진 중에 있다. 또한, 이런 노력의 일환으로 2021년 1월 말에는 북미 지역 최대의 스토리텔링 플랫폼인 왓패드Wattpad를 인수하기도 했다.

이 외에도 가정간편식HMR 분야에 집중하고 있는 CJ제일제당과 푸드테크 분야에서의 협력 가능성도 생각해 볼 수 있다. CJ제일제당은 네이버의 브랜드스토어에 입점하는 식으로 판매 채널을 확대할 수 있으며, 인공지능 스피커인 클로버를 통해 '더비비고'라는 가정간편식의 구매 및 구독 서비스를 추진할 수도 있을 것으로 보인다. 물류나 디지털 콘텐츠 분야에서의 제휴만큼 가능성이 높지는 않지만, 최근 아마존이 신선식품이나 식음료 부분에 집중하고 있기 때문에 가능성이 전혀 없지는 않다고 생각한다.

빅데이터 사업자가 되기를 꾀하다

종합 인터넷 서비스 사업자인 네이버가 이처럼 다양한 방식으로 이커머스와 오픈마켓을 강화하고 여기에 콘텐츠 서비스를 더한 통합 멤버십 서비스를 출시하며 본격적인 크로스 플랫폼 비즈니스를 전개하는 이유는 크게 두 가지 측면에서 생각할 수 있다. 하나는 국내 오픈마켓 플랫폼 1위를 넘어 미국의 아마존이나 중국의 알리바바처럼 글로벌한 사업자로 거듭나겠다는 것이다. 물론, 국내에서의 물류 및 유통 인프라도 제대로 갖추지 못한 상황이기에 이는 상당한 시간이 걸릴 것으로 보인다. 그러나 라인이나 브이라이브 같은 서비스를 바탕으로 확보한 글로벌한 고객 기반을 활용한다면 불가능한 일만은 아닐 것이다.

다른 하나는 일등 오픈마켓 플랫폼을 넘어 종합 빅데이터 사업자가 되겠다는 것이다. 네이버가 모든 제품과 서비스를 중개할 수는 없지만 그런 서비스 사업자들을 지원하는 역할은 충분히 할 수 있기 때문이다. 실제로 네이버도 아마존처럼 고객들의 쇼핑과 관련된 주문정보는 물론 지급결제정보까지 확보할 수 있는 상태이며 다양한 형태의 인터넷 서비스 이용 패턴에 대한 데이터까지 확보할 수 있기 때문이다. 특히 아마존과는 달리 언제 어디서 어떤 인터넷 서비스를 이용하는지에 대한 정보를 획득할 수 있기 때문에 보다 종합적이고 입체적인 빅데이터 기반의 서비스를 하는 것이 가능해질 것으로 보인다.

물론 지금도 오픈마켓인 스마트스토어 판매자들에게는 '비즈 어드바이저'라는 데이터 분석 도구를 통해 고객의 연령대나 유입 경로는 물론 채널 및 키워드별 유입 패턴, 일별, 요일별, 상품별 판매 현황 등과 같은 구체적인 데이터를 제공하고 있다. 심지어 모든 데이터 분석 결과를 무료로 제공하고 있으며 이 서비스를 이용하는 판매자들의 매출이 그렇지 않은 사업자의 매출보다 훨씬 가파르게 증가하는 것이 확인되고 있다. 최근에는 여기에 인공지능 기술을 접목시키기 위해 '네이버 AI 랩'

과 같은 인공지능 전담 조직을 신설하기도 했다.

하지만, 아직까지는 네이버 쇼핑의 구매 정보를 제외하고는 고객들에 대한 정보를 체계적으로 수집하지 못 하고 있는 상황이다. 따라서, 최근에서야 오픈마켓 판매자 및 네이버 서비스 이용자들에 대한 종합적인 데이터를 수집하기 위해 다양한 노력을 전개하고 있다. 첫 번째가 고객의 취향이나 관심사와 관련된 비정형적인 데이터를 확보하기 위한 노력이다. 이러한 정보는 부분적으로 스마트스토어에서 구매한 상품들에 대한 주문정보에서도 확보할 수 있지만, 음악이나 영화와 같은 디지털 콘텐츠의 이용이나 SNS의 해시태그 등을 통해서도 확보할 수 있다. 따라서, 앞으로도 네이버플러스 멤버십을 통한 디지털 콘텐츠 서비스를 더욱 강화할 것으로 보인다.

또 다른 측면은 네이버가 아닌 곳, 특히 간편결제 서비스인 네이버페이를 사용할 수 없었던 오프라인 매장에서 이루어지는 지급결제정보를 확보하는 것이다. 이를 위해 2019년 11월에는 '네이버파이낸셜'을 설립하고 본격적으로 금융 비즈니스를 확대하겠다고 선언하기도 했다. 그러나, 금융업 면허를 취득하고 인터넷뱅킹이나 체크 및 신용카드 서비스를 제공하는 카카오와는 달리 철저히 제휴를 이용하고 있다. 그렇게 엄격하고 복잡한 금융규제를 피하면서도 자신들이 원하는 지급결제정보를 확보할 수 있다는 판단 때문이다. 그래서 2020년 6월에는 미래에

셋대우와 제휴해 일명 '네이버통장'이라 불리는 종합자산관리계좌^{CMA}를 출시하기도 했다.

2020년 12월에는 미래에셋캐피탈과 함께 대안신용평가^{ACSS}를 이용한 중소상공인 대출 서비스를 제공하기 시작했다. 네이버 결제망에서 이루어진 매출이나 판매 패턴, 단골 고객 숫자, 고객 재구매율, 배송 실적 등의 빅데이터를 바탕으로 자체적인 신용평가시스템을 구축한 것이다. 네이버가 중소상공인들에게 대출 서비스를 제공하는 것은 아마존이 '아마존렌딩' 서비스를 제공함으로써 아마존닷컴의 공급자 측 고객 기반을 강화하고 이를 통해 전체 서비스 생태계를 강화하려는 것과 같은 맥락으로 이해된다. 2020년 8월 초를 기준으로 네이버에 입점한 스마트스토어는 35만 개에 달하는데, 이들은 담보나 보증 없이도 최대 5,000만 원 한도에서 연 3.2~9.9%의 금리로 서비스를 이용할 수 있다.

다양한 사업장에서 생성되는 지급결제정보를 확보하기 위해서 네이버는 오프라인 매장들을 대상으로 간편결제 서비스인 네이버페이를 확대 적용하고 있다. 하지만, 오프라인 결제망을 확대하는 것은 온라인에 비해 비용 측면에서 비효율적이어서 현재는 정부가 소상공인들의 결제 수수료를 줄여주기 위해 추진 중인 '제로페이'를 적극 활용하고 있다. 이에 따라 전국의 44만 개에 달하는 제로페이 가맹점에서는 네이버페이로 결제하는 것이 가능하다. 또한 최근에는 대형 프랜차이즈로 제휴를 확대해 나가고 있어 사용할 수 있는 매장의 범위가 더욱 확대될 것으로 예상된다.

지급결제정보 외에 오프라인 매장에서 구매하는 상품들에 대한 상세한 주문정보를 확보하기 위해서는 '스마트주문' 서비스를 활용하고 있다. 네이버의 인공지능 장소 추천 서비스인 '스마트어라운드' 및 지역 기반 신선식품 주문 서비스인 '네이버장보기'와 함께 사용할 수 있는 스마트주문 서비스는 스타벅스의 '사이렌 오더'와 비슷하다. 즉, 해당 매장에 직접 가지 않고도 스마트폰 앱을 이용하여 필요한 식자재 및 생필품 혹은 레스토랑의 메뉴를 주문하도록 하는 것이다. 이 과정에서 네이버는 전체 결제금액뿐만 아니라 주문 내역에 대한 정보까지 확보하게 된다.

또한, 오프라인 매장을 이용한 고객들의 실제 영수증을 이용한 방문자 리뷰 서비스도 적극적으로 추진하고 있다. 방문자 리뷰의 경우 실제 매장에서 받은 영수증을 인증해야만 매장에 대한 리뷰를 등록할 수 있는데, 이를 통해 네이버는 리뷰에 대한 객관성도 제고할 뿐만 아니라 매장별 주문정보 및 지급결제정보도 모두 확보할 수 있다. 특히, 네이버페이를 이용하거나 스마트주문을 이용하지 않고 타사의 결제 수단을 이용하여 결제한 내용까지 확보할 수 있어서 경쟁사업자들과는 차별화된 입체적인 고객 정보를 확보하고 있다.

네이버의 이러한 움직임은 흔히 '데이터 3법'이라 불리는 개정된 개인정보보호법, 신용정보법, 정보통신망법의 시행과도 맥을 같이 한다. 기업들은 이름, 주민번호 등 개인을 식별할 수 있는 정보를 삭제한 후 가명정보를 활용해 다양한 서비스를 제공하는 것이 가능하게 되는데, 고객과 관련된 방대한 양의 데이터를 확보하고 있는 네이버가 카카오와 더불어 가장 유리한 위치에 있기 때문이다. 그런 측면에서 앞으로는 온라인뿐만 아니라 오프라인에서의 고객 데이터를 확보하려는 움직임에 주목할 필요가 있다고 생각된다. 이에 대해서는 7장의 내용을 참조하기 바란다.

치열한 경쟁 속에서 탄생하는 새로운 인프라

네이버가 이커머스 분야에서 주목받기 전까지 국내 이커머스 분야의 최강자는 쿠팡이었다. 쿠팡은 한국의 아마존이라고 불릴 정도로 아마존의 비즈니스 모델이나 전략을 그대로 활용했다. 가장 대표적인 것이 생필품 등 고객들이 자주 주문하는 제품들을 대량으로 직접 매입한 후 경쟁 플랫폼보다 저렴한 가격에 제품을 판매하는 것이었다. 그리고 이를 위해 전국에 대규모의 물류센터를 구축했다. 하지만 다른 제품들은 여전히 경쟁 플랫폼에서 더 저렴하게 판매하는 경우가 많아서 고객들의 절대적인 지지를 받지는 못했다.

이런 쿠팡에 날개를 달아준 것이 '로켓배송'이었다. 2014년에 시작한 로켓배송은 자체 기술로 운영하는 물류센터와 직접 고용한 택배기

사쿠팡맨를 통해 상품을 배송하는 시스템으로 상품의 구입부터 배송까지 전 과정을 쿠팡이 직접 제공하는 서비스다. 로켓배송으로 제품을 구매한 고객들은 늦어도 다음 날이면 제품을 받아 볼 수 있는데 배송료도 없고 반품도 무료로 이용할 수 있다. 이런 차별화된 고객 혜택은 입소문을 타고 퍼졌으며 빠르게 쿠팡의 이용자 기반을 확대해 나갔다. 실제로 2014년 말 700만 명 내외의 월 이용자 수는 5년 사이에 무려 두 배나 증가한 1,400만 명으로 증가했는데, 이는 2위 11번가의 657만 명의 두 배를 뛰어넘는 수치다. 특히 쿠팡 이용자의 재구매율은 무려 72.5%에 달하는데, 이는 인터넷 쇼핑의 평균 재구매율인 28.8%에 비해 매우 높은 수준이다.

이용자의 증가 및 높은 재구매율은 그대로 매출 및 시장 점유율 확대로 이어졌다. 2014년 0.3조 원이던 매출은 2019년에 6.2조 원으로 무려 20배나 증가했다. 직매를 통한 거래금액 전체가 매출로 인식되며 규모가 급증했기 때문인데, 제3자 판매를 포함한 거래액의 경우에도 2014년 2조 원에서 2019년 17조 원으로 약 8.5배나 증가했다. 이는 네이버의 21조에 이어 두 번째로 많은 규모로 전체 온라인 쇼핑시장의 약 13%에 해당된다. 아무리 이머커스 시장의 규모가 빠르게 성장하고 있다고 하더라도 쿠팡과 비슷한 17조 원 규모의 거래액을 달성하고 있는 옥션과 G마켓의 이베이코리아와 11번가나 롯데, GS, 신세계 계열의 쇼펑몰들이 버티고 있는 상황에서 놀라운 성과임에는 틀림이 없다.

그러나, 물류센터의 확대와 로켓배송 등은 쿠팡을 적자의 수렁으로 몰아넣고 있다. 쿠팡은 2014년 이후 한 번도 흑자를 낸 적이 없으며 2014년부터 2019년까지의 누적 적자는 무려 3조 7210억 원에 이른다. 다행히 쿠팡의 적자 규모는 2018년 1조 1,280억 원에서 2019년 7,205억 원으로 크게 줄었지만, 상황이 크게 개선될지는 미지수다. 물론 그 사이에 27개였던 배송센터가 현재 170개로 늘어났고 로켓배송 생활권 소비자가 260만 명에서 3,400만 명으로 늘어난 터라 추가로 투입해야 할 비용은 제한적인 반면 매출은 꾸준히 증가할 것으로 기대되므로 일말의 희망이 보인다.

일각에서는 아마존이나 테슬라가 그랬던 것처럼 계획된 적자이기 때문에 걱정을 하지 않아도 된다는 이야기도 들린다. 하지만, 앞에서 언급했던 것처럼 현재의 플랫폼 기업들은 인터넷 초창기에 사업을 시작한 플랫폼 기업들의 행운을 누릴 가능성이 거의 없다. 아마존처럼 시장을 주도할 수 있어야 수익성을 개선할 수 있는데, 네이버뿐만 아니라 쟁쟁한 이커머스 기업들이 떡하니 버티고 있고 대형할인마트나 편의점 등 다수의 오프라인 매장을 보유한 기업들도 온라인과 오프라인의 연계를 통해 경쟁력을 확보해 나가고 있기 때문이다. 설상가상으로 그동안 쿠팡에 27억 달러를 투자했던 소프트뱅크의 손정의 회장도 상황이 좋지 않은 데다가, 실적개선이 확실하지 않으면 2021년으로 예정된 나스닥 상장에서도 기대만큼의 자금을 확보하는 것이 쉽지 않을 수도 있기 때문이다.

이런 이유로 최근에는 이커머스 플랫폼을 기반 플랫폼으로 하는 다양한 수익 플랫폼을 발굴하기에 여념이 없다. 대표적인 것이 멤버십 서비스인 '로켓와우'와 음식배달 서비스인 '쿠팡이츠'다. 2018년 10월에 시작한 로켓와우는 그동안 공들여 구축한 전국적인 물류센터와 배송 인프라를 바탕으로 본격적으로 기반 플랫폼의 수요자 측 고객을 확보하기 위한 것이었다. 1회 배송비도 되지 않는 월 2,900원이라는 저렴한 월회비를 내면 배송비 무료에 당일배송 및 새벽배송의 혜택을 누릴 수 있다. 또한 30일 내에는 반품도 무료로 가능하며 특가상품을 구매하는 것도 가능하다. 그리고 2020년 12월에는 '쿠팡플레이'라는 OTT 서비스도 혜택에 포함시키며 아마존의 프라임 멤버십과 비슷해지고 있다.

로켓와우 서비스는 서비스 개시 초기에 장기간의 무료체험 혜택을 제공한 덕분에 2019년 5월에는 회원 수가 250만 명에 달했다. 이후 유료로 전환되면서 잠시 회원들이 이탈하기도 했으나 현재는 500만 명을 웃도는 것으로 추정된다. 연회비로만 연간 1,800억 원 이상의 매출이 발생하는 셈이지만, 저가 상품의 구매 빈도가 높아서 그에 따른 비용을 감당하기에 턱없이 부족한 상황이다. 게다가 네이버를 비롯하여 경쟁

사업자들이 속속 멤버십 서비스를 도입함에 따라 동일한 멤버십 이용료에 쿠팡플레이 같은 OTT 서비스까지 추가로 제공하기 시작해서 재무 상황은 더욱 악화될 것으로 전망된다. 쿠팡플레이의 경우 멤버십 하나로 다섯 명이 동시에 시청할 수 있기 때문에 이용자들에게는 매력적이지만 저작권료 등 비용 부담은 더욱 커질 것으로 전망된다.

2019년 5월부터 서비스를 개시한 쿠팡이츠는 처음에는 로켓배송처럼 별도의 배달료를 받지 않으며 30분 이내의 빠른 배달을 강조하며 고객들을 확대해 나갔다. 그러나 배달원쿠팡이츠 쿠리어에게 지급되는 비용이 커지고 적자 규모가 확대됨에 따라 금융감독원으로부터 경영유의 조치까지 받게 되면서 2019년 10월부터는 최소 배달비를 받기 시작했다. 그리고 날씨나 주문량에 따라 배달비를 탄력적으로 적용하는 등 어느 정도 수익성을 개선하기 위해 노력하고 있다. 문제는 이 과정에서 추가로 발생하는 비용이 고스란히 음식점주에 전가된다는 것이다. 따라서, 현재 음식배달 시장의 7% 정도를 점유하고 있는 쿠팡이츠가 시장을 더욱 확대할 수 있을지는 미지수다.

이 외에도 아직 구체화 되고 있지는 않지만 중고차 거래를 위한 쿠릉이라는 서비스를 포함해서 쿠팡라이브 등 다양한 상표권을 등록 신청한 상태다. 즉, 쿠팡이라는 기반 플랫폼에서 로켓와우라는 통합멤버십 서비스로 고객들을 확보하고 음식배달, OTT 서비스, 중고차 판매,

그림 26. 쿠팡의 크로스 플랫폼 전략

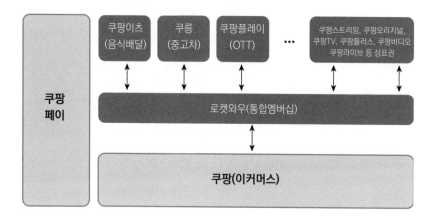

라이브 쇼핑 등을 통해 본격적으로 수익 사업을 전개해 나가겠다는 것으로 해석된다. 그러나, 이미 네이버나 11번가 등이 비슷한 멤버십 서비스로 고객들을 붙잡아두고 있어서 계획대로 될지는 조금 더 지켜봐야 할 것 같다. 아쉬운 부분은 수익 플랫폼들의 출시가 많이 늦어졌고 쿠팡 고객들을 효과적으로 수익 플랫폼 이용자로 전환하지 못한 부분이다. 다만 현재 상당수의 고객들이 매달 1만 원에 달하는 추가 비용을 내고 개별적인 OTT 서비스를 이용하고 있기 때문에, 이들만 제대로 유인할 수 있다면 성공 가능성도 충분하리라 생각된다.

쿠팡과 비슷하게 이커머스 플랫폼을 기반 플랫폼으로 하고 멤버십 서비스를 이용해서 고객을 락인한 후 수익 플랫폼을 추가하는 것을 고민하고 있는 기업이 있다. 바로 SK 계열의 11번가다. 2019년을 기준으로 11번가의 거래액 규모는 약 10조 원으로 네이버, 쿠팡, 이베이코리아에 이어 네 번째로 큰 시장약 6%의 점유율을 차지하고 있다. 11번가는 사실상 G마켓과 옥션이 시장을 양분하고 있던 2008년에 후발주자로 시장에 참여했지만, SK텔레콤을 포함한 그룹 계열사의 지원 등을 통해 빠르게 성장하며 상위 사업자로 자리를 잡았다. 그러나, 최근 네이버와 쿠팡이 본격적으로 이커머스 사업을 전개하면서 성장세가 주춤하는 상황이다.

이런 상황을 타개하기 위해 야심 차게 준비한 것이 '올프라임All Prime' 멤버십 서비스다. 2019년 12월 모회사인 SK텔레콤과 함께 시작한 올프라임 서비스는 11번가 쇼핑 할인쿠폰은 물론 OTT 서비스인 웨이브, 음악 스트리밍 서비스인 플로FLO 등을 선택적으로 이용할 수 있으며 SK페이 포인트 추가 적립, 면세점, 숙박, 영화 할인 쿠폰에 이르는 다양한 혜택을 제공했다. 하지만, 멤버십 이용료가 월 9,900원으로 상대적으로 비싼 편이며 오프라인 시설의 할인 쿠폰 등은 코로나19로 인해 쓸모가 없어지면서 이용자 확보에 어려움을 겪었다. 결국 11번가는 서비스 출시 1년 만인 2020년 12월에 멤버십 서비스를 중단했다.

그러나 머지않아 새로운 형태의 멤버십 서비스가 등장할 것으로 전망된다. 2020년 11월 아마존이 11번가를 통해 한국 이커머스 시장에 진출할 것을 공식화함에 따라 국경을 넘어서는 전자상거래Cross-Border E-Commerce에 있어서의 제휴뿐만 아니라 아마존 프라임 멤버십의 도입 가능성도 생각해 볼 수 있기 때문이다. 즉, 기존의 올프라임 혜택과 아마존 프라임 멤버십의 혜택을 우리나라 상황에 맞게 재구성한 멤버십이 등장할 것으로 예상된다. 이를 바탕으로 배송, 반품, 환불, 고객관리 등을 포함한 아마존의 국내 이커머스 진출을 지원하며 11번가의 고객 기반을 강화할 것으로 보인다. 그러나, 국내 이커머스 시장에서 직구가 차지하는 비중이 고작 1%에 불과하기 때문에 아마존과의 제휴 및 새로운 멤버십 서비스의 론칭 효과는 제한적일 것으로 보인다.

이외에 이베이코리아 계열의 G마켓이나 옥션도 2017년 4월부터 '스마일클럽'이라는 프리미엄 멤버십 서비스를 제공하며 기반 플랫폼의 고객 기반을 강화하고 있다. 연회비 3만 원을 내고 스마일클럽에 가입하면 그 즉시 3만 7,000원에 달하는 포인트를 돌려받게 되며 제품 구매 시 구매 금액의 1%를 적립해준다. 또한 최대 12%에 달하는 할인 쿠폰을 제공하고 스마일배송 상품들에 대해서는 무료배송 혜택을 받을 수 있다. 이커머스 분야의 경쟁사들보다 일찍 멤버십 서비스를 제공한 까닭에 2020년 말 기준으로 가입자가 300만 명에 달한다. 그러나 멤버십 혜택이 이커머스와 관련된 혜택들로 제한되어 있으며 쇼핑 외의 서비스 플랫폼이 없어서 더 이상의 회원 수를 확보하는 것이 쉽지 않아 보인다.

　멤버십 서비스와 함께 고객 유치를 위해 노력하는 이들 기업과는 달리 롯데와 GS 그룹은 다양한 온라인 및 오프라인 쇼핑몰을 통합하는 일에 집중하고 있다. 먼저 움직임을 보인 것은 롯데다. 롯데는 2020년 4월 말 롯데백화점, 롯데닷컴, 롯데홈쇼핑 등 그룹 내의 7개 쇼핑몰을 하나로 통합하여 '롯데ON'이라는 통합 쇼핑 플랫폼을 출시했다. 단일 채널을 통해 롯데의 모든 계열사 제품을 한번에 검색하고 구매할 수 있도록 하겠다는 것이다. 특히 3,900만 명에 달하는 온라인 회원들을 하나로 통합 관리함으로써 네이버와 비슷한 규모의 고객 기반을 확보하고 이들의 쇼핑 데이터를 종합적으로 활용하여 개인 맞춤화된 쇼핑을 할 수 있도록 할 예정이다. 또한, 롯데마트, 롯데슈퍼, 롭스, 롯데하이마트 등 전국의 1만 3,000여 개에 달하는 오프라인 매장을 활용하여 당일 배송이나 새벽배송은 물론 매장에서 직접 상품을 수령하는 바로 픽업과 같은 다른 이커머스 기업들이 제공할 수 없는 차별화된 배송 옵션을 제공하고자 한다.

　GS 그룹도 롯데와 비슷한 방식으로 여러 쇼핑몰들을 하나로 통합하고 온라인과 오프라인을 결합한 O4O^Online for Offline 전략을 추진할 계획이다. 이를 위해 국내 편의점 업계 1위인 GS리테일이 GS홈쇼핑을 흡수합병하여 2021년 중에 통합법인을 출범시킬 예정이다. 3,000만 명에 달하는 GS홈쇼핑 시청자와 1,800만 명의 모바일앱 이용자들을 하나로 통합하고 1만 5,000개에 달하는 GS25 매장을 활용함으로써 오프라인의 경쟁 우위를 한껏 활용하겠다는 계획이다. 그러나, 롯데ON과 마찬가지로 쇼핑이라는 동일한 유형의 서비스 플랫폼들을 통합한 것 외에 별다른 고객 혜택이 전무한 상황이라서 기존 고객을 유지하며 추가 고객을 확보할 수 있을지는 미지수다.

따라서 롯데나 GS는 네이버, 쿠팡, 11번가가 그러는 것처럼, 쇼핑뿐만 아니라 다양한 서비스 플랫폼들을 통합하고 경쟁 기업들과는 차별화된 멤버십 서비스를 제공하기 위해 노력해야만 한다. 이를 통해 기존 고객들을 붙잡아두고 신규 고객들을 추가로 확보하면서 수익성을 도모해야 할 것이다. 물론 그렇다고 해서 네이버나 쿠팡을 그대로 따라 하는 것도 답은 아니다. 크로스 플랫폼의 구축이나 멤버십 서비스의 출시에 있어서 후발주자인 만큼, 자신들의 경쟁 우위를 최대한 활용하여 경쟁사와는 차별화된 혜택을 발굴하기 위해 노력해야 할 것이다.

6장

새로운 수익 플랫폼
생태계를 만들어가다

제조 업체의 한계를 넘어 플랫폼 업체로

　최근 들어 길거리를 돌아다니다 보면 하얀색도, 녹색도, 노란색도 아닌 파란색 번호판의 자동차들이 자주 목격된다. 현대자동차의 코나, 기아차의 니로, 한국GM의 볼트와 같은 전기차들이다. 그리고 또 하나 눈에 띄는 모델이 있는데 바로 테슬라의 모델3다. 이러한 전기차들은 엔진 대신 모터를 이용해서 움직인다. 차량 앞부분에 위치한 엔진이 화석연료를 태워 동력을 생성하고 이를 바퀴에 전달하는 기존의 내연기관자동차^{ICEV}와 달리 전기차^{EV}는 각각의 바퀴에 부착된 전기 모터가 직접 동력을 발생시킨다. 그러다 보니 엔진 및 변속장치, 동력을 뒷바퀴로 전달하는 회전축 등이 필요 없고 이들의 상태를 안정적으로 유지하기 위한 부속 장치들도 필요 없다. 그래서 전기차는 기존의 내연기관차에 비해 부품도 적게 사용하고 엔진오일 같은 화학제품도 거의 사용하지 않는다. 그리고 주유를 하는 대신 충전을 해야 한다.

이러한 특징은 자동차의 구조나 성능까지도 크게 바꾸고 있다. 엔진과 부속 장치들이 필요하지 않으므로 엔진룸 부분에 여유 공간이 생긴다. 그래서 자동차 앞쪽에 프렁크Frunk라 불리는 수납 공간을 두기도 하며, 회전축을 이용해서 엔진의 동력을 뒷바퀴에 전달할 필요가 없기 때문에 차량 바닥의 한 가운데에 불룩 튀어나온 센터터널 부분도 사라진다. 커다란 부피를 차지하던 연료통도 사라져서 보다 큰 실내 공간을 확보할 수 있다. 연료통 대신 사용되는 배터리팩은 차량 바닥 부분에 설치되는데 차량의 무게 중심을 낮추어 안정적인 운행을 가능하게 하며, 전기모터로 인해 조용하면서도 아주 훌륭한 순간가속력을 제공하기도 한다. 따라서, 완성차 제조사들은 조금씩 전기차로의 전환을 시도하고 있다. 물론, 테슬라나 중국의 BYD처럼 처음부터 전기차만 만드는 회사들도 있지만, 아직까지 가격도 비싸고 충전소 등 관련 인프라도 충분하지 않아서 기존의 완성차 제조사들은 점진적인 전환을 시도하고 있다.

완성차 제조사들은 전기차를 만드는 것뿐만 아니라 전기차를 활용한 비즈니스 모델의 변화에도 주목하고 있다. 그도 그럴 것이 전기차의 등장과 함께 주목받는 것이 자율주행 기술인데, 전기차를 기반으로 하는 자율주행 기술은 로보택시^{Robotaxi}나 무인 배송 등과 같은 새롭고 다양한 모빌리티 서비스를 만들어 낼 수 있기 때문이다. 물론 자율주행이라는 것이 반드시 전기차에서만 가능한 것은 아니다. 그래서 대부분의 완성차 제조사들은 우버나 리프트 같은 승차공유 서비스 회사나 킥보드나 전기자전거 기반의 마이크로 모빌리티^{Micro Mobility} 서비스 회사에 투자하거나 직접 자회사를 만들어 서비스를 운영하기도 한다. 자동차라는 명사를 모빌리티 서비스라는 동사로 만들고 있는데, 예전 같았으면 정말 상상도 할 수 없는 일이 벌어지고 있는 것이다.

그러나, 대부분의 완성차 제조사들의 생각은 여기까지다. 판매 중심의 비즈니스 모델을 구독서비스나 사용량 기반의 서비스 모델로 바꾸는 데서 그치고 있다. 반면, 테슬라는 이들을 훨씬 뛰어넘는다. 아직까지는 테슬라도 더 많은 공장을 지어서 더 많고 더 다양한 전기차를 생산해서 더 많은 돈을 버는 것이 목적이지만, 테슬라가 준비하고 있는 미래의 비즈니스는 기존의 완성차 제조사들의 그것과는 완전히 다르다. 오히려 아마존이나 네이버, 구글과 같은 인터넷 기업의 비즈니스 모델과 비슷하다. 즉, 자동차를 모빌리티뿐만 아니라 다양한 서비스를 제공하기 위한 서비스 플랫폼으로 활용하는 것이다.

그도 그럴 것이 테슬라의 CEO인 일론 머스크는 어려서부터 소프트웨어를 개발해 판매하기도 했던 사람이며 인터넷이 상용화되고 아마존과 이베이가 서비스를 개시한 1995년에는 Zip2라는 인터넷 서비스 회사를 운영했던 사람이다. 그리고 2000년에는 지금의 간편결제 서비스와 유사한 페이팔서비스를 운영하기도 할 정도로 그 누구보다도 인터넷 비즈니스의 생리를 잘 이해하고 있는 사람 중의 한 명이기 때문이다. 실제로 그는 2003년 7월 마틴 에버하드Martin Eberhard와 마크 타페닝Marc Tarpenning이 세운 테슬라에 합류한 이후에 장기적으로 테슬라는 서비스 기업이 될 것임을 공공연히 밝히기도 했다.

더욱 놀라운 사실은 일론 머스크가 제공하려는 여러 비즈니스들이 마치 크로스 플랫폼처럼 상호 연계되는 구조를 띨 가능성이 크다는 것이다. 즉, 전기차를 바탕으로 기반 서비스 플랫폼을 구축한 후 이를 바탕으로 다양한 수익형 서비스 플랫폼을 연동시키는 것이다. 물론 아직까지는 플랫폼보다는 전기차 제조사라는 단면시장의 모습을 띠고 있고 통합 멤버십에 대한 이야기조차 나오고 있지 않지만, 일론 머스크 같은 사람에게 전기차 기반의 다중 혹은 크로스 플랫폼 구조는 자연스러운 진화과정으로 받아들여질 것이다. 정확히 언제라고 단정할 수는 없지만, 적어도 화성으로 가는 우주선을 발사하기 전까지 테슬라는 지금의 아마존이나 네이버, 구글 같은 회사가 되어 있으리라 생각한다. 테슬라가 비록 자동차 제조사이지만, 테슬라를 제2의 아마존이라 생각하는 이유다. 그리고 디지털 전환을 고민하는 제조 기업들이 테슬라를 주목해야 하는 이유이기도 하다.

마스터플랜 우노, 이용자 기반 확보를 위한 장기 전략

아마존이나 이베이, 네이버나 구글과 같은 인터넷 기업들이 초기 이용자 기반을 확보하는 것은 그렇게 어려운 일이 아니었다. 일반 서점에서 구하기 어려운 책을 쉽게 구매할 수 있게 인터넷 사이트를 만든다거나 오프라인 서점보다 더 저렴한 가격에 책을 구매할 수 있게 도와주면 됐다. 혹은 인터넷에서 자신이 찾고자 하는 정보를 쉽게 검색할 수 있게 도와주거나 인터넷을 통해 지인들에게 무료로 편지e-mail를 보낼 수 있게 도와주면 됐다. 자신들이 제공하는 서비스가 충분한 고객가치만 제공한다면 어느 정도의 고객 기반을 확보하는 것은 사실 식은 죽 먹기나 다름없었다. 게다가 메신저나 SNS 같은 서비스는 고객들 사이에 직접적인 교차 네트워크 효과를 일으켜서 빠르게 고객들을 증가시키기도 했다.

문제는 초기 아마존닷컴처럼 직접 교차 네트워크 효과를 일으킬 수 없는 서비스들을 플랫폼으로 진화시킬 수 있을 정도로 충분한 초기 사용자 기반을 확보하는 것이었다. 이것은 전적으로 마케팅 활동에 달려 있었는데, 어떤 마케팅 채널과 기법을 사용하느냐보다는 단기간에 얼마나 많은 고객을 모을 수 있느냐가 중요했다. 그래서 아마존도 처음에는 종이 신문에 광고를 하기도 하고 대형 오프라인 서점 근처에서 온라인 서점인 아마존닷컴을 홍보하는 판넬을 들고 서 있기도 했다. 일론 머스크의 X.com이나 페이팔은 고객들을 확보하기 위해 신규 가입자 및 추천자 모두에게 10달러씩의 현금을 주기도 했다. 이런 활동들은 만만치 않은 마케팅 비용을 수반했지만, 당시에는 언론사들이 새로운 서비스들을 적극적으로 소개해 주었던 덕에 새로운 고객 한 명을 수용하는 데 들어가는 비용은 제한적이었다.

그런데 테슬라는 가전 제조사들처럼 전기차를 팔아야만 고객이 확보되는 하드웨어 제조사다. 그것도 수천만 원에서 1억 원을 넘어서는 자동차를 팔아야만 한 명의 고객을 확보할 수 있었으며 판매하려는 전기차가 그다지 대중들에게 잘 알려진 제품도 아니었다. 언론에서 관심을 가지기도 했지만, 그것만으로는 부족했다. 얼리어답터들이라면 모를까 주행거리도 제한적이고 충전할 곳도 충분치 않으며 안전성도 검증되지 않은 제품을 일반인들을 대상으로 판매하는 것은 쉬운 일이 아니었다. 이런 난해한 상황에서 일론 머스크가 선택한 방법은 놀랍게도 전통적인 STP Segmentation, Targeting, Positioning 전략이었다. 즉, 마케팅 노력을 최소화할 수 있는 일부 고객들을 초기 타깃으로 선정했다. 그리고 언론의 도움을 받아가며 고객군을 조금씩 확대해 나갔으며 이들을 기반으로 팬덤을 형성했다. 거기에 일론 머스크 특유의 '뻥'도 최대한 활용했다.

테슬라가 특정 고객군을 중심으로 초기 고객 기반을 확보하고 이를 확대해 나간 전략은 2006년에 발표된 테슬라의 '마스터 플랜, 우노 Master Plan'에 잘 드러나 있다. 일론 머스크는 2006년 8월에 발표한 첫 번째 마스터 플랜에서 다음과 같이 이야기하고 있다.

> Build sports car
>
> Use that money to build an affordable car
>
> Use that money to build an even more affordable car
>
> While doing above, also provide zero emission electric power generation options

테슬라는 먼저 좀 비싸지만 고급형 스포츠카를 만들었다. 지금도 그렇지만 전기차라는 것이 가격이 만만치 않기 때문에 처음에는 구매력이 있는 사람들을 대상으로 차를 판매하기로 한 것이다. 고급형 스포츠카를 살 정도로 돈이 많거나 유명인들이 차를 구매하게 되면 자연스레 홍보도 될 것이고 그러면 마케팅에 드는 비용도 줄일 수 있을 거라고 생각했다. 그리고 일론 머스크의 예상은 그대로 맞아떨어졌다. 이렇게 고급형 스포츠카를 판매해서 확보한 돈을 이용해서 좀 더 저렴한 차를 만들고 여기서 확보한 돈을 이용해서 보급형 차량을 만들겠다는 생각이었다. 그러면 많은 고객들이 테슬라의 전기차를 구매하게 될 것이며, 당시까지는 구체적이지 않았지만 이렇게 확보된 고객 기반을 바탕으로 나중에 무엇인가를 할 수 있을 것이라고 생각했다.

실제로 테슬라는 첫 번째 마스터 플랜을 발표한 후 2년이 지난 2008년에 로드스터Roadster라는 스포츠카를 발표하면서 세상의 주목을 끈다. 조지 클루니나 레오나르도 디카프리오 같은 유명인들이 이 차를 구매해서 이용하면서 세간의 관심을 받게 된다. 한때 이베이의 사장이었으며 이베이 창업자인 피에르 오미디아 다음으로 이베이 주식을 많이 보유하고 있던 제프 스콜Jeffrey Skoll도 예외는 아니었다. 그즈음 테슬라는 로드스터보다는 조금 저렴하지만 일반인들은 쉽게 구매하기 어려운 고급형 세단인 모델S와 모델X도 출시한다. 이 차들의 가격도 1억 원대 이상으로 비쌌지만, 부유층들을 대상으로 전기차에 대한 관심이 높아지면서 순조롭게 판매되어 나갔다. 대부분의 차량을 수작업으로 제작해야 했기 때문에 생산할 수 있는 차량 대수가 제한적이었는데, 오히려 그 점이 차량을 구매하려는 사람들을 애타게 만들기도 했다.

이후 테슬라는 모델S와 모델X의 판매에서 확보된 돈과 정부 지원금을 바탕으로 보급형 세단인 모델3와 모델Y의 개발 및 생산 공정의 자동화에 집중한다. 일론 머스크는 생산량 증가 및 가격 인하를 바라며 완전 자동화된 생산 라인을 희망했지만 생각만큼 쉬운 일이 아니었다.

따라서 시간이 흘러가면서 재정적인 이슈는 불거지고 예약구매한 고객들에 대한 제품 인도가 늦어지기 시작했다. 2018년 말에서 2019년 초에는 파산설도 돌았으나 일론 머스크는 자신의 주머니를 털기도 하고 추가적인 자금까지 유치하면서 모델3 양산에 집중한다. 결국 적절한 선까지 자동화를 한 후 2019년 2분기부터 본격적으로 모델3의 양산에 들어가 분기당 10만대 전후의 차량을 판매하기 시작한다.

특히 2019년 말에 상하이 공장이 완공되면서 2019년 4분기에는 11만 대 이상의 차량을 판매하기도 한다. 2020년 상반기에는 연초부터 코로나19가 확산되면서 판매량이 다소 줄어들었다. 그러나 2분기 기준 내연기관 자동차 제조사들의 판매량이 30% 정도 줄어든 데 반해 테슬라는 10~20% 줄어든 9만 대 수준을 유지했다. 다행스럽게도 모델3의 인기와 2020년부터 새롭게 판매하기 시작한 보급형 SUV 모델인 모델Y의 인기에 힘입어 2020년 3분기에는 약 14만 대를 판매하기도 했다. 게다가 2021년 말에 출시 예정인 사이버트럭에 대한 사전 예약 대수도 2020년 6월 말 기준 65만 대를 넘어섰다. 이처럼 폭증하는 수요를 감당하기 위해 테슬라는 독일 베를린에 제3공장을, 그리고 미국 텍사스 오스틴에 제4공장을 건설하고 있다. 모든 공장이 가동되는 2022년이 되면 연간 200만 대에 가까운 차량을 생산할 수 있을 것으로 예상된다.

이 외에도 테슬라는 기존 자동차 업계에서는 찾아볼 수 없는 독특한 방식으로 고객 기반을 확보하기 위한 노력을 한다. 가장 대표적인 것이 자동차 판매점 혹은 영업점이 없다는 것이다. 일반적으로 자동차를 구매할 때는 자동차 영업점에 방문해서 판매사원을 배정받은 후 설명을 듣거나 시승을 하면서 차량을 구매하게 된다. 이때 구매 금액의 일부를 할인받거나 블랙박스나 차량 코팅 등의 사은품을 챙기게 되는데, 어떤 영업사원을 만나고 얼마나 협상을 잘하느냐에 따라 할인받을 수 있는 금액이나 혜택이 달라지는 게 일반적이었다. 그래서 혜택을 많이 받으며 차를 구매한 사람은 뿌듯해하는 반면 그렇지 못한 사람은 불만을 토로하기도 한다. 결국 혜택을 받으면서 새 차를 구매해도 찜찜함을 떨쳐 버리기 쉽지 않은 것이 차량 구매 과정이었다.

그런데 테슬라에서는 그렇지 않다. 애플의 애플 스토어처럼 테슬라 스토어에서는 차량을 시승해보거나 구매와 관련된 안내만 받을 수 있다. 대신 차량의 구매는 인터넷을 통해 고객이 직접 해야만 한다. 테슬라는 기존 판매 방식의 폐단을 없애기 위해 할인도 없었고 추가 혜택도 없었다. 모든 고객에게 동일한 조건에 판매하기로 한 것이다. 대신 차량을 최대한 저렴한 가격에 판매하겠다고 공언한다. 차량의 기본 가격은 동일하며 구매자가 선택하는 옵션의 종류에 따라 달라질 뿐이었다. 할인과 같은 혜택이 없어서 구매자 입장에서는 다소 아쉽기도 하지만, 적어도 다른 사람에 비해 손해봤다는 생각은 들지 않았기에 모두 만족했다. 또한 '중고차 가격 보장Best Resale Value Guarantee' 같은 프로그램을 통해 초기 전기차를 구매하는 것에 대한 불안감을 없애주려고 노력하기도 했다. 결국 이런 노력들은 구매자들로 하여금 테슬라에 대한 신뢰감을 갖게 만들었다.

자동차 영업소와 영업사원을 없앤다는 것은 그만큼 판매에 따른 비용을 줄일 수 있다는 것을 의미하기도 한다. 테슬라는 자동차의 온라인 판매 및 이를 대체하기 위해 초기에 도입했던 '고객 소개 제도customer referral program'마저 폐지하는 방식으로 비용 및 원가 절감과 그로 인한 차량 가격 인하를 위해 노력했다. 이 외에도 서로 다른 모델에 동일한 프레임을 사용하거나 동일한 부품을 사용하는 식으로 비용을 최소화하기 위해 노력하고 있다. 예를 들면, 2020년 4월부터 배송을 시작한 모델Y는 모델3에 사용된 부품의 75%를 그대로 사용하고 있다. 그러면서도 차량의 외관은 2015년에 출시된 모델X와 비슷하게 만들며 차별화를 하고 있다. 이러한 시도는 모델S를 기반으로 모델X를 개발할 때도 적용되었다. 이를 통해 지속적으로 자동차 가격을 인하하는데, 모델3를 기준으로 2020년 5월에는 2,000달러를 인하했고 2019년에는 무려 세 차례에 걸쳐 5,100달러를 인하하기도 했다.

또한 2020년 9월 말에 진행된 배터리데이Battery Day에서는 가격이 비싼 코발트가 들어가는 '니켈·코발트·망간NCM 배터리' 대신에 '리

튬·인산철^{LFP} 배터리'를 이용하고 배터리의 구조 및 생산 방식을 개선함으로써 2022년까지 배터리 가격을 56% 인하하겠다는 발표를 한다. 그리고 이를 기반으로 2만 5,000달러짜리 보급형 전기차를 생산하겠다고 선언하기도 했다. 목표 시점을 제대로 지키지는 못했지만 일론 머스크는 그동안 자신이 한 약속은 반드시 지켜왔기 때문에 다소 늦어지더라도 몇 년 사이에 내연기관 차량과 비슷한 가격의 전기차를 타는 것이 가능할 것으로 보인다.

이 외에도 예전에 페이팔에서 재미를 봤던 마케팅 기법도 다시 활용하고 있다. 즉, 테슬라 구매자가 신규 구매자를 소개하는 경우 두 사람 모두에게 100달러 혹은 10만 원의 리워드를 제공하는 것이다. 구매자당 최대 5명을 소개할 수 있는데, 구매자들을 아주 저렴한 비용으로 홍보맨이자 영업사원으로 활용하는 것이다. 마지막으로 전기차 충전 인프라의 보급을 위해 태양광 발전 및 저장, 충전 시설의 보급에도 노력하고 있다. 2016년에는 자신의 또 다른 회사이자 태양광 발전시설 설치 업체인 솔라시티^{SolarCity}를 테슬라에 편입시키면서 테슬라 구매자들에게 태양광 발전시설을 함께 판매하고 있다. 예를 들면, 지붕 위에 설치되는 태양광 발전 패널에서 생산한 전기를 파워월^{Powerwall}이라는 에너지 저장 장치에 저장해 두었다가 전기차 충전에 이용하도록 하는 것이다.

물론, 테슬라는 더 많은 고객들을 모으기 위해 고객들을 호도하거나 기만하는 짓도 하고 있다. 대표적인 것이 '가격 계산기'와 '오토파일럿Autopilot'이다. 테슬라의 전기차를 구매하기 위해서는 테슬라 홈페이지에 들어가서 원하는 모델과 추가 사양을 선택하면 되는데, 이때 가격 계산기라는 것이 등장한다. 옵션이 추가되거나 변경될 때마가 합계 금액을 보여주는데, 문제는 여기에 정부 및 지자체의 보조금은 물론 전기 충전을 했을 때 절약될 미래 비용까지 뺀 금액을 표시한다. 물론, 이런 부분을 제외한 원래 금액을 확인할 수도 있지만 기본적으로는 더 낮은 가격을 보여주려고 한다.

또 다른 부분이 주행보조ADAS 기능인 오토파일럿과 '완전자율주행Full Self-Driving, FSD'이다. 2019년 3월부터 테슬라 차량에 포함되기 시작한 오토파일럿은 일부 고속화 도로에서 앞차와의 간격을 유지하고 차선 중앙을 유지하면서 정해진 최고 속도 이내로 주행할 수 있도록 하는 기능이다. 그리고 테슬라가 말하는 완전자율주행은 내비게이션 목적지와 연동된 오토파일럿Navigation on Autopilot, NoA을 말하는 것으로 고속화 도로에서의 차선 변경 기능 등을 추가로 포함하고 있다. 물론, 최종적으로는 일반 도로를 포함하여 출발점에서 도착지까지 온전히 스스로 주행하는 것이 목표일 것이고 그래서 이름도 완전자율주행이라고 지었을 것이다. 그러나 문제는 아직은 그렇지 않다는 점이고, 혼란을 일으킬 수 있는 이런 명칭으로 인해 다수의 사고까지 발생하고 있다. 그래서 독일의 뮌헨 고등법원은 주행보조기술인 '오토파일럿Autopilot' 이라는 용어도 허위광고에 해당한다고 판결을 하기도 했다.

마스터플랜 듀스, 전기차 제조사에서 서비스 기업으로

마스터 플랜 우노를 발표하며 초기 고객들을 모으고 고객 기반을 확대해 나가기 시작한 테슬라는 첫번째 마스터 플랜을 발표한지 정확히 10년이 지난 2016년 7월 20일 두 번째 마스터 플랜인 '마스터 플랜 듀스Master Plan, Duex'를 발표한다. 마스터 플랜 듀스의 내용은 아래와 같다.

Create stunning solar roofs with seamlessly integrated battery storage

Expand the electric vehicle product line to address all major segments

Develop a self-driving capability that is 10X safer than manual via massive fleet learning

Enable your car to make money for you when you aren't using it

먼저 마스터 플랜 우노에서 마지막으로 언급된 태양광 발전을 에너지 저장 장치와 결합하여 테슬라 이용 인프라를 확충하겠다고 밝히고 있다. 전기차는 급속 충전을 하더라도 30분 정도 시간이 걸리기 때문에 가능하면 이동 중에 충전하는 것보다는 자신의 집이나 쇼핑몰 등의 목적지에서 충전을 하는 것이 더 바람직하기 때문이다. 게다가 급속 충전은 배터리의 수명을 단축시켜서 장기적으로는 고객 부담으로 이어질 수도 있다. 따라서, 테슬라는 태양광 발전시설과 에너지 저장 장치Energy Storage System, ESS를 함께 보급하는 것이 바람직하다는 생각을 한다.

일론 머스크는 이 생각을 즉각 실행해 옮겼다. 마스터 플랜 듀스를 발표한 지 12일 만에 태양광 시스템 구축 전문 기업이자 에너지 저장 장치를 생산하는 솔라시티SolarCity를 인수하여 자회사로 편입시킨다. 원래 솔라시티는 2006년 일론 머스크의 권유로 그의 외사촌들인 린든 리브Lyndon Rive와 피터 리브Peter Rive가 공동으로 설립한 회사였다. 솔라시티 초기에 외사촌들은 태양광 발전 패널을 생산하고 싶어 했는데, 일론 머스크는 시간이 지나면서 패널 가격이 떨어질 것을 전망하고 태양광 패널을 생산하는 대신 구독서비스 형태로 태양광 시스템을 판매하고 설치하도록 한다.

구독 모델로 인해 태양광 설치 부담이 줄어들자 많은 고객들이 솔라시티의 태양광 시스템을 이용하기 시작했으며 현재는 미국 가정용 태양광 시설 설치 시장의 40% 정도를 장악하고 있다. 게다가 태양광 패널 가격 하락으로 자금난에 처했 있는 태양광 패널 생산기업들을 인수해서 지금은 태양광 패널까지 자체적으로 생산하고 있다. 여기서 우리가 주목해야 할 부분은 일론 머스크가 2006년부터 구독서비스 모델의 유용성을 정확히 알고 있었다는 점이다. 이와 관련해서는 뒤에서 테슬라의 멤버십 전략을 전망하면서 다시 한 번 이야기하도록 하겠다.

일반 가정을 대상으로 태양광 설비를 판매한다는 것은 장기적으로 테슬라 전기차로의 교차 판매로 이어질 수 있다. 마찬가지로 테슬라 차량을 구매한 고객들도 테슬라의 태양광 발전 설비 및 에너지 저장 장치를 교차로 구매하게 될 가능성이 커진다. 물론, 그렇다고 해서 충전소 설치에 미온적인 것은 아니었다. 2020년 9월 말 기준으로 테슬라는 전 세계에 1,971개의 충전소를 운영 중이며 1만 7,467개의 슈퍼차저 SuperCharger를 설치해 놓고 있다. 또한, 주요 쇼핑몰이나 레스토랑 등에 2만 개에 달하는 데스티네이션차저Destination Charger를 설치해서 운영 중이다.

테슬라는 마스터플랜 듀스를 발표하면서 그동안 무료로 제공되던 슈퍼차저 충전을 유료로 전환하겠다고 밝히기도 했다. 물론, 초기 구매자나 고급 사양의 모델을 구매한 경우는 여전히 무료로 슈퍼차저를 이용할 수 있다. 이 역시 두 가지 관점에서 해석할 수 있는데, 하나는 충전 서비스 판매를 통한 추가 수익을 올리는 것이며 다른 하나는 태양광 발전 설비 및 에너지 저장 장치의 판매를 촉진하기 위한 전략으로 볼 수 있다. 이 외에 데스티네이션차저는 여전히 무료로 운영함으로써 충전소 기반의 서비스 플랫폼을 만들어 나가려는 움직임도 보이고 있다.

테슬라는 두 번째 마스터 플랜에서도 전기차 라인업을 확대해야 한다고 말하고 있다. 테슬라는 2020년 3월이 되어서야 누적으로 백만 대의 차량을 판매했다. 전기차로써는 적지 않은 숫자지만 1년에 전 세계에서 판매되는 자동차의 합계가 9,000만 대 이상이고 현재 사용 중인 차량 대수가 14억 대 정도라는 점을 감안하면 아주 적은 숫자이기 때문이다. 따라서 보급형 모델인 모델3와 모델Y의 판매뿐만 아니라 사이버트럭CyberTruck 같은 픽업트럭은 물론 세미Semi 같은 트레일러 트랙터도 판매할 예정이다. 이 외에 2021년 말에 2세대 로드스터는 물론 사이버트럭과 함께 사이버쿼드Cyberquad라는 ATv도 출시할 예정이다.

테슬라가 첫 번째 마스터 플랜에서는 모델S, 모델3, 모델X, 모델Y를 바탕으로 섹시SEXY한 전기차들을 만들었다면 두 번째 마스터 플랜에서는 사이버트럭, ATv, 2세대 로드스터, 세미를 바탕으로 섹시한 전기차CARS 라인업을 완성하게 되는 셈이다. 사실 SEXY CARS는 호사가들의 말장난에 불과했는데, 일론 머스크는 해당 차량들을 순서대로 진열한 채로 배터리데이 행사를 개최하기도 했다. 개인적으로는 머지않아 모델A 정도로 불릴 도심항공 모빌리티UAM, Urban Air Mobility 혹은 개인용 비행체PAV, Personal Air Vehicle가 ATv를 대신하지 않을까 생각한다.

자율주행과 관련해서는 아직까지는 레벨2 수준에 불과하다. 즉, 운전 중 운전대와 브레이크에서 손과 발은 뗄 수 있지만 여전히 눈은 전면을 주시해야 하는 수준이다. 따라서 주행 중에는 절대 딴짓을 하면 안 되지만, 많은 사람들이 딴짓을 하다가 사고를 내곤 한다. 그런데도 일론 머스크는 테슬라의 자율주행 기술이 사람이 운전하는 것보다 훨씬 안전하다고 주장한다. 사고 차량의 운행 데이터를 제시하면서 사고가 난 건 다 운전자들이 규정을 지키지 않았기 때문이라고 강변한다. 그러나 네비건트 리서치Navigant Research가 발표한 자료나 관련 업계 전문가들의 주장에 따르면 기술적인 측면에서는 업계 최하위 수준이다.

이런 상황에도 2020년 7월과 10월에는 완전자율주행 기능의 가격을 각각 2,000달러씩 인상해서 1만 달러에 판매하고 있으며 이를 바탕으로 로보택시 서비스도 제공할 예정이라고 한다. 테슬라는 지금까지 보급된 차량 및 일부 자사 소유의 전용 차량들을 이용하여 로보택시RoboTaxi 서비스를 제공할 계획도 가지고 있다. 실제로 일론 머스크는 2019년 4월에 "2020년이면 1백만 대의 테슬라 차량을 갖게 될 것이고 자율주행기능은 완벽해질 것이므로 자율주행 기반의 무인택시 서비스를 제공하겠다"고 밝힌 적이 있다. 그 이후에도 수차례 비슷한 발언을 했었는데, 자율주행기능의 기술적인 완성도 및 규제 이슈, 차량수 부족 등의 이유로 빨라야 2022년은 되어야 가능할 것으로 보인다.

더불어 일론 머스크는 배터리데이 행사에서 2020년 10월에 완벽한 완전자율주행 기술을 선보이겠다고 선언했다. 그리고 일부 고객들을 대상으로 베타 서비스를 제공하고 있다. 신호등과 정지 신호, 제한 속도 등을 인지하고 비보호 좌회전을 하는 등 다양한 기능들이 추가되기는 했지만, 여전히 운전자의 감시와 통제가 필요하다는 점에서 레벨 3 기준에는 미치지 못하는 것으로 평가되고 있다. 일각에서는 라이다 LiDAR 센서를 사용하지 않으면 아무리 운행과 관련된 데이터가 많다고 하더라도 완전자율주행은 불가능할 것으로 보고 있다. 하지만, 뒤에서 소개할 저궤도 위성을 이용한 초고정밀 측위 기술을 활용하면 상당 부분 가능할 수도 있으리라 본다. 다만, 이 역시 본격적으로 적용하는 데는 1~2년 이상의 시간이 더 걸릴 것으로 보인다.

만약 테슬라가 로보택시 서비스를 제공하게 된다면, 이용 요금은 1마일당 약 1.1달러가 될 것으로 전망된다. 기존의 승차공유 서비스가 마일당 2~3달러 수준인 점을 감안하면 1/2~1/3 수준으로 무척 저렴한 편이다. 이렇게 저렴한 요금이 가능한 것은 테슬라의 유지비가 마일당 0.18달러로 기존 내연기관 자동차의 0.62달러보다 훨씬 저렴하기 때문이다. 테슬라 소유자들은 선택적으로 로보택시 서비스에 참여할 수 있는

데, 참여하는 사람들은 운임의 70~75%를 가져가게 될 것으로 보인다.

일론 머스크의 주장에 따르면, 로보택시 프로그램에 참여하는 사람은 1년에 최대 3만 달러의 수익을 올릴 수 있다고 한다. 테슬라와 수익 공유를 하더라도 마일당 0.65달러의 수익을 올릴 수 있게 되는데, 주행 거리의 절반을 빈 차로 이동한다고 가정하고 연간 9만 마일을 주행하는 경우 약 2만 9,250달러의 수익이 발생하기 때문이다. 만약 이 말이 사실이라면 2년만 프로그램에 참여하면 전기차의 구매 비용을 벌 수 있기 때문에 참여하지 않을 이유가 없어 보인다. 그런데 이 시나리오는 하루에 16시간씩, 시간당 15.4마일을 365일 주행하는 경우에나 가능한 이야기다. 현실적이지 않다는 이야기다.

만약 현실적인 조건한 달에 8일, 하루에 10시간, 시간당 평균 25마일을 주행하고 실제 주행거리의 절반을 빈 차로 주행을 가정하면 연간 7,800달러 정도의 수익이 발생한다. 아주 나쁘지는 않은 것 같지만 내 차에 누군가를 태워야 하고 청소도 자주해야 한다는 불편함을 생각한다면, 얼마나 많은 차주들이 로보택시 프로그램에 참여할지는 모르겠다. 게다가 정비나 보험과 같은 부분도 전혀 고려하지 않은 것이라서 수익은 이보다 훨씬 적을 것이며 참여자도 생각만큼 많지 않을 것으로 보인다.

문제는 여기서 발생한다. 만약, 테슬라 소유자의 20%만이 참여하고 한달에 8일 정도만 공유한다면 테슬라 전체 차량의 5% 정도만이 로보택시 서비스를 제공하게 된다. 즉, 동시에 운행하는 차량이 5만 대에서 10만 대 정도밖에 되지 않는다는 이야기인데, 이 정도로는 승차공유 서비스를 제대로 제공하기 어렵다. 우버 드라이버가 400만이 넘고 이 중 상당수가 전업으로 드라이버를 하는 상황과 비교하면 어림도 없는 이야기가 된다. 더욱이 테슬라뿐만 아니라 웨이모, GM, 현대자동차, 우버 등이 2023년을 전후로 본격적으로 로보택시 서비스를 제공할 예정이라서 테슬라의 로보택시 서비스의 수익성이나 매출 기여도가 그리 크지는 않을 것으로 보인다.

게다가 테슬라가 가져가는 수익도 생각만큼 크지 않을 수 있다. 위와 동일한 조건이면 차량 한 대당 연간 3,300달러의 수수료 수익이 발생하는데, 차량 소유자의 20%가 프로그램에 참여한다고 하더라도 전체 출고 차량이 100만 대일 경우 6.6억 달러의 매출이 발생할 뿐이다. 이는 2019년 매출의 2.7% 정도밖에 되지 않는다. 결국 관련 규제 이슈가 해결되더라도 당장에 로보택시 서비스를 하는 것이 현실성도 떨어지며, 자신들의 차만 가지고는 서비스를 제공하지 못하거나 제한적인 범위에서밖에 서비스를 제공할 수 없을 것으로 보인다. 따라서, 의미 있는 수익을 창출하기 위해서 로보택시 전용 차량을 확보하는 등 서비스에 이용할 차량을 늘리는 방법을 고민해야 할 것으로 보인다.

테슬라, 제2의 애플이 아닌 제2의 구글이 되어라

많은 사람들이 테슬라를 제2의 애플이라고 한다. 그리고 테슬라의 자동차들을 바퀴 달린 스마트폰이라고 말하기도 한다. 그러나 이는 테슬라를 제대로 모르기 때문에 하는 말이다. 사람들이 테슬라를 제2의 애플이라고 하는 데에는 크게 두 가지 이유가 있다. 하나는 테슬라가 애플처럼 심플한 디자인 철학을 가지고 있다는 부분이다. 실제로 일론 머스크는 애플 제품의 디자인을 너무 좋아해서 테슬라의 전기차 디자인에 이런 자신의 생각을 반영하도록 요청했다. 또 다른 부분은 애플이 스마트폰과 같은 하드웨어 제조사지만 그런 디바이스들을 기반으로 해서 아이튠즈와 같은 플랫폼 비즈니스를 하고 있다는 부분이다. 전기차 제조사인 테슬라도 전기차를 기반으로 해서 애플처럼 플랫폼 비즈니스를 할 것으로 예측하기 때문이다.

그러나 이러한 생각은 테슬라는 물론 애플에 대한 잘못된 인식을 기반으로 한다. 물론 심플한 디자인 부분에 대해서는 나도 동의를 한다. 하지만, 플랫폼 관점에서는 그렇지 않다. 먼저 애플이 플랫폼 기업이냐라는 질문에 대해 답을 하자면, 애플은 플랫폼 비즈니스를 하기는 하지만 플랫폼 비즈니스가 메인인 기업은 아니다. 2019년 애플의 전체 매출에서 서비스 플랫폼이 창출한 매출 비중은 고작 17.8%에 불과하다. 나머지 82.2%는 대부분 디바이스에서 창출된다. 아이폰 매출이 전체 매출의 54.7%를 차지하고 있고 맥이 9.8%, 홈과 액세서리 부문은 9.4%를 차지한다. 아이패드는 8.1%에 불과하다.

어떤 회사를 플랫폼 기업이라고 한다면, 그 회사의 전체 매출에서 플랫폼 비즈니스가 차지하는 비중이 절대적이어야 한다. 적어도 50%는 넘어야 하는데 애플은 고작 17.8%에 불과하다. 누가 봐도 애플은 디바이스 제조사이지 플랫폼이 메인인 사업자는 아니다. 물론, 애플의 서비스 매출은 해가 갈수록 높아지고 있고 '애플 원Apple One'과 같은 멤버십 서비스를 출시하는 등 서비스 매출을 키우기 위해 다각도로 노력을 하고 있다. 하지만, 대부분의 서비스 매출이 앱스토어에서 발생하고 있으며 애플뮤직과 애플TV 매출의 합은 전체 서비스 매출의 25% 수준에 불과한 상황이다. 이런 점들을 감안할 때 애플의 서비스 매출이 전체 매출의 50% 수준까지 증가하는 것은 쉽지 않을 것 같다. 애플은 태생적으로 디바이스 제조사이기 때문이며 폐쇄적으로 자신들의 디바이스만 활용해서 서비스를 제공하려 하기 때문이다. 플랫폼 기업은 절대 폐쇄적이어서는 안 되는데도 말이다.

그런 면에서 지금 당장은 애플과 닮아 있다고도 할 수 있다. 2019년 기준 테슬라의 매출에서 자동차 판매가 차지하는 비중은 81.2%이며 자동차 관련 서비스가 차지하는 비중이 12.6%, 에너지 부문이 6.2%다. 성격이 다른 에너지 부문을 제외하고 자동차 판매와 서비스만 놓고 보면 86.6%와 13.4%가 되어 애플과 비슷한 상황이다. 현재 제공되고 있는 서비스는 FSD와 같은 소프트웨어 업그레이드, 충전, 통신, 정비, 금융 등인데, 이런 서비스들 역시 애플처럼 자신들의 전기차 판매를 위한 사업들이 대부분이기 때문이다.

그러나 앞으로의 테슬라는 이런 서비스보다는 전기차 OS 판매에 더욱 집중할 것으로 보인다. 근본적인 이유는 자동차 생산에 있어서의 한계다. 보다 빠른 속도로 매출을 키우기 위해서는 자동차 생산량을 늘려야 하는데, 자동차 공장을 짓는 것이 생각만큼 쉽지 않기 때문이다. 물론 테슬라는 1년이 채 되기도 전에 상하이 공장을 완공했고 독일 베를린에 건설하고 있는 공장도 아주 빠른 속도로 지어지고 있다. 심지어 미국 텍사스 오스틴에 건설하겠다는 공장은 공장 건설을 발표하자마자

터파기 작업이 진행될 정도다. 그러나 그렇게 했음에도 연간 생산량이 150~200만 대 수준에 불과하다. 이는 1년에 전 세계에서 판매되는 자동차의 1.6~2.1% 정도에 불과하다. 공장을 하나 더 짓더라도 50만 대 정도씩 늘어나며 약 0.5% 정도의 시장 점유율밖에 늘어나지 않는다.

따라서 테슬라는 어느 정도까지는 자체적인 자동차 생산량을 늘리려 하겠지만, 그 이후부터는 다른 전기차 제조사들을 대상으로 자신들의 자동차 OS를 판매하는 전략에 집중할 것으로 예상된다. 마치 구글이 스마트폰 OS인 안드로이드를 스마트폰 제조사들에게 판매했던 것과 같은 전략이다. 차이가 있다면, 구글은 자신들의 레퍼런스 폰을 직접 제조하지 않고 스마트폰 제조사들에게 맡겼지만 테슬라는 자동차는 물론 핵심 부품까지 직접 제작한다는 정도다.

테슬라가 구글처럼 자동차 OS를 판매할 것으로 생각되는 이유는 크게 두 가지다. 하나는 전기차라는 하드웨어를 판매하는 것보다 소프트웨어를 판매하는 것이 더 큰 이윤을 가져다주기 때문이다. 지금도 인기 차종인 모델3를 판매하는 것보다는 FSD를 판매할 때 더 큰 이윤이 생성된다. 물론 FSD를 위해 지금까지 투자된 비용을 생각하면 FSD의 이윤을 정확히 추정하는 것은 어렵지만, 소프트웨어는 하드웨어와 달리 한계비용이 거의 제로에 가깝기 때문에 더 많이 판매하면 할수록 수익성이 좋아지게 되어 있다. 따라서 테슬라 OS도 더 많이 판매하면 판매할수록 수익성이 좋아질 것임은 자명하다.

이를 위해서 테슬라는 자동차를 많이 팔아야 한다. 그런데 앞에서 언급한 것처럼 자동차 시장에서 시장점유율을 1% 올리는 것은 결코 쉬운 일이 아니다. 아무리 자금이 풍부하다 하더라도 매년 100만 대 수준의 신규 공장을 건설하는 일은 쉽지 않다. 게다가 테슬라의 자동차 조립 품질은 여전히 최악인 상황이다. 단차나 누수는 기본이고 운전 중에 핸들이 빠지거나 계기판이 꺼지는 일도 발생한다. 2020년 7월 J.D.파워가 발표한 2020 신차품질조사[IQS]에서 테슬라는 100대당 불만 건수가 250개로 집계돼 32개 자동차 제조사 중 32위를 기록했다. 상황이 이렇다 보니 하자가 없는 테슬라를 인도받으면 그건 테슬라가 아니라는 이야기를 할 정도다. 완성차 제조사들이 몇십 년에 걸쳐 내재화시킨 역량들을 10년 사이에 따라가는 것이 쉽지만은 않을 것이다.

테슬라나 일론 머스크에 대한 팬덤으로 인해 지금 당장에야 인기가 많지만 앞으로의 상황은 단언하기 쉽지 않다. 소프트웨어적인 결함은 OTA로 해결한다지만, 하드웨어적인 결함은 해결도 쉽지 않을 뿐더러 구매자들의 마음에 난 상처는 장기적으로 테슬라에 부정적인 영향을 끼칠 것이기 때문이다. 게다가 폭스바겐이나 현대자동차 등의 기존 완성차 제조사들도 빠르게 전기차를 보급하기 위해 노력하고 있기 때문이다. 이런 상황에서 가장 확실하고 안정적으로 수익을 창출하는 방법은 구글이 스마트폰 제조사들에게 안드로이드 OS를 판매했던 것처럼 전기차 제조사들에게 자신들의 전기차 운영체제인 테슬라 OS를 판매하고 그 위에서 다양한 서비스 플랫폼을 구축하는 것뿐이다.

물론 전기차 OS를 판매하는 것도 쉬운 일이 아니다. 2010년 블랙베리가 자동차 소프트웨어 개발사인 QNX를 인수해 스마트카 OS를 내놓은 이후 구글의 '안드로이드 오토', 애플의 '카플레이', 마이크로소프트의 '윈도인더카' 같은 차량용 OS들이 출시됐지만, 자동차 제조사들은 한참이 지나서야 이들을 수용하기 시작했다. 주목해야 할 점은 이러한 OS들은 테슬라 OS처럼 차량 전반을 통제하는 통합 전자제어장치^{ECU}용이 아니라 네비게이션이나 카인포테인먼트 시스템과 같은 미디어 제어장치^{MCU}용 OS에 불과하다는 것이다. 그럼에도 불구하고 한참이 지나서야 이들을 수용하기 시작하고 있고 여전히 자신들의 OS를 사용하는 제조사들이 많은 상황에서 전기차 전체를 통째로 컨트롤하는 차량용 OS를 받아들이기는 쉽지 않을 것이기 때문이다.

그러나, 전기차 시장에서 살아남기 위해서는 방법이 없다. 전문가들 사이에서는 테슬라의 전기차용 OS와 이를 구동시킬 중앙집중식 제어장치인 'HW3.0' 기술이 다른 전기차 제조사들보다 6년 이상 앞서 있다고 평가하고 있다. 이런 격차를 따라잡는 방법은 비굴할지 몰라도 앞선 기술을 가져다 쓰는 방법밖에 없다. 그래야 자동차를 팔 수 있고 회사가 존속할 수 있기 때문이다. 물론, 선두그룹에 있는 자동차 제조사들은 자신들의 방법을 고수할 것이다. 그러나, 모든 산업 분야가 그렇듯이 후발 그룹에 있는 기업들은 생존을 위해 무슨 일이든 하게 돼 있다. 삼성전자가 안드로이드를 가져다 쓰는 것처럼 대형 완성차 제조사 중에서도 테슬라의 OS를 가져다 쓰는 기업도 나오리라 생각된다. 그리고 이게 대세가 된다면 테슬라는 자동차 업계의 구글이 될 가능성이 크다.

이를 촉진하기 위해서는 테슬라 OS가 자동차 제조사들의 마음을 빼앗기보다는 자동차 구매자들의 마음을 빼앗아야 한다. 그 방법 중의 하나가 앞서 언급한 자율주행기능이고 자율주행을 기반으로 하는 차량 내 미디어 서비스다. 아직은 자율주행 기술이 완벽하지 않은 만큼 미디어 서비스의 이용이 주정차 상태로 제한되어 있고 이용 가능한 서비스들도 지극히 제한적이다. 그렇기는 하지만, 자율주행이 가능해진다면 다양한 방식으로 자동차와 미디어 서비스를 결합할 수 있을 것으로 보인다. 또한, 위성 인터넷을 이용한 커넥티비티 서비스도 빼놓을 수 없다. 커넥티비티 서비스를 기반으로 다양한 미디어 서비스를 가능하게 할 뿐만 아니라 스마트폰 중심의 기존의 인터넷 서비스를 재구조화할 수도 있을 것이다.

자동차용 OS를 판매한다는 것은 소프트웨어 라이선스를 판매하는 데서 그치지 않는다. 자동차용 OS와 함께 HW3.0 같은 통합 ECU^Electric

Control Unit는 물론, 이들과 연결되는 부품 중의 일부도 함께 판매할 수 있게 된다. 파워트레인이나 배터리팩 등 테슬라는 이미 주요 부품들은 자체적으로 제작하고 있기 때문에, 소프트웨어와 자동차 부품 및 고밀도 배터리 공급 분야에 집중할 가능성이 더 크다. 욕심 많은 머스크가 과연 연간 200만대의 생산량에 만족할까를 생각하면 그 가능성은 더 크게 느껴진다.

일각에서는 애플도 자동차 분야에 뛰어들어 구글의 웨이모나 테슬라와 같은 전기차 제조사들과 경쟁할 것으로 전망하기도 한다. 충분히 가능성은 있지만, 성공 가능성은 그리 높지 않다고 생각한다. 전기차라는 것이 핸드폰처럼 단일 공장에서 수백만 대씩 생산할 수 있는 제품이 아니기 때문이다. 또한, 테슬라나 다른 자동차 제조사들이 수십 년에 걸쳐 확보한 노하우를 단지 몇 년 사이에 확보하는 것도 쉽지 않을 것이다. 무엇보다 폐쇄적인 애플이 전기차 제조사들에게 자신들의 전기차 OS를 팔려고도, 개방하려고도 하지 않을 것이기 때문이다.

유일한 가능성은 전기차 제조 능력이 있는 회사들을 인수하거나 몇몇 전기차 제조사들에게 위탁생산을 맡기는 것이다. 실제로 이 책을 탈고할 즈음 애플이 미국의 전기차 스타트업인 카누Carnoo를 인수하려 했지만 실패했다는 소식과 그로 인해 현대자동차를 포함한 몇 개의 완성차 제조사와 전기차 제조를 협의 중에 있다는 뉴스가 나오기도 했다.

뿐만 아니라 전기차에 있어 핵심인 배터리, 카메라, 센서, 프로세서, 디스플레이와 관련된 기술을 직접 개발하기 위해 적지 않은 투자를 한 것으로도 알려지고 있다. 어떤 형태가 됐든 애플이 전기차 시장에 참여할 것임은 분명해진 것이다.

애플은 이미 앱스토어나 애플뮤직, 애플TV, 아이클라우드 등을 포함한 서비스도 운영 중에 있기 때문에 자동차 제조 문제만 해결된다면 자동차 기반의 서비스 생태계를 주도하는 데 있어서는 테슬라보다 더 유리한 위치에 설 수도 있다. 그러면 스마트폰과 스마트홈에 이어 전기차에 이르기까지 서비스 연속성을 확보할 수 있을 것으로 보인다. 그러나 스마트폰에서처럼 폐쇄적인 OS 정책을 유지하는 한 전기차 기반의 서비스 생태계를 구축하는 것은 쉽지 않을 것이다. 게다가 설령 자동차용 OS를 개방한다 하더라도 하드웨어의 가격을 높게 책정하는 기조를 유지한다면 사용자 기반을 확보하지 못해 실패할 가능성이 높다고 생각된다. 따라서 처음부터 보급형 애플카를 출시할 가능성도 무시할 수 없을 것이다.

하드웨어 제조사의 아마존이 되고 있는 테슬라

테슬라가 직접 제조를 하든 혹은 다른 전기차 제조사가 제조를 하든 테슬라 OS가 들어간 전기차가 충분히 보급된 상황이라면 테슬라는 구글과 비슷한 방식으로 수익 사업을 전개할 것으로 예상된다. 즉, 바퀴 달린 스마트폰이라 불리는 커넥티드카를 이용하여 인터넷 검색은 물론 광고와 스트리밍 음악, 동영상, 게임 같은 디지털 콘텐츠 서비스는 물론 전화통화나 화상회의 같은 커뮤니케이션 서비스를 제공할 가능성이 크다. 무엇보다도 일정 수준 이상의 자율주행이 가능하게 된다면 마치 출근길의 버스나 지하철에서 다양한 인터넷 서비스In-Car Entertainment를 이용하는 것처럼 전기차 안에서도 비슷한 서비스를 이용할 가능성이 커진다.

특히 주목할 부분이 차량 내 쇼핑In-Car Shopping과 모빌리티 혹은 트랜스포트 서비스다. 이 중에서 차량 내 쇼핑 부분은 아마존을 포함한 다수의 자동차 제조사들이 눈독을 들이고 있는 분야다. 아마존은 2018년에 '알렉사 오토Alexa Auto' SDK를 공개하며 차량에서 자신들의 음성 인식 서비스인 알렉사를 이용해서 쇼핑을 할 수 있도록 하고 있으며, GM은 2017년 말부터 '마켓플레이스Marketplace'라는 차량용 오픈마켓을 제공 중에 있다. 또한, 아우디Audi도 조만간 '마이아우디MyAudi'라는 오픈마켓을 공개할 예정이다.

이처럼 다수의 기업들이 차량내 쇼핑에 집중하는 것은 스마트폰 기반의 서비스 생태계에서 이커머스가 차지하는 비중이 매우 높기 때문이다. 실제로 앱 내 결제In-App Purchase를 포함한 애플 앱스토어의

2019년 거래액을 분석해 보면, 전체 거래액의 80%가 이커머스 분야에서 발생했으며 디지털 상품이나 서비스 거래액은 고작 12%에 불과하다. 따라서, 만약 커넥티드카가 스마트폰을 대체하게 된다면 가장 큰 시장이 이커머스 분야에서 펼쳐질 것으로 전망된다. 더군다나 이커머스는 배송이라는 측면에서 자율주행 기반의 모빌리티 혹은 트랜스포트transport 서비스와도 관련성이 매우 깊다.

구글도 2012년부터 '구글 쇼핑Google Shopping' 서비스를 제공하고 있고 알파벳Alphabet 산하에 웨이모Waymo라는 자회사를 두고 자율주행차 및 로보택시 서비스를 제공하기 위한 준비를 하고 있기 때문에 테슬라는 여전히 구글과 비슷할 것이라고 생각할 수도 있다. 그러나, 테슬라는 차량 내 인터넷 서비스뿐만 아니라 전기차 충전소인 슈퍼차저나 데스티네이션 차저와 같은 물리적인 공간과의 연계 서비스를 제공할 가능성이 크다. 데스티네이션 차저가 주로 쇼핑몰이나 대형 레스토랑의 주차장에 설치되고 있다는 점을 감안하며, 온라인을 넘어 온라인과 오프라인을 결합하려는 측면에서 아마존을 더 닮아갈 것으로 생각된다.

이와 관련해서 테슬라가 집중하고 있는 새로운 수익원은 크게 네 가지 정도로 생각해 볼 수 있다. 하나는 첫 번째 및 두 번째 마스터 플랜 모두에서 언급한 에너지와 관련된 분야다. 에너지와 관련해서는 솔라시티의 태양광 발전 설비 및 설치 서비스, 파워월 중심의 에너지 저장 장치, 그리고 여기에 사용되는 고밀도 배터리 등이 있다. 에너지 관련 사업들은 전통적인 단면시장 비즈니스이지만, 전기차 구매자들이 태양광 발전 설비와 에너지 저장장치를 설치하고 전기차에 들어갈 배터리를 이용하여 에너지 저장장치를 만드는 등 전기차와 밀접하게 연관이 되어 있어서 상호 시너지 효과를 낼 것으로 기대된다. 이 외에 수퍼차저를 이용한 충전 서비스, 데스티네이션차저를 이용한 제휴 서비스도 있다.

다음으로 생각해 볼 수 있는 것이 디지털 콘텐츠 서비스 분야다. 현재는 튠인TuneIn 같은 무료 인터넷 라디오나 유튜브, 넷플릭스, 트위치, 스포티파이 같은 기존의 스트리밍 서비스를 중개하는 채널에 불과하지만, 향후에는 직접 미디어 서비스를 제공하는 것도 가능하리라 생각한다. 물론, 미디어 서비스와 관련해서는 아무런 기반도 없기 때문에 구글이 유튜브를 인수하고 아마존이 트위치를 인수했던 것처럼 미디어 서비스 회사를 인수하거나 투자를 통해 제휴하는 방식이 될 가능성이 크다. 혹은 특정 미디어 서비스와 배타적인 서비스 제공 계약을 맺을 수도 있다. 예를 들면, 테슬라에서만 이용할 수 있는 콘텐츠를 제공한다거나 고해상도의 동영상 서비스를 볼 수 있다는 등 서비스 품질의 차별화를 도모할 수도 있다.

그리고 위치나 상황 기반의 서비스 제공도 가능할 것으로 보인다. 예를 들면, 차에서 잠을 자는 차박車泊을 하거나 비가 오는 날 어울리는 콘텐츠 서비스를 제공하는 것이 해당된다. 또는 자율주행 중 화상회의를 한다거나 원격 교육을 받는 것은 동영상 서비스의 연장선상에서 쉽게 생각할 수 있다. 이 외에 전기차라는 하드웨어를 기반으로 하는 서비스를 제공할 수도 있다. 대표적인 것이 게임인데, 비치 버기 레이싱 2Beach Buggy Racing 2와 같은 게임들은 자동차의 핸들과 페달을 이용해서 게임을 즐길 수 있도록 하고 있다. 물론, 이런 게임들은 주정차 중에만 할 수 있지만, 별도의 콘솔이나 조이스틱을 이용한다면 자율주행 중에도 이용할 수 있게 된다.

자율주행이 가능해진다면, 앞에서 소개한 로보택시 서비스 외에 물건을 배송하는 딜리버리 분야에도 활용될 수 있다. 물론, 자가용 승용차를 이용해서 딜리버리 서비스를 하는 것은 구조적으로 어려움이 있다. 따라서 아마존은 자체 개발한 스카우트Scout를 이용하고 있고 크로거Kroger나 도미노피자Domino's는 누로Nuro의 R2와 같은 자율주행 기반 딜리버리 차량을 이용하고 있다. 그러나 온라인으로 주문하고 지정된 시간대에 오프라인 매장에서 물건을 받아가는 월마트의 커브사이드 픽업Curbside Pickup 같은 서비스에는 자가용 형태의 자율차도 매우 유용할 것으로 보인다. 리테일 사업자가 차량과 픽업 장소 사이의 거리를 감안해서 배송 준비가 된 시점에 차량을 호출하면 되기 때문이다. 그런 점에서 머지않아 월마트와 테슬라의 제휴 가능성도 점쳐진다.

이런 디지털 콘텐츠 서비스나 자율주행 기반의 딜리버리 서비스가 가능해지기 위해서는 꼭 필요한 것이 있다. 바로 고속 모바일 인터넷 서비스다. 현재는 LTE를 이용해서 서비스를 제공하고 있는데, 일론 머스크가 CEO로 있는 스페이스X$^{Space X}$의 스타링크^{Starlink} 서비스를 이용해서 차량에 초고속 인터넷 접속 서비스를 제공하는 것도 가능하다. 스타링크 서비스는 300~1,200Km의 저궤도^{LEO}에 최대 4만 대 이상의 통신위성을 쏘아 전 세계를 대상으로 인터넷 통신 서비스를 제공하기 위한 프로젝트다. 이 서비스는 2020년 말까지 약 1,600대의 위성을 쏘아 북미 지역을 대상으로 먼저 서비스를 제공한 후 1만 2,000대 규모로 확대하고 최종적으로 약 4만 2,000대의 위성을 이용할 예정이다.

저궤도 위성통신 서비스는 방송 등에 많이 사용되는 정지궤도 위성과는 달리 신호전달 시 발생하는 지연시간이 왕복으로 2~8msec 정도도 짧다. 이는 LTE보다 10배 가량 짧은 것으로 5G의 이상적인 지연시간인 1msec에 버금간다. 게다가 통신 속도도 최대 1Gbps에서 2Gbps의 속도를 제공할 수 있다. 다만 위성 기반의 통신 서비스라서 터널 안이나 지하 공간에서는 통신이 끊길 수도 있는데, 갭필러$^{Gap Filler}$ 같은 장치를 이용하거나 LTE나 5G와 함께 서비스를 제공하는 방식으로 통

그림 27. 테슬라의 크로스 플랫폼 전략

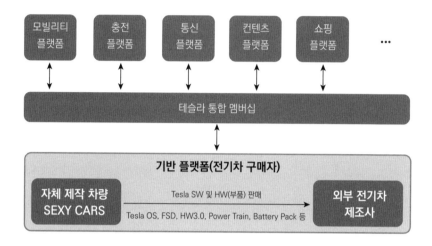

신비 부담을 최소화하면서도 서비스 품질을 안정적으로 유지해 나갈 수 있을 것으로 보인다.

자동차 제조사들에게 테슬라 OS를 판매하게 된다면, 소프트웨어 및 일부 하드웨어는 물론 통신서비스까지 함께 판매할 수 있게 되는 것이다. 또한, 자율주행 자동차 내에서 통신이 자유롭게 된다면 미디어 서비스는 물론 인터넷 쇼핑이나 식당 예약이나 음식 배달 등과 같은 생활 서비스 분야에도 진출할 수 있을 것으로 보인다. 여기에 자율주행 기반의 배송 서비스까지 결합한다면 커넥티드카 중심의 완벽한 서비스 생태계를 구축할 수 있을 것으로 보인다. 즉, 자동차를 기반으로 다양한 서비스 플랫폼들을 하나로 묶으려 할 것이며 이를 통해 수익을 극대화하려는 노력을 추진할 것이다.

여기서 주목해야 할 것은 테슬라가 추진하는 이런 다양한 사업들이 전통적인 자동차 제조사나 우버나 리프트 같은 모빌리티 서비스 사업자에게만 영향을 미치는 것이 아니라는 점이다. 스타링크 기반의 위성 인터넷 서비스는 차량용 인터넷뿐만 아니라 FWA^{Fixed Wireless Access} 형태로 가정용 고속 인터넷 서비스까지 대체하면서 통신회사에 타격을 줄 수 있을 것이며, 태양광 발전과 에너지저장장치는 지역 전력회사에게도 커다란 영향을 미친게 된다. 그 외에도 현재 경쟁이 치열한 미디어 콘텐츠 분야는 물론 온라인 쇼핑 및 생활 서비스 분야에도 만만치 않은 타격을 줄 것으로 예상된다.

테슬라 멤버십

지금까지 소개한 다양한 수익 사업을 안정적으로 영위하기 위해서는 테슬라 소유자들이 테슬라의 서비스 생태계 내에서만 머무르도록 하는 것이 필요하다. 그리고 그 방법 중의 하나가 아마존의 프라임과 같은 멤버십 서비스를 도입하는 것임은 너무나도 당연하다. 다행스럽게도 테슬라는 차량을 구매할 때부터 인터넷 회원에 가입해야 하고 차량용 스마트폰 앱이나 차량내 디스플레이를 이용해서 모든 서비스를 이

그림 28. 일론 머스크가 보유한 회사들 사이의 관계

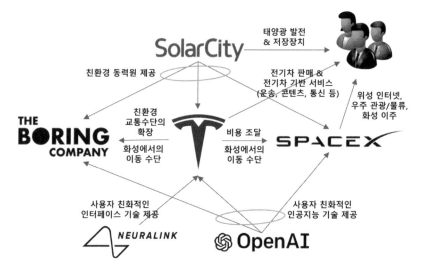

용하도록 하고 있다. 따라서 별다른 어려움 없이 통합 멤버십 서비스를

제공할 수 있을 것으로 보인다. 즉, 정액제 구독 서비스 기반의 테슬라

멤버십에 가입한 고객들에게는 커넥티비티 서비스 무료, 충전 서비스

무료, 디지털 서비스 무료 혹은 할인, 이커머스 및 O2O 서비스 할인 등

과 같은 혜택을 제공하는 형태가 될 수 있을 것이다. 온라인과 오프라

인 혜택을 총망라하는 아주 강력한 멤버십 서비스가 될 수 있다는 이야

기다.

앞에서도 언급했던 것처럼, 일론 머스크는 2006년 그의 외사촌들이

태양광 사업을 하겠다고 했을 때부터 구독서비스 모델의 유용성을 잘

알고 있었기에 이미 다양한 분야에 구독서비스 모델을 도입하고 있다. 금융서비스와 결합한 자동차 판매는 말할 것도 없고 2019년 8월부터는 자동차보험 서비스도 판매하고 있다. 그리고 2019년 말부터는 차량용 '프리미엄 커넥티비티' 서비스를 구독 형태로 제공하고 있다. 국내에서는 2020년 7월 31일부터 적용돼고 있다. 또한, 2000년 말부터 서비스를 개시할 스타링크 서비스계획보다 다소 늦어지고 있다에도 당연히 구독서비스 모델을 적용할 예정이며 테슬라가 자랑하는 오토파일럿의 완전자율주행 옵션도 구독서비스로 제공할 예정이다.

이 외에 로보택시 서비스를 시작하게 되면 로보택시 서비스도 구독 서비스 형태로 제공할 가능성도 크다. 실제로 우버나 리프트 같은 차량 공유 서비스 회사들은 2019년부터 '라이드패스Ride Pass'나 '올액세스 플랜All-Access Plan'과 같은 차량공유 구독서비스를 제공하고 있는데, 고객들로 하여금 모빌리티 서비스를 더 빈번하게 이용하도록 하면서 지불능력이 더 뛰어난 고객 기반Marquee Users을 확보하기 위함이다. 이 서비스는 UAMUrban Air Mobility 같은 도시형 항공 모빌리터 서비스로도 확대될 것으로 전망되는데, 이처럼 다양한 서비스를 구속력 있게 제공 하기 위해서는 통합 멤버십을 도입하는 것은 필수적인 일이 될 것이다.

우주 진출로 플랫폼 제국을
지배할 발판을 만들다

일론 머스크는 어렸을 때 지나칠 정도의 독서광이었다고 한다. 동네 도서관에 있는 모든 책을 읽었고 심지어는 책에 있는 내용을 사진처럼 선명히 기억할 수 있는 능력도 지니고 있었다. 그래서 특정한 주제에 대해서는 마치 백과사전을 읽는 것처럼 구체적으로 설명할 수 있었다고 한다. 괴짜이기 전에 천재의 기질을 가지고 태어난 것이다. 이런 어린 일론 머스크에게 가장 큰 두려움은 지구가 멸망하는 것이었다. 지나친 화석연료의 사용으로 지구가 온난화되거나 혹은 은하계를 떠도는 혜성과 충돌하여 지구가 멸망하는 것이었다. 물론 당장에 일어날 일은 아니었지만, 일론 머스크는 이런 상황을 해결하고 싶어 했다. 그래서 더 많은 책들을 읽고 고민을 했지만 아무런 답도 찾을 수 없었다.

그러던 중 우연히 읽게 된 더글라스 아담스Douglas Adams의 공상과학소설인《은하수를 여행하는 히치하이커를 위한 안내서》는 일론 머스크에게 미래를 위한 가이드를 제시했다. 이 책의 내용은 주인공인 아서 덴트Arthur Dent가 자신의 집과 행성이 파괴되었다는 사실을 알고 우주로 가는 배를 빌려 타고 은하계로 나아가는 것이었는데, 어린 일론 머스크에게 지구가 아닌 다른 행성으로 이동하는 것에 관심을 갖게 만들었다. 그도 그럴 것이 그가 청소년 시절이던 1980년대는 미국과 소련 사이의 우주개발 경쟁이 본적격으로 전개되던 시절이었다.

은하계와 관련된 자신의 지식을 총동원했을 때 지구의 대안이 될만한 곳은 화성뿐이었다. 문제는 화성까지 가는 우주선을 개발하는 것이었고 그때까지 지구가 멸망하지 않아야 했다. 이런 생각은 머스크로 하여금 친환경적인 기업과 우주 기업에 대한 꿈을 키우게 만든다. 이후 머스크는 구글맵에서 상점의 정보를 검색하고 광고할 수 있는 Zip2라는 회사를 만들고, 이를 매각해서 확보한 돈으로 페이팔을 만들어서 큰 돈을 벌게 된다. 결국 머스크는 인터넷 사업에서 번 돈으로 스페이스X라는 회사를 차리게 된다. 그리고 스페이스X의 자금줄이 되어줄 회사이자 친환경 전기차를 만드는 테슬라를 선택하게 된다. 또한, 외사촌들에게는 태양광 사업을 하도록 하면서 환경오염을 줄이기 위한 노력도 병행한다.

앞서 소개한 스타링크 서비스는 이러한 노력의 첫 번째 결실이었다. 스페이스X는 2019년 5월 24일 처음으로 60기의 소형 인터넷 위성을 발사한 이래로 2020년 11월 말까지 총 15차례에 걸쳐 900대의 위성을 발사했다. 또한, 잘 알려지지는 않았지만 2019년 3월부터는 팰컨9 로켓을 이용해서 국제우주정거장HSS으로 화물을 실어 나르기도 했다. 그리고 2020년 5월 30일에는 민간기업으로는 처음으로 유인우주선 발사에 성공했다. 미 항공우주국NASA 소속의 우주비행사인 더글러스 헐리와 로버트 벤킨이 탑승한 크루 드래곤을 팰컨9에 실어 국제우주정거장으로 보낸 것이다.

아직까지 시작에 불과하지만, 스페이스X가 위성 인터넷은 물론, 우주 물류, 우주 관광, 우주 탐사 시대를 앞당기고 있는 것은 분명하다. 물론, 이런 노력이 화성 탐사, 자족도시 건설, 그리고 화성 이주로 이어질지는 모른다. 화성은 태양계를 타원형으로 돌고 있어서 2년에 한 달 정도 지구와 화성의 거리가 가까워지는 시점에만 로켓을 발사할 수 있기 때문이다. 게다가 로켓을 발사하더라도 화성에 도착하기까지 수개월이 걸린다. 따라서, 화성에 인류가 첫발을 내딛기까지는 생각보다 오랜 시간이 걸릴 것으로 예상된다. 미국 NASA는 2035년을 목표로 하고 있고 일론 머스크는 2026년을 목표로 하고 있는 상황이다.

스페이스X는 테슬라와 전혀 별개의 기업이지만, 일론 머스크가 CEO

라는 점에서 그리고 테슬라에서 번 돈으로 스페이스X를 운영하겠다는 일론 머스크의 생각처럼 마치 하나의 회사인 것처럼 생각해도 무방하다. 그런 점에서 테슬라의 우주 관련 사업들은 아마존의 그것들과 경쟁 관계에 놓이게 된다. 대표적인 것이 위성 인터넷과 우주 물류, 우주 관광 분야다. 이를 위해 제프 베조스도 2000년에 블루오리진Blue Origin이라는 우주 로켓 기업을 설립한 바 있다. 블루오리진도 2019년 말까지 6차례 우주선 발사 실험에 성공했으며, 2020년에는 유인 우주선 발사 실험도 진행한 바 있다. 또한 스타링크처럼 3,236개의 저궤도 위성을 이용해서 위성 인터넷 서비스를 제공하기 위한 '카이퍼 프로젝트Kuiper Project'도 추진 중이다.

위성 인터넷과 관련해서는 스페이스X나 블루오리진 외에도 다양한 기업들이 관심을 갖고 있다. 영국의 원웹OneWeb이나 미국의 비아샛ViaSat과 AST SpaceMobile, 그리고 중국의 차이나유니콤China Unicom이 관련 사업을 준비 중에 있으며, 우리나라도 한한 그룹이 관련 사업을 추진하기 위해 검토 중에 있다. 이처럼 전 세계 유수의 기업들이 저궤도 위성 인터넷 사업에 관심을 두는 이유는 분명하다. 글로벌하고 끊김 없는seamless 위성 인터넷 사업이야말로 미래 서비스 플랫폼에 있어서 없어서는 안 될 수단이기 때문이다. 무엇보다도 위성 인터넷 이용 요금이 일반 통신 서비스 이용 요금 수준으로 낮아지며 서비스 대상이 기업 고객B2B뿐만 아니라 개인 고개B2C로 확대되며 대규모의 고객 기반을 확보하는 것이 가능하기 때문이다.

우주 관광과 관련해서는 스페이스X가 먼저 치고 나가고 있다. 2019년 6월 미국 항공우주국이 국제우주정거장을 관광을 포함한 민간 상업 용도로 개방한다는 계획을 발표하자마자 우주여행 표를 5,500만 달러에 판매하고 있다. 이 상품은 국제우주정거장까지의 왕복에 필요한 이틀을 포함한 10일 동안의 우주여행은 물론 우주의 무중력 상태를 대비한 15주의 지상훈련 비용을 모두 포함하고 있다. 블루오리진은 '뉴셰퍼드New Shepard'를 통한 우주여행 상용화를 위한 준비하고 있으며 버진 갤럭틱도 우주관광 상품을 준비하고 있다. 플랫폼 비즈니스의 범위가 지구를 넘어 우주로까지 확대되고 있는 것이다.

7장

오프라인 기업의
반란

오프라인 기업들의 플랫폼 전략

 공급자 중심의 전통적인 산업이 다양한 형태의 인터넷 기술과 결합하면서 비즈니스 구조가 하나둘 플랫폼화되어 가고 있다. 이런 트렌드는 컴퓨터와 스마트폰을 넘어서 자동차와 오프라인은 물론 심지어는 우주 분야로까지 확대되고 있다. 이 과정에서 특히 주목해야 할 것은 온라인과 오프라인이 결합되는 현상이다. 즉, 온라인 플랫폼 기업들은 오프라인 사업자들을 중개하며 생태계를 확대하기 시작했으며, 반대로 전통적인 오프라인 기업들 역시 온라인 기술을 활용하여 오프라인 중심의 서비스 생태계를 강화하기 위해 플랫폼화를 시도하고 있다.

 이런 트렌드를 흔히 O2O 혹은 O4O라는 말로 표현한다. 이 중에서 O2O라는 것은 online-to-Offline의 줄임말로 온라인 플랫폼을 이용하여 오프라인 서비스를 중개하는 것을 말한다. 서비스의 구매와 결제는 온라인에서 이루어지지만 실제 서비스는 오프라인에서 제공되는 방식이다. 예를 들면 우버나 에어비앤비처럼 스마트폰 앱을 이용하여 차량을 호출하거나 빈방을 예약하고 사후에 해당 서비스를 이용하는 것이다. 우버나 에어비앤비 같은 O2O 서비스의 부상은 배달의민족이나 요기요 같은 음식배달 서비스, 꽃배달 서비스, 가사도우미 서비스, 맞춤 수제화 등 다양한 분야로 확대 적용되기도 했다.

이처럼 O2O 서비스가 주목받게 된 데에는 여러 가지 이유가 있다. 주차되어 있는 차나 빈방처럼 낭비되는 자원을 효과적으로 이용하자는 공유경제sharing economy 측면도 있고 자신의 상황에 맞춰 필요할 때만 일을 해도 된다는 긱이코노미gig economy의 합리성 측면도 있다. 그러나 가장 큰 이유는 스마트폰 이용의 일상화와 날로 치열해지는 경쟁 때문이라고 생각한다. 유사한 서비스를 제공하는 오프라인 사업자들이 증가하며 경쟁이 심해지자 그동안 오프라인 매장에서만 제공하던 서비스를 온라인 채널로 확대하기 시작한 것이다. 이커머스 초기에 오프라인에서 물건을 팔던 사람들이 온라인 플랫폼으로 이동했던 것처럼 말이다.

모든 소상공인들이 효과를 본 것은 아니었지만, O2O 플랫폼들은 소상공인들이 피할 수 없었던 오프라인의 한계를 어느 정도는 극복할 수 있게 도와주었다. 이런 점은 치킨이나 피자 같은 전국적인 네트워크를 보유하고 있는 프렌차이즈 사업자들에게도 예외는 아니었다. 그러나, O2O 사업자에 지불해야만 하는 플랫폼 수수료나 광고비, 배달비가 만만치 않았고 결과적으로 이는 수익성에 심각한 영향을 미치고 있다. 이에 대규모 사업자들 및 일부 지자체를 중심으로 자체적인 온라인 기술이나 디지털 기술을 도입하려는 시도들이 하나둘 나타나고 있다. 이런 현상이나 노력을 두고 흔히 O4O라고 말한다.

즉, O4O는 Online-for-Offline의 줄임말로 오프라인 사업자들이 비즈니스를 활성화하기 위해 온라인 기술을 활용하려는 제반의 노력이라 할 수 있다. 일각에서는 아마존의 아마존 북스나 아마존 고 혹은 아마존 포스타처럼 온라인 기업들이 온라인에서 확보한 기술이나 고객 관련 데이터를 바탕으로 오프라인으로 진출하려는 노력을 가리킬 때 O4O라는 말을 사용하기도 한다. 사실 O4O라는 용어 자체가 우리나라 등 말 만들기 좋아하는 일부 나라에서만 제한적으로 사용되는 용어라서 어떤 의미로 사용하든 상관은 없으나 여기에서는 전자의 정의를 사용할 예정이다.

그런 측면에서 월마트의 '클릭앤콜렉트Click & Collect'는 O4O의 대표적인 사례에 해당한다. 월마트가 2012년부터 시작한 클릭앤콜렉트는 스마트폰 앱으로 필요한 식료품이나 생필품을 주문하고 주문한 제품을 오프라인 매장 픽업센터를 방문하여 직접 찾아가도록 하는 서비스다. 최근 코로나19의 확산으로 인기를 끌고 있는데, 월마트는 이렇게 확보한 고객들을 붙잡아두기 위해 '월마트플러스Walmart+'라는 멤버십 서비스까지 새롭게 도입하고 있다. 이 외에 화장품의 선택과 구매를 돕기 위해 얼굴인식 및 증강현실AR 기술을 이용하는 로레알L'Oreal이나 피자의 주문이나 배송 과정에 다양한 스마트 디바이스들을 이용하는 도미노피자Domino's 등도 오프라인 서비스를 활성화하기 위해 온라인과 디지털 기술을 적극 활용하고 있다.

그런 측면에서 최근 주목받고 있는 디지털 전환Digital Transformation은 리테일이나 커머스 분야에 한정된 O4O의 개념, 즉 기존의 오프라인 비즈니스를 온라인화하고 디지털화하는 노력을 전체 산업 분야 및 모든 비즈니스 프로세스에 확대 적용하는 개념이라고 이해할 수도 있다. 물론 개별 산업에서도 현장의 아날로그 데이터를 디지털화Digitization하거나 업무 프로세스를 디지털화Digitalization하려는 노력이 없었던 것은 아니다. 하지만, 여전히 기술개발에 집중하거나 전통적인 재판매나 파이프라인 중심의 비즈니스 모델을 이용하고 있는 상황이다. 그런 점에서 플랫폼과 통합 멤버십처럼 리테일이나 커머스 분야에서 나타나고 있는 변화들은 향후 스마트홈이나 스마트시티를 포함한 다양한 산업분야에서도 나타날 것으로 전망된다.

온라인 플랫폼, 오프라인과 결합하다

온라인에서의 플랫폼 전쟁은 사실상 이제 끝났다. 온라인에서 플랫폼 비즈니스가 등장한 지 어느덧 25년이 지나면서 대부분의 분야에서는 승자독식Winner-take-all 현상이 나타나고 있기 때문이다. 스마트폰 앱스토어 분야는 애플과 구글이 양분하고 있으며 SNS에서는 페이스북, 트위터, 인스타그램, 핀터리스트, 링크드인 등이 약간씩 다른 성격의 시장을 이끌고 있다. 그리고 동영상 서비스와 관련해서는 넷플릭스나 유튜브, 아마존 프라임, 아마존 트위치 등이 장악하고 있으며 음악 서비스는 스포티파이, 애플 뮤직, 아마존 뮤직이 대표적이다. 그리고 이커머스 분야에서는 사실상 아마존이 독보적이며, 승차공유는 우버와 리프트, 숙박공유는 에어비앤비가 대부분의 시장을 장악하고 있다.

물론 스트리밍 게임처럼 2021년이 되어야 본격적으로 경쟁이 시작될 분야도 존재하고 우리나라의 이커머스 분야처럼 각축전이 벌어지고 있는 곳도 있다. 그리고 이런 와중에 틱톡처럼 15초 분량의 아주 짧고 중독성 있는 숏폼short form 동영상 서비스로 새로운 플랫폼 비즈니스를 만들어내는 기업도 존재한다. 그러나 대부분의 분야에서는 주도적인 몇몇 사업자들을 중심으로 시장이 정리되고 있으며 충분한 규모의 고객 기반을 확보하지 못한 플랫폼은 시나브로 시장에서 밀려나고 있다.

따라서 플랫폼 사업자들은 다양한 방법으로 생존을 위한 노력을 하고 있다. 틱톡이나 퀴비처럼 기존 서비스와 성격이 조금 다른 서비스를 만든다거나 무신사나 하이버처럼 특정한 성별이나 연령대를 타깃으로 하는 서비스를 제공하기도 한다. 그리고 지금까지 살펴봤던 것처럼 관련성이 높은 다수의 서비스들을 자유롭게 이용할 수 있도록 하는 크로스 플랫폼을 구축하기도 한다. 그리고 또 다른 방법으로 주목받는 것이 온라인과 오프라인을 결합하는 것이다.

온라인과 오프라인을 결합하는 방식은 크게 3가지 유형이 존재하는데, 앞에서 살펴본 O2O처럼 온라인 플랫폼을 바탕으로 오프라인 서비스 사업자들을 중개하는 것이 대표적이다. 그리고 O4O처럼 오프라인 플랫폼을 바탕으로 온라인 기술을 활용하는 것이 두 번째 유형이며, 마지막으로 세 번째 유형은 온라인 플랫폼 사업자가 자신들의 온라인 비즈니스를 오프라인으로 확대하는 것이다.

세 번째 유형은 아마존의 멀티채널 전략을 소개할 때 이미 소개했는데, 아마존 북스, 아마존 포스타, 아마존 고, 아마존 고 그로서리, 아마존 그로서리 스토어가 대표적인 사례다. 이 중에서 아마존 북스와 아마존 포스타는 온라인에서 평점이 별 4개 이상인 상품들이나 해당 지역에서 인기가 많은 상품들만 모아서 판매하는 매장이며, 아마존 고와 아마존 고 그로서리는 온라인 구매의 간편함을 오프라인에서도 그대로 체험하도록 하기 위한 매장이다. 그리고 아마존 그로서리 스토어는 온라인에서 취급하기 어려운 신선식품을 전문적으로 판매하기 위한 오프라인 매장이다. 아마존의 비즈니스 모델을 따라하는 샤오미가 2015년 9월에 오픈한 '샤오미즈쟈小米之家'도 비슷한 사례에 해당한다.

국내에서도 아마존처럼 온라인 플랫폼 사업자들이 오프라인으로 진출하려던 사례들이 종종 있다. 대표적인 것이 티몬의 '티몬 팩토리'와 위메프의 'W카페'다. 티몬은 2018년부터 위례 등에 오프라인 매장인 티몬 팩토리를 운영하고 있는데, 온라인 쇼핑을 오프라인에서도 경험할 수 있도록 기획한 체험형 매장이다. 3040세대의 젊은 엄마, 아빠가 많이 사는 곳에 한시적으로 매장을 운영하면서 고객들의 소비 패턴을 분석하는 데 활용하고 있다. 위메프는 2013년부터 W카페를 운영하고 있는데, 월간 무제한 커피 서비스 등이 대표적이며 카페에 진열된 주요 상품들은 QR코드 스캔만으로도 주문할 수 있도록 하고 있다.

이 외에도 무신사는 '무신사 테라스'를 운영하고 있고, 로레알에 6,000억 원에 인수됐던 스타일난다는 색조화장품 전문 오프라인 매장인 '3CE 시네마'를 운영하고 있으며 여성의류 전문 쇼핑몰인 임블리도 홍대입구역과 상수역 부근에 오프라인 매장을 운영하고 있다. 이들은 대부분 기존 온라인 고객들 중에서 색상이나 재질, 크기 등을 직접 눈으로 확인해 보거나 시험적으로 이용해보고 구매하기를 원하는 고객들의 니즈를 수용하는 것과 동시에 판매 채널 및 고객 접점의 다양화 관점에서 오프라인 매장을 바라보고 있다.

반면, 네이버와 당근마켓은 온라인에서 확보한 고객 기반을 이용하여 온라인과 오프라인이 결합된 새로운 서비스 플랫폼을 구축하려 하고 있다. 네이버는 온라인 쇼핑 고객들 중에서 신선식품을 구매하려는 고객들을 중심으로 네이버 장보기 서비스를 제공하고 있으며 '스마트 어라운드'라는 서비스를 통해 지역 기반으로 맛집이나 가 볼 만한 곳, 문화 이벤트 등의 생활 정보를 소개하고 있다. 게다가 네이버는 영수증 인증을 통한 방문자 리뷰를 통해 서비스의 신뢰도를 높이기 위한 노력도 가하고 있다. 이런 서비스들은 네이버 쇼핑과는 별개의 서비스로써 네이버 계정 하나로 온라인 쇼핑뿐만 아니라 신선식품 구매, 음식 배달, 오프라인 연계형 생활 정보를 입체적으로 제공하겠다는 네이버의 전략이 반영되어 있는 부분이다.

지역을 기반으로 중개 수수료 없이 중고품 판매자와 구매자를 연결해 주면서 빠른 속도로 이용자 기반을 확대하고 있는 당근마켓도 온라인과 오프라인을 결합하려는 노력을 추진 중이다. 2015년 처음으로 서비스를 개시한 당근마켓은 5년 만인 2020년 9월, 월 사용자 수가 1,000만 명을 돌파했는데, 오직 중고 상품만 거래되도록 철저하게 판매자 관리를 하고 직거래 과정에서 발생할 수 있는 문제들을 예방하기 위한 다양한 노력을 기울이며 사용자들의 신뢰를 얻어가고 있다. 아직까지는 거래되는 물건들 사이에 이따금씩 나타나는 지역 기반 광고를 주된 수익원으로 하고 있지만, 앞으로는 지역 기반의 커뮤니티 서비스를 통해 본격적인 수익화를 전개할 예정이다.

예를 들면, 취미나 스포츠는 물론 다양한 자기개발 활동과 같은 오프라인 기반의 커뮤니티 서비스를 제공할 예정인데, 이 중에서 개인 레슨이나 재능 거래, 심부름 등과 같은 유상으로 거래되는 서비스에 대해서는 광고를 유도하거나 수수료를 받을 수도 있을 것으로 보인다. 이 외에도 내가 한때 운영했던 물건 공유 플랫폼인 원더랜드에서 기획만 해놓고 실행해 옮기지 못 했던 것이 있는데, 중고거래 데이터를 바탕으로 새롭게 출시된 제품을 이용해 보는 체험 마케팅Trivertizing 서비스를 운영하는 것도 가능하리라 본다. 즉, 타깃 고객이 많은 지역을 대상으로 신제품을 빌려주는 형태로 마케팅을 하는 것이다.

오프라인의 반격을 주도하는 월마트

    1995년 이후 등장하기 시작한 온라인 플랫폼 기업들의 약진은 그대로 오프라인 기업들의 실적 악화로 이어졌다. 온라인 서점인 아마존의 등장으로 2011년 보더스Borders가 파산하고 반스앤노블Barnes & Noble 은 상당수의 매장을 폐쇄하는 등 어려움을 겪고 있다. 또한, 아마존과 이베이를 위시한 다양한 온라인 전자상거래 기업이 등장하자 시어스Siers나 메이시스Macy's, 토이저러스Toys'R'Us, JC페니JC Penny, 니만마커스Nieman Marcus 같은 오프라인 기업들이 파산하거나 대규모로 매장을 축소하기도 했다. 이뿐만이 아니다. 아마존이 2017년 6월 유기농식품 체인인 홀푸드를 인수하자 월마트, 타깃, 크로거 같은 유통 대기업들의 주가가 폭락했으며, 2018년 6월에 필팩 인수를 발표했을 때는 월그린,

CVS, 라이트에이드의 주가가 폭락했다. 그리고 이런 현상은 서적, 전자제품, 의류, 신선식품, 약품 배송을 넘어 거의 모든 영역에서 동시다발적으로 나타나고 있다.

이처럼 아마존으로 대표되는 온라인 플랫폼 기업의 등장으로 오프라인 기업들이 어려워지거나 혹은 망하게 되는 현상을 흔히 '아마존드Amazoned'라고 한다. 즉, 아마존 같은 온라인 기업에게 당했다는 것이다. 이런 아마존드 현상은 서점이나 리테일 분야에서만 나타나는 일이아니었다. 온라인 쇼핑 분야 외에도 우버나 리프트와 같은 승차공유 서비스의 보편화는 운송 및 렌터카 업체에 타격을 가하고 있다. 코로나19의 영향이 적지 않았지만, 2020년 5월에는 100년 역사의 렌터카 업체인 허츠Hertz가 파산보호 신청을 했으며, 이보다 앞선 2016년 1월에는샌프란시스코의 옐로캡 택시Yellow Cap Taxi 역시 파산보호를 신청했다.마찬가지로 스카이스캐너SkyScanner 같은 항공권 비교 서비스나 에어비앤비 같은 숙박공유 서비스의 확산은 세계 최초의 여행사였던 영국의토머스 쿡Thomas Cook과 우리나라의 탑항공을 파산에 이르게 만들었으며 호텔 및 항공사들을 어려움에 빠뜨리고 있다.

그러나 이런 와중에도 굳건히 버티고 있거나 오히려 안정적으로 성장을 이어가는 기업들도 존재한다. 대표적인 곳이 월마트다. 1962년에아칸소주의 작은 잡화점에서 시작된 월마트는 2020년 현재 미 전역에

5,352개의 점포를 갖추고 있으며 타깃이나 크로거와 더불어 미국인들이 주로 찾는 '국민 마트'다. 미국인의 90%가 월마트 매장으로부터 10마일, 70%가 5마일, 그리고 50%가 3마일 내에 살 정도이며 아마존 못지않게 철저한 저가 전략으로 운영되고 있다. 백화점이나 패션업계와는 달리 월마트는 식료품이나 일반 생필품들을 주로 판매하다 보니 온라인 플랫폼 기업들의 영향을 비교적 덜 받은 편이다. 그러나, 최근 들어 온라인 플랫폼 기업들이 콜드체인을 기반으로 유통망을 강화하며 신선식품 시장에 뛰어들고 아마존 그로서리 스토어처럼 온라인과 오프라인을 결합하려는 움직임을 보이자 본격적으로 오프라인을 중심으로 온라인을 결합하려고 하고 있다.

2014년 더그 맥밀런Doug McMillon이 CEO로 취임하면서 당시 '아마존 킬러'로 불리며 급부상하던 이커머스 기업인 제트닷컴을 인수하기도 했으며 인도의 이커머스 플랫폼인 플립카드Flipkart의 지분 77%를 매입하기도 했다. 적극적인 M&A를 통해 짧은 시간에 전자상거래 분야의 핵심 기술과 노하우, 전문인력, 브랜드, 제품, 이용자 등을 확보했던 것이다. 최근에는 밀레니얼 세대를 잠재고객으로 확보하기 위해 숏폼 동영상 플랫폼인 틱톡을 인수하려고도 했다. 또한 월마트페이Walmart Pay와 같은 자체 간편결제 서비스도 도입했다. 그리고 이런 노력을 바탕으로 월마트의 온라인 및 모바일 서비스를 강화하며 오프라인에서의 구매 경험을 온라인으로 확장하고 있다.

중요한 건 여기서 그치지 않았다는 사실이다. 온라인 플랫폼 사업자들이 할 수 없는 일, 즉 오프라인 역량을 최대한 활용하고 이를 온라인과 유기적으로 결합하는 노력을 진행했다. 대표적인 것이 '커브사이드 픽업Curbside Pickup'과 '월마트플러스Walmart+' 멤버십 서비스다. 커브사이드 픽업은 앞에서 짧게 소개했던 클릭앤콜렉트 서비스를 발전시킨 것으로, 온라인에서 주문한 제품들을 3,500여 개의 월마트 매장 주차장에서 찾아가도록 하는 서비스다. 기존처럼 매장 안에 들어가서 물건을 찾아올 필요 없이 픽업 전용 드라이브쓰루를 통해 들어가면 주문한 제품들을 월마트 직원이 직접 자동차의 트렁크에 실어준다. 스타벅스나 맥도날드에서 익숙한 드라이브쓰루 이용 경험을 월마트로 그대로 옮겨 놓았다고 볼 수도 있다.

물론 본인이 직접 방문해야 한다는 단점이 있지만 퇴근길이나 외출 후 귀가하는 시점에 맞춰 찾아올 수 있기 때문에 전혀 문제가 되지 않는다. 게다가 식료품뿐만 아니라 일반 생필품은 물론 온라인 쇼핑몰에서 많이 판매되는 의류나 패션용품은 물론 가전제품까지도 모두 주문 당일에 받을 수 있는 장점이 있다. 이를 위해 월마트는 23만 명 이상의 직원을 추가로 채용하고 좋은 상품을 고르는 방법을 교육하기도 했다. 그 결과는 그대로 실적으로 나타나고 있다. 2020년 1분기 온라인 매출은 전년 동기 대비 74%나 증가했으며 2분기는 97% 증가했다. 이런 추세는 향후에도 지속될 것으로 보이며, 이커머스 매출이 월마트 전체 매출에서 차지하는 비중이 10%에 육박할 것으로 전망된다.

월마트는 이런 기세를 몰아 2020년 9월 15일부터 월마트플러스라는 멤버십 서비스를 제공하기 시작했다. 커브사이드 픽업이 온라인 고객 기반을 확보하는 데 큰 기여를 했다면 이렇게 모은 고객들을 월마트라는 기반 플랫폼에 가두어두기 위한 묘안을 찾아낸 것이다. 아마존이 프라임 멤버십을 통해 고객들을 아마존닷컴에 머물게 했던 것처럼, 월마트는 월마트플러스 멤버십을 통해 고객들을 월마트에 머물게 하려는 것이었다. 차이가 있다면 프라임 비디오나 아마존 뮤직 같은 다양한 온라인 서비스 혜택을 제공한 아마존과 달리 오프라인 혜택들이 많다는 점이다. 예를 들면, 월마트가 운영하거나 월마트와 제휴된 주유소에서는 주유 금액의 5%를 할인해 주기도 하고 월마트의 주차장을 자동차 극장으로 만들어 고객들을 초청하는 월마트 캠프Camp by Walmart 같은 혜택도 제공한다. 그리고 아직 공식적으로 발표되지는 않았지만, 월마트에 입점해 있는 거의 5천 개에 달하는 개별적인 매장들을 온라인 서비스 및 월마트플러스 멤버십과 연계할 것으로 전망된다.

우리가 월마트의 멤버십 서비스에서 주목해야 할 점은 자신들의 강점을 최대한 활용하고 자신들이 약한 부분은 과감히 포기를 했다는 것이다. 즉, 온라인으로 주문한 물건들을 퇴근이나 외출 후 귀갓길에 간단히 찾아가도록 하거나 대규모 주차장이나 주유소 등과 연계했다는 점이다. 사실상 온라인 기업들이 제공하기 어려운 차별화된 혜택들을 찾아낸 것이다. 반면, 디지털 콘텐츠나 클라우드 서비스처럼 이미 시장이 포화되어 있고 관련 능력도 보유하고 있지 않은 부분은 과감히 포기하고 있다는 점이다. 물론, 사람들의 생활 패턴이 완전히 온라인과 오프라인으로 구분되는 것은 아니기에 앞으로 제휴 등을 통해 디지털 혜택을 강화할 가능성은 많다. 다만, 틱톡처럼 기존 콘텐츠 서비스와는 차별화된 디지털 서비스를 제공할 가능성이 커 보인다.

디바이스 중심의 서비스 플랫폼화

1995년 인터넷의 상용화와 2007년 스마트폰의 등장은 기존에 오프라인에 존재하던 비즈니스들을 빠르게 온라인으로 전환시켰다. 이 과정에서 온라인과 디지털 기술에 익숙한 기업들은 플랫폼 모델을 활용하여 새로운 시장의 리더로 부상했다. 그 결과 IT 기업이자 플랫폼 기업들이 전통 기업들을 밀어내고 미국 주식시장의 Top 10을 대부분 점유하고 있다. 애플, 마이크로소프트, 아마존, 구글알파벳, 페이스북이 대표적이며 최근 테슬라도 10위권으로 올라섰다. 상위 5개 기업의 시가총액을 다 합치면 일본의 GDP를 가뿐히 넘어설 뿐만 아니라 애플의 시가총액은 우리나라의 GDP보다도 클 정도다.

전통적인 IT 기업들은 그렇다 치더라도 테슬라는 참 의외다. 2020년을 기준으로 1년에 고작 50만 대 정도의 전기차밖에 생산하지 못하는 회사가 연간 2,000~2,500만 대 정도의 자동차를 생산하는 토요타나 폭스바겐과 같은 전통적인 자동차 제조사들을 물리치고 미국 기업들 중 시가총액 10위를 차지하고 있기 때문이다. 그 이유는 앞에서도 언급한 것처럼 사람들은 테슬라를 자동차 회사가 아니라 전기차를 기반으로 다양한 형태의 플랫폼 비즈니스를 준비하는 회사로 바라보기 때문이다. 물론 아직까지 테슬라가 제대로 된 플랫폼 비즈니스를 하고 있지도 않고 설령 그렇게 한다고 하더라도 지금의 주가나 시가총액이 설명될 수 있을지는 모르겠으나, 분명한 점은 다양한 분야에서 플랫폼 사업자로 바뀔 것이며 여기서 한 걸음 더 나아가 크로스 플랫폼 사업자로 진화할 것이라는 사실이다.

여기에서 다시 테슬라에 대한 이야기를 하는 이유는 테슬라의 사례가 전통적인 디바이스 제조사들에게 시사하는 바가 크기 때문이다. 이제 디바이스는 더 이상 본질적인 기능에 충실한 기계 덩어리가 되어서는 안 된다. 그렇다고 다양한 부가 기능을 추가하라는 이야기는 더욱 아니다. 앞으로 디바이스는 다양한 서비스를 제공하기 위한 서비스 플랫폼이 되어야 한다. 즉, 지금까지는 음식물을 오랫동안 신선하게 보관

하는 냉장고를 만드는 것이 중요했다면, 앞으로는 필요한 식재료를 그때그때 주문하고 가족의 건강을 관리해주며 다양한 생활 정보를 제공할 수 있는 냉장고를 만들어야 한다는 이야기다.

나는 이런 생각을 2019년에 발간한 《냉장고를 공짜로 드립니다 – 사물인터넷에서 시작되는 비즈니스 패러다임의 변화》에서 설파했다. 이 책을 보면 이미 다양한 기업들이 스마트 디바이스를 판매하기보다는 디바이스가 제공하는 기능을 서비스 형태로 판매하거나 디바이스와 관련된 서비스를 제공하기 위한 수단으로 활용하고 있음을 알 수 있다. 토발라Tovala라는 스마트 스팀 오븐을 만드는 회사는 가정간편식HMR 구독 서비스를 활성화하기 위해 스마트 스팀 오븐을 극단적으로 저렴한 가격에 판매하거나 심지어는 무상으로 빌려주기도 한다. 수익이 별로 나지 않는 디바이스를 판매하기보다는 서비스를 판매하는 것이 훨씬 낫기 때문이다. 독일의 프리미엄 가전 제조사인 밀레Miele나 보쉬Bosch도 엠쉐프M Chef나 홈커넥트Home Connect 같은 가전 기반 서비스를 함께 제공하고 있다. 그러나 토발라와 달리 스마트 오븐 가격이 너무 비싸서 충분한 이용자 기반을 확보하는 데 어려움을 겪고 있다.

마찬가지로 스마트 운동기구를 만드는 펠로톤Peloton이라는 회사는 운동기구뿐만 아니라 온라인 코칭 서비스까지 함께 판매한다. 운동기구를 구매하는 것과 별개로 온라인 코칭 서비스를 구독하게 되면 정해진 시간에 코치는 물론 다른 회원들과 함께 원격으로 레슨을 받을 수 있다. 만약 월 39달러가 부담스럽거나 혼자 조용히 운동하고 싶다면 13달러만 내고 스트리밍 서비스를 이용할 수도 있다. 펠로톤은 여기서 그치지 않는다. 코로나19 때문에 잠시 중단한 상태이기는 하지만, 온라인 수강자들 중의 일부를 오프라인 스튜디오로 나오게끔 하면서 수익을 키우려고 하고 있다. 또한, 자신들의 회원들을 대상으로 운동기구뿐만 아니라 스포츠 의류 및 액세서리까지 판매한다. 서비스 유형에 따라 멤버십을 올액세스 멤버십과 디지털 멤버십으로 구분하여 가능한 많은 고객을 유치한 후 업셀링을 유도하고 있는 것이다.

이런 것은 냉장고 같은 가전제품도 예외는 아니다. 독일의 밀레는 냉장고와 식료품점, 자율주행 배송 서비스를 묶어 '밀레 자동 보충 냉장고Miele Auto-Replenish Fridge' 서비스를 검토하고 있다. 국내에서도 LG전자가 몇몇 신선식품 유통기업과 '맞춤 배송형 냉장고' 및 식료품 배송 서비스를 준비 중인 것으로 알려져 있다. 삼성전자도 수년 전부터 냉장고를 서비스화하는 방안에 대해 신중하게 검토 중이다. 아쉬운 것은 국내에서는 이런 움직임이 프리미엄 가전 제조사를 중심으로만 나타나고 있다는 점이다.

이 외에도 주목해야 할 스마트 디바이스로는 흔히 인공지능AI 스피커라 부르는 스마트 스피커와 홈서비스 로봇Domestic Robot이다. 2014년 11월 아마존이 에코Echo를 출시하며 처음 등장하기 시작한 스마트 스피커는 2020년 6월 말을 기준으로 전 세계적으로 약 1억 6,000만 대가 보급되었으며 국내에서도 이미 900만 대 가까이 보급된 것으로 알려져 있다. 전 세계 스마트 스피커 시장의 70% 가까이 점유하고 있는 아마존은 최근 디스플레이가 탑재된 스마트 스피커인 스마트 스크린Smart Screen도 출시하며 시장을 주도하고 있는데, 이를 이용해서 음성 쇼핑voice shopping은 물론 음악Amazon Music이나 동영상Prime Video, 오디오북Audible 등의 서비스를 활성화하는 수단으로 활용하고 있다. 즉, 스마트 스피커를 스마트홈 서비스를 위한 플랫폼 디바이스로 활용하고 있는 것이다. 게다가 최근에는 스마트 스피커를 이용한 음성 및 화상통화 서비스에도 적극적이며 화상회의 서비스도 제공하기 시작했다.

반면, 국내 기업들은 아직까지 아마존을 따라 하기에 급급한 상황이다. 따라서 음성 명령을 통해 쇼핑을 하는 것도 사실상 불가능하고 피자나 치킨과 같은 배달음식도 몇몇 사업자의 한정된 메뉴로 제한되어 있다. 하지만, 스마트 스피커를 공급하고 있는 통신사나 인터넷 서비스 사업자, 그리고 건설사들이 스마트 스피커를 활용하는 데 적극적이어서 상황은 빠르게 개선될 것으로 보인다. 스마트홈 플랫폼 사업자들은 어느 정도 준비가 되어 있는데, 그 플랫폼에 참여할 생활 서비스 공급자들이 스마트 스피커 중심의 서비스 플랫폼에 참여할 준비가 되어 있지 않다는 것이 아쉬울 뿐이다.

홈서비스 로봇은 아직 생소한데 스마트 스크린에 이동성을 추가한 것으로 이해하면 된다. 소프트뱅크의 페퍼^{Pepper} 같은 휴머노이드형 로봇이나 소니의 아이보2^{Aibo 2} 같은 애완용 로봇이 대표적이지만 아직 다양한 제품이 출시되지는 않은 상태이며 2,500달러에서 1만 달러에 이를 정도로 가격 또한 매우 비싼 편이다. 그러나 머지않은 시기에 아마존이나 구글 같은 기업들이 스마트 스크린의 다음 버전으로 홈서비스 로봇을 출시할 가능성이 매우 높다. 실제로 2020년 9월 아마존은 말하는 사람 방향으로 화면이 회전하는 스피커인 에코쇼10^{Echo Show 10}을 공개하며 홈서비스 로봇 출시의 가능성을 보여주기도 했다. CES 2020에서 처음으로 홈서비스 로봇을 선보인 삼성전자는 CES 2021에서 봇케어^{Bot Care}와 봇핸디^{Bot Handy} 같은 홈서비스 로봇을 소개하기도 했다. 홈서비스 로봇은 이동성을 보유하고 있기 때문에 기존의 음성 쇼핑이나 디지털 콘텐츠 서비스, 생활 서비스 중개 등을 넘어 동작 기반의 서비스 플랫폼으로 진화할 가능성도 있다.

이 외에 다양한 기업들이 디바이스 기반의 서비스 플랫폼을 만들어나가고 있는데, 대표적인 기업이 마이크로소프트다. 마이크로소프트는 그동안 윈도우Windows라는 컴퓨터용 운영체제와 워드나 엑셀, 파워포인트 같은 업무용 소프트웨어의 보급에 집중했으나 최근에는 서피스Surface 노트북이나 엑스박스Xbox와 같은 게임장치를 기반으로 관련 서비스를 확대해 나가고 있다. 그동안 일시불로만 판매하던 윈도우나 오피스를 2013년부터는 구독형 서비스로 판매하기 시작했으며, 심지어 2016년 7월부터는 서피스 노트북을 구독형 서비스로 판매하고 있다. 그리고 2018년 10월에는 서피스 노트북과 오피스 365Office 365를 결합하여 서피스 올 액세스Surface All Access라는 구독서비스로 판매하고 있다. 이 외에도 2015년에는 그동안 오피스 365 개인 고객들에게 무제한으로 제공되던 원드라이브OneDrive라는 클라우드 서비스를 구독형 서비스로 전환했다.

마이크로소프트는 노트북 외에 엑스박스라는 콘솔형 게임기를 오래 전부터 판매해 왔었다. 그리고 게임기에서 플레이할 게임들은 별도의 코드를 구입한 후 인터넷에서 다운로드받아 이용하도록 했다. 그러나 2017년 6월부터는 엑스박스 게임 패스Xbox Game Pass라는 클라우드 기반의 게임 서비스를 구독하는 식으로 게임을 즐기는 방법을 바꾸고 있다. 그리고 2018년 6월부터는 엑스박스라는 게임기를 엑스박스 게임 패스 및 멀티플레이어 게임을 위한 엑스박스 라이브 골드Xbox Live Glod와 결합하여 구독 서비스로 판매하고 있다.

이 외에도 플랫폼 비즈니스와는 다소 거리가 있지만 아마존은 클라우드캠CloudCam이라는 가정용 보안 카메라를 이용하여 보안 서비스뿐만 아니라 클라우드 및 인공지능 서비스를 판매하는데 활용하고 있고 이에로Eero 와이파이 공유기를 인터넷 접속 및 인터넷 보안 관련 서비스를 판매하는 서비스 플랫폼으로 이용하고 있다. 구글도 클라우드 카메라인 네스트캠Nest Cam이나 스마트 초인종인 헬로Hello를 네스트 어웨어Nest Aware라는 구독서비스와 함께 이용하도록 유도하고 있다. 로레알의 경우는 페르소Perso라는 화장품 제조기를 이용하여 화장품 원료 카트리지를 판매하는 사업을 추진 중이다. 칼라 프린터에 4색 잉크 토너를 이용하도록 하는 것처럼 스마트 화장품 제조기를 기반으로 수십에서 수백 가지에 이르는 화장품 카트리지는 물론 이를 기반으로 한 뷰티 서비스를 판매하려는 것이다.

지금까지 살펴본 것처럼, 앞으로 디바이스 제조사들은 단순히 경쟁자보다 더 튼튼하고 더 성능이 좋은 디바이스를 개발해서 판매하기보다는 디바이스가 제공하는 기능을 서비스 형태로 판매하거나 혹은 디바이스를 디바이스와 관련된 서비스를 제공하기 위한 서비스 플랫폼으로 활용하기 위한 전략을 고민해야 할 것이다. 그리고 이런 서비스 플랫폼들을 관련된 다른 서비스 플랫폼과 연계해서 크로스 플랫폼 형태로 운영하기 위한 전략도 함께 마련해야 한다.

초연결의 시대: 경계를 허물고
집 안으로 들어온 플랫폼

우리나라는 인터넷 열풍이 한창이던 1999년 4월부터 '초고속정보통신건물 인증제도'를 시행해 오고 있다. 제도 초기에는 구내통신망 고도화 및 관련 디바이스 산업 육성이 주된 목적이었으며 거실에 설치되는 월패드를 중심으로 다양한 스마트 설비들이 추가되며 스마트홈의 확산을 주도했다. 그 후 2004년 1월부터는 단순한 디바이스의 제어나 상태 모니터링을 넘어 광대역 통신 및 디지털 방송과 같은 고품질의 서비스를 제공하기 위해 각 세대까지 광케이블을 보급하기 위한 특등급 심사 기준을 신설하기도 했다. 이로 인해 전 세계에서 가장 빠른 속도의 인터넷을 집에서 이용할 수 있게 되었으며 IPTV 등과 같은 OTT 서비스나 디지털 방송 산업의 발전에도 큰 기여를 했다.

그러나, 통신과 미디어 분야를 제외하면 지금의 스마트홈은 20년 전의 스마트홈이나 별반 차이가 없다. 달라진 것이라고는 기존에 거실에 하나만 설치되어 있던 월패드가 방마다 설치되어 있고 이를 통해 가스, 조명, 전기, 난방과 같은 세대용 설비의 제어 및 모니터링은 물론 전자 출입 시스템이나 차량 출입 시스템, 무인 택배 시스템 등과 같은 공용부 설비를 제어하거나 모니터링하는 게 가능해졌다는 정도다. 물론, 최근에 분양되고 입주되기 시작한 스마트 아파트들에서는 스마트폰 앱이나 인공지능 스피커를 이용해서 이들의 상태를 확인하거나 제어하는 것도 가능하다.

이런 설비나 기능들이 추가되면서 입주민들의 안전이나 편리가 개선된 부분도 있기는 하지만, 전자 출입 시스템이나 차량 출입 시스템을 제외하고는 대부분 그다지 많이 이용되지 않고 있다. 건설사들은 나름 입주민들의 생활 편의를 돕기 위해 이런 솔루션들을 도입하고는 있지만, 그보다는 경쟁 건설사와의 차별화가 더 중요하고 분양가 인상을 위해 필요했기 때문이다. 실제로 이런 스마트 설비들은 '공동주택 분양가 규칙'에 따라 분양가에 포함되지 않는 것들이어서 건설사들 입장에서는 아파트의 분양가를 높일 수 있는 유용한 수단이 되고 있다.

그러나 최근에는 스마트홈에도 작은 변화의 바람이 불고 있다. 내가 크리에이티브 디렉터creative director로 자문을 한 삼성물산이 대표적인 케이스인데, 사물인터넷과 인공지능을 결합한 지능형 사물인터넷 AIoT 기술을 기반으로 스마트홈의 기능을 고도화하고 스마트홈을 다양한 생활 서비스를 제공하기 위한 서비스 플랫폼으로 바라보기 시작했다는 것이다. 지능형 사물인터넷 기반의 스마트홈 고도화는 입주민들의 생활 패턴이나 행동 패턴을 분석하여 자동화된 서비스를 제공해주는 것인데, 예를 들면 가족들이 외출할 때의 패턴을 분석하고 학습하여 자동으로 가스 밸브를 잠그는 것이 대표적이다. 이 외에도 모든 가족이 외출 중일 때에 정수기나 셋탑박스처럼 전력 소모량이 많은 제품의 전원을 자동으로 차단하는 것도 해당된다. 또한, 실내와 실외의 미세먼지 상태를 비교하여 자동으로 공기청정기나 환풍기를 가동시키며 욕실의 습도나 오염도를 측정하여 살균을 해주기도 한다.

또 다른 변화는 스마트홈을 생활서비스 플랫폼으로 만들겠다는 것이다. 즉, 스마트 디바이스가 제공하는 막연한 편리함보다는 구체적이고 실질적인 고객가치를 제공하겠다는 것이다. 예를 들면, 스마트폰을 이용해서 주문하던 음식배달이나 세탁 서비스 등을 인공지능 스피커를 이용해서 주문한다거나, 집에서 스마트 운동기구를 이용해서 실시간으로 피트니스 레슨을 받는 것이 해당한다. 혹은 냉장고나 전자레인지와 같은 다양한 가전제품을 이용해서 이들과 관련된 식재료를 주문하거나 가정간편식HMR을 간단히 조리해서 이용할 수 있도록 하는 것이다. 집

그림 29. 서비스 플랫폼으로써의 스마트홈 진화 방향

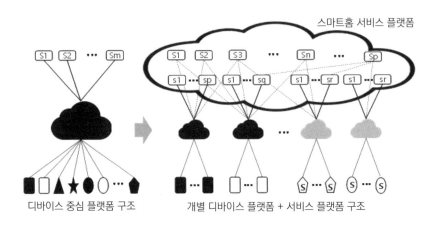

안에서 음성 명령으로 조식 서비스나 공유차량을 예약하기도 하고 더 나아가서는 스마트미러를 이용해서 자신의 취향에 맞는 의류를 추천받거나 구매하는 것도 가능하다. 물론, 이 모든 것들은 복합적인 사용자 인증과 통합 과금체제를 이용해서 이루어진다.

이런 변화를 수용하기 위해서는 통신사나 가전사가 주로 추진해왔던 디바이스 플랫폼 대신에 스마트홈 서비스 플랫폼을 중심으로 스마트홈을 구축해야만 한다. 여기서 스마트홈 서비스 플랫폼이라는 것은 다양한 디바이스 플랫폼들이 생활 서비스 플랫폼들과 연동된 것으로, 스마트홈 통합 사용자 정보를 바탕으로 스마트홈 디바이스의 제어는 물론 디바이스를 바탕으로 다양한 생활 서비스를 이용하도록 하는 종합 서비스 플랫폼을 말한다. 스마트홈 서비스 플랫폼에서 제공되는 서비스 중의 상당수는 기존에 인터넷이나 스마트폰을 중심으로 제공되던 O2O 서비스들이 되겠지만, 일부 서비스들은 스마트 디바이스와 연계된 전혀 새로운 형태의 서비스들이 될 것으로 예상된다.

스마트홈 서비스 플랫폼은 그동안 인터넷이나 스마트폰을 통해 이용했던 개별적인 서비스들을 인공지능 스피커를 포함하여 스마트홈에 사용되는 다양한 스마트 디바이스를 통해 이용하게 만든다. 또한 그동안 개별적으로 이용되던 생활 서비스들을 하나의 사용자 계정으로 통합시키게 된다. 말 그대로 스마트홈이라는 크로스 플랫폼이 만들어지게 되는 것이다. 스마트홈 서비스 플랫폼은 스마트폰이나 커넥티드카와는 달리 스마트홈에 설치되어 이용되는 다양한 스마트 디바이스를 통해 우리가 언제 어떤 행동을 하고 어떤 서비스들을 이용하는지 종합적으로 알 수 있게 해준다. 즉, 사용자에 대해 입체적으로 이해하는 것을 가능하게 만든다.

이런 특성은 생활 서비스 사업자들에게 좋은 마케팅 툴을 제공해 줄 수 있다. 고객 관련 데이터를 바탕으로 고객들의 취향이나 생활 패턴에 맞는 서비스나 제품, 식료품들을 홍보하는 것이 가능해지기 때문이다. 또한, 고객들의 생활 관련 정보들은 고객들이 평소 이용하는 서비스를 적절한 시점에 자동으로 제공하는 것을 가능하게 만든다. 아마존의 대시 보충 서비스처럼 지능형 생활 서비스 혹은 제로클릭 주문0-Click Ordering 기반의 자동화된 생활 서비스를 제공할 수 있게 되는 것이다. 예를 들면, 매주 금요일 저녁에 넷플릭스를 보며 치맥을 주문하는 사람이 있다면, 금요일 퇴근 시간에 미리 치맥을 주문해 놓을 것인지를 물어볼 수 있다. 혹은 새로운 치킨 메뉴나 맥주를 홍보하는 기회로 활용할 수도 있다. 이런 자동화는 식재료는 물론 휴지나 세제 같은 생필품도 예외는 아니다.

스마트홈 서비스 플랫폼은 입주민들에게 다양한 생활편의 서비스를 제공하는 대신, 이런 서비스들을 중개하며 서비스 제공자들로 하여금 수수료 수익을 얻어내거나 체험 마케팅 플랫폼을 제공함으로써 추가적인 수익을 창출할 수도 있다. 그리고 이렇게 얻은 수익 중의 일부를 입주민들에게 리워드 형태로 제공함으로써 고객에 대한 구속력을 강화하거나 다른 서비스를 이용하도록 하는 데 활용할 수도 있다. 또한, 더 나아가 서비스에 대한 통합 사용자 인증 시스템이나 결제 및 리워드 시스템을 외부 서비스와 연계한다면, 간단한 방법으로 스마트홈 서비스 플랫폼을 스마트시티 서비스 플랫폼으로 확장할 수도 있다.

생활 서비스 플랫폼으로써의 스마트홈이 효과적으로 작동되기 위해서는 규모의 경제를 확보해야 한다. 다행스럽게도 국내는 일정 규모 이상의 아파트 단지를 중심으로 스마트홈이 구축되고 있으며 아파트 단지를 중심으로 생활 서비스 상권도 구축되어 있다. 따라서, 주변 상권을 포함하여 아파트 단지 단위로 시범적인 스마트홈 서비스 플랫폼을 구축하고 이웃하는 다른 아파트 단지와 연계함으로써 물리적인 서비스 범위를 확대하는 전략이 바람직하다고 생각한다. 즉, 스마트홈의 개념을 개별 세대로 한정하는 것이 아니라 아파트 단지 등으로 확대 적용하는 것이다. 이 방법은 아파트 단지뿐만 아니라 단독주택이나 다세대주택으로 구성된 주거 지역에도 그대로 적용될 수 있다. 나는 이런 단위 지역을 스마트 빌리지Smart Village 혹은 스마트 타운Smart Town이라는 이름으로 부르는데, 이들을 한데 모아 도시의 스마트시티 인프라와 결합하게 되면 그것이 바로 스마트시티가 된다고 생각한다.

그러나 건설사마다 자신들의 스마트홈 서비스 플랫폼을 바탕으로 시장을 확대하려고 하기 때문에 이용자 기반을 빠르게 확대하는 것이 쉽지 않다. 아파트라는 것이 인터넷이나 스마트폰과는 너무 달라서 건설사별로 몇만 세대의 신규 고객을 확보하는 데 적어도 2~3년 이상은 걸리기 때문이다. 따라서 가능하다면 자신들의 스마트홈 서비스 플랫폼을 다른 브랜드의 아파트에 적용하기 위한 방법에 대해서도 고민해야 할 필요가 있다. 물론, 자체 스마트홈 서비스 플랫폼이 있는 다른 건설사들이 이를 수용할 리 없지만, 흔히 말하는 B급 건설사들은 수용할 가능성도 있다. 이 방법은 마치 구글이 스마트폰 제조사에게 안드로이드 OS를 판매하고, 테슬라가 다른 전기차 제조사들에게 테슬라 OS를 개방하는 것과 같은 이치다. 이렇게 해서 서비스 포털을 이용하는 고객 기반을 늘리게 된다면 스마트홈 서비스 플랫폼의 공급자 측 고객 기반도 덩달아 늘어나며 서비스 생태계가 강화될 수 있을 것이다.

서비스 플랫폼으로써의 스마트시티

다양한 스마트 기기로 구성된 스마트홈이 단순히 편리성만 제공하는 공간이 되기보다는 생활서비스를 제공하는 서비스 플랫폼이 되어야 하는 것처럼, 현재 전 세계적으로 추진되고 있는 스마트시티 역시 도시 서비스를 제공하는 서비스 플랫폼이 되어야 한다. 즉, 전기, 수도, 가스와 같은 도시 인프라는 물론, 도로, 교통, 안전, 환경 등 그동안 관리자 혹은 특정한 이슈 중심으로 추진되던 스마트시티 서비스들은 그 도시 안에서 생활하는 도시민들이나 관광객들의 편의를 위해 도시 서비스 중심으로 재편되어야 한다.

그렇다고 해서 도시 인프라의 스마트화를 그만두자는 것은 아니다. 도시 인프라의 스마트화는 그대로 진행하되 시민들을 위한 스마트 서비스들을 더 추가해 보자는 것이다. 사실 이는 크게 어렵지 않은데, 앞에서 언급한 스마트 빌리지 혹은 스마트 타운을 한데 묶으면 완성된다.

그림 30. 스마트홈 서비스 포털의 스마트시티 서비스 포털로의 진화

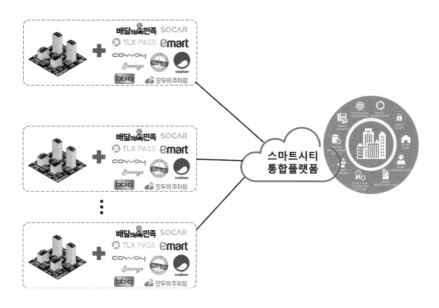

즉, 개별적으로 구축된 스마트 빌리지들을 하나로 통합하는 것이다. 통합 멤버십 서비스의 개념을 활용한다면 특정한 스마트 빌리지에서 스마트 서비스를 이용하던 사람들은 도시 내의 다른 지역이나 다른 도시에 가더라도 같은 방식으로 서비스를 이용할 수 있게 된다. 스마트 빌리지에서 이용하던 서비스들이 대부분 다른 지역에서도 제공될 가능성이 크기 때문이다.

그러나, 이런 모습은 비즈니스의 디지털 전환에 대한 인식이 있는 대기업이나 어느 정도 규모를 갖춘 전국적인 프랜차이즈 기업에나 해당하는 말이다. 지역의 중소상공인이나 자영업자들은 디지털화를 해야 하는지도 잘 모르고 설령 안다고 하더라도 그 방법을 모르거나 예산이 없는 경우가 대부분이다. 이런 경우는 음식배달 서비스에서 그랬던 것처럼 서비스 플랫폼 사업자가 중소상공인 및 자영업자들이 쉽게 디지털로 전환할 수 있는 방법을 제시해주면 된다. 물론, 서비스 플랫폼 사업자들은 결국 수익을 추구하기 때문에 수익성과 거리가 먼 분야는 그 대상이 되지 않을 수도 있다. 이런 부분들은 지자체나 정부가 지원해 줘야 한다고 생각한다.

중소상공인의 디지털화는 개별 매장의 디지털 트윈digital twin을 만들어주고 이를 서비스 플랫폼에 연결하는 것으로 설명될 수 있다. 개별 매장의 디지털 트윈이라는 것은 현재 지도 서비스에서 제공하는 매장 정보를 보다 정밀화하고 고도화하는 것이다. 즉, 전화번호나 영업시간, 주소처럼 매장과 관련된 기본적인 정보뿐만 아니라 그 매장에서 판매하는 모든 제품이나 서비스에 대한 내용들을 포함하고 있어야 한다. 결국 20여 년 전에 일론 머스크가 만들었던 Zip2 서비스를 더 구체화하고 스마트시티 서비스 플랫폼과 연결하는 형태가 되는 것이다. 예를 들면 제품의 사진 및 특징 소개, 가격, 재고 상황, 이용 시 주의사항 등이 포함되어 있어야 한다. 서비스업의 경우에도 개별 서비스의 특징 및 가격, 서비스 제공에 필요한 시간 및 조건, 서비스 관련 용품에 대한 정보

등 마치 매장을 방문한 고객들이 평소 물어보는 모든 질문에 대한 답이 포함되어 있어야 한다.

이런 개별 제품과 서비스에 대한 정보는 매장별로 따로 등록해도 되지만, 표준화된 제품이나 서비스를 판매하는 경우 공급자가 이 정보를 입력해 놓아도 된다. 따라서, 플랫폼 사업자들은 표준화된 상품 정보를 등록하고 이용할 수 있도록 하는 표준 템플릿과 서비스 API를 개발해서 제공해야 한다. 또한, 사용자들이 등록된 제품이나 서비스를 쉽게 검색해서 이용할 수 있도록 하기 위해 검색 기능은 필수적으로 포함되어야 할 것이다. 이 외에도 중소상공인이나 자영업자들이 활용할 수 있는 프로모션 툴이나 회원 관리 프로그램 같은 마케팅 툴이나 실적 관리 서비스도 함께 제공되어야 할 것이다. 물론, 이런 서비스들은 관련 분야 전문기업들이 마이크로 서비스Micro-service를 제공하는 형태로 구성될 수도 있다.

실제로 이와 비슷한 사업이 네이버에서 추진되고 있다. 바로 '스마트어라운드'라는 서비스다. 스마트어라운드는 위치 기반 서비스로서 이용자 주변의 가 볼 만한 곳이나 이벤트를 소개해준다. 예를 들면, 근처의 맛집이나 카페, 술집에 대한 정보를 제공해주기도 하고 공연이나 전시, 강좌, 축제 등에 대한 정보도 제공해주는 것이다. 동네의 작은 공방이나 문화센터에서 진행하는 수제 비누나 캔들 만들기, 베이커리 강좌,

아두이노를 이용한 메이커 소모임 등이 대표적이다. 아직까지는 음식점이 중심이며 개별 매장의 홈페이지나 이벤트 안내 블로그를 연동시켜주는 방식이지만, 판매 상품들에 대한 상세 검색 서비스를 만든다면 충분히 스마트 빌리지와 스마트시티 서비스를 제공할 수도 있을 것으로 생각한다.

한국판 뉴딜의 성공, 플랫폼화에 달려 있다

2020년 7월 14일, 우리 정부는 경제 패러다임 전환기의 저성장과 양극화 기조를 극복하고 코로나 이후의 글로벌 경제 선도를 위한 국가발전전략으로 '한국판 뉴딜 종합계획'을 발표했다. 2025년까지 총 160조 원이 투자될 한국판 뉴딜 정책은 데이터댐 등 대규모 ICT 인프라를 구축하는 디지털 뉴딜과 친환경·저탄소 전환을 가속화하는 그린 뉴딜, 그리고 고용 및 사회안전망을 강화하는 휴먼 뉴딜로 구성되어 있다. 이를 통해 정부는 우리나라를 추격형 경제에서 선도형 경제로, 탄소 의존 경제에서 저탄소 경제로, 그리고 불평등 사회에서 포용 사회로 도약시키고자 하고 있다.

이번 한국판 뉴딜 정책은 잘 아는 것처럼 1930년대의 대공황을 극복하기 위해서 미국의 프랭클린 루즈벨트 대통령이 추진했던 뉴딜New Deal 정책과 맥을 같이 한다. 루즈벨트의 뉴딜 정책은 후버 댐을 포함한 테네시강 유역의 개발사업이 주로 알려져 있지만, 금융 및 통화 정책은 물론 농산물 시장 안정을 위한 농업조정법, 기업들의 적정한 이윤을 보장하고 노동자의 안정된 고용과 임금 확보를 촉진하는 산업부흥법도 포함되어 있다. 경제사회의 재건 및 빈궁과 불안에 떠는 국민의 구제 등을 목적으로 전방위적인 정책 수단을 동원했던 것이다.

그러나 한국판 뉴딜 정책에는 테네시강 유역 개발사업과 같은 인프라 구축형 사업이 대부분이다. 물론, 고용 및 사회안전망 강화와 사람에 대한 투자를 위해서도 전체 예산의 18%에 가까운 28조 4,000억 원이 투자될 계획이고 국민생활과 밀접한 분야의 데이터를 모으고 활용하기 위한 데이터 댐을 만들거나 인공지능 기반의 개인맞춤형 공공서비스를 제공하겠다는 정책들도 있다. 그러나 디지털 교육 인프라 조성, 스마트 의료 및 돌봄 인프라 구축, 도시 · 산단의 공간 디지털 혁신, 전기차 및 수소차 같은 그린 모빌리티 보급 확대 등 대부분의 사업이 디지털 솔루션을 보급하는 인프라 구축형 사업들이다. 게다가 이런 정책들마저도 단기적인 일자리 창출을 위한 정책이라거나 일부 솔루션 사업자들에게만 그 혜택이 돌아간다는 지적이 잇따르고 있다.

물론 이번에 발표된 한국판 뉴딜 정책이 짧은 기간에 준비된 정책이기 때문에 완벽할 수는 없을 것이다. 그리고 28개나 되는 세부 과제에 대한 구체적인 내용들이 공개되지 않아서 잘못 이해됐을 수도 있다. 일각에서는 재원 조달 방안이 빠졌다거나 사업 기간이 다음 정부까지 이어져 있어 지속 가능성에 의문을 제기하기도 한다. 그러나 이런 지적들은 크게 중요하지 않다고 생각한다. 그보다는 개별 산업계와 국민들이 사회·경제의 패러다임적 변화에 대응할 수 있는 정책들이 빠졌다는 부분이다. 단지 대공황 당시의 뉴딜 정책의 기본 골격을 지금의 시대적 상황에 맞게 새롭게 포장해서는 정부가 원하는 만큼의 기대 효과를 얻기 어려울 것이기 때문이다.

따라서, 앞으로 추진될 디지털 뉴딜 사업들은 디지털 플랫폼을 기반으로 한 서비스 산업 활성화에 초점이 맞춰져야 할 것이다. 즉, 단순하게 데이터 댐을 만들고 스마트 학교나 스마트 병원을 만들고 도시 인프라에 대한 디지털 트윈을 만드는 것도 중요하지만, 더 중요한 것은 이들을 잘 활용하는 것이다. 아무리 디지털 인프라라고 하더라도 이전의 4대강 사업처럼 명확한 수요도 없는 인프라만 구축하고 끝내기보다는 이를 활용한 서비스 산업을 활성화시켜야 한다는 이야기다. 그리고 가능하다면 그 서비스는 도시 인프라 관리자보다는 도시민이나 도시 안에서 비즈니스를 하는 기업과 사업자들이 대상이 되어야 할 것이다.

디지털 솔루션을 보급함으로써 다양한 분야를 디지털화하는 것은 디지털 뉴딜도 아니고 디지털 트랜스포메이션도 아니다. 그저 '디지털 4대강'을 구축하는 것과 별반 다를 바 없다. 4대강이 홍수나 가뭄에 별다른 도움도 되지 못하고 그렇다고 주변 관광 산업을 활성화시키지도 못하면서 오히려 녹조를 일으키거나 생태계를 파괴했던 것처럼, 필요도 없는 데이터만 모으고 제대로 활용도 하지 못하게 된다면 데이터 댐에도 녹조가 낄 것은 불을 보듯 뻔하다. 게다가 일자리도 제대로 창출하지 못하고 경제를 활성화시키는 데에도 별다른 도움도 되지 못하면서 솔루션을 공급하는 외국 기업들이나 일부 국내 유통업자들만 배부르게 하고 말 것이다.

반면, 디지털 인프라 기반의 서비스 산업을 활성화시킨다면, 특히 서울에 본사를 둔 대기업보다는 지역을 기반으로 하는 중소상공인들의 비즈니스를 활성화시킨다면 상황은 달라질 것이라고 생각한다. 물론 제품의 품질이나 서비스 경쟁력이 기본이 되어야 하겠지만 온라인을 통한 마케팅 및 멀티 채널 전략으로 이들의 매출은 늘어날 것이며 그로 인한 관련 산업의 활성화를 기대할 수 있을 것이다. 또한, 서비스업에서는 추가로 사람들을 고용하게 되어서 일자리 창출에도 기여할 것이며, 새로운 일자리에서 발생한 수익은 다시 지역 경제로 돌아가서 사회 경제 전반을 활성화시킬 것으로 기대된다.

이를 가능하게 하는 것이 디지털화된 소상공인을 중심으로 하는 스마트시티 서비스 플랫폼을 구축하는 것이다. 이는 앞에서도 언급했던 것처럼 소상공인이 판매하는 제품이나 서비스를 중심으로 소상공인의 디지털 트윈을 구축하는 데서 시작한다. 그리고, 스마트시티 서비스 플랫폼을 통해 내 주변에 내가 필요로 하는 제품이나 서비스가 존재하는지를 쉽게 확인할 수 있게 하면 된다. 동시에 소상공인들이 자신들이 판매하는 상품의 가격을 탄력적으로 조절하게 하거나, 큐레이션 기반의 개인 맞춤형 서비스를 제공하거나 구독서비스를 제공하도록 지원해야 한다. 혹은 식당 영수증을 들고 커피숍에 가면 커피값을 할인해 주는 것처럼, 온라인을 통해 다른 매장에서 판매하는 상품과의 결합 판매 같은 비즈니스 모델의 변화를 지원해 줄 수도 있어야 한다.

그렇다고 정부가 나서서 서비스 플랫폼을 운영하라는 것은 아니다. 정부는 디지털화에 소외된 개별 소상공인의 디지털 전환을 지원하고 서비스는 민간기업 주도로 이뤄지게 해야 한다. 일반적으로 소상공인은 플랫폼의 수익에 커다란 기여하지 못하기 때문에 서비스 플랫폼에서 외면당하거나 높은 수수료를 내야 하는 등 차별적인 대우를 받을수 있는데, 정부는 이런 일들이 일어나지 않도록 플랫폼 사업자들을 관리·감독하면 된다.

물론, 한국판 뉴딜에도 소상공인의 온라인 비즈니스 지원과 관련된 내용이 존재한다. 하지만, 이는 소상공인들을 온라인 쇼핑몰에 입점시키거나 소상공인 매장에 키오스크나 서빙로봇 등의 비대면 주문결제 시스템을 도입에 초점이 맞춰져 있다. 이런 노력들도 소상공인들에게는 큰 힘이 될 수도 있겠지만, 이런 솔루션 중심의 지원보다는 소프트한 지원 정책들을 발굴하기 위해 노력해야 할 것이다. 고객 서비스를 개선하거나 제품이나 서비스의 품질을 높이고 차별화하는 교육을 제공하고 고객들이 소상공인들을 더 자주 찾아가고 더 다양한 방식으로 이용할 수 있도록 하는 마케팅 관점의 지원도 아끼지 말아야 한다. 고객 가치를 제고하기 위해 필요한 서비스 디자인 방법론이나 수익 모델 전환에 대한 지원도 함께 이뤄지기를 바란다.

온·오프라인의 결합으로
온리원이 되어라

인터넷, 모바일 인터넷, 그리고 사물인터넷과 같은 다양한 형태의 연결connectivity 기술들은 세상에 존재하는 모든 것들을 인터넷에 연결시키고 있다. 물론, 아직까지는 컴퓨터나 노트북, 스마트폰을 이용해서 사람이나 일부 비즈니스를 연결하는 수준이지만, 앞으로는 자동차는 물론 집안에서 사용하는 수많은 가전제품이나 장치들이 인터넷에 연결될 것이다. 그리고 이러한 변화의 바람은 우리가 살고 있는 집이나 일하는 직장 주변의 다양한 상점들과 공간들도 인터넷에 연결시키며 우리가 일하고 생활하는 방식을 근본적으로 바꾸리라 생각한다.

이처럼 다양한 사물들 혹은 객체들이 인터넷에 연결되면 지금 우리가 숨 쉬며 살고 있는 물리세계에서는 상상도 할 수 없는 놀라운 일들이 일어난다. 아주 간단한 방법으로 인터넷에 연결된 객체들을 서로 비교할 수 있게 되며 기존에는 전혀 상관도 없었던 것들을 서로 연결시키는 것도 가능해진다. 인터넷에 연결된 다양한 주체들이 생성한 데이터를 수집하고 분석하면 어떤 중국집이 자장면을 더 맛있게 만드는지 쉽게 알 수 있으며 버튼 클릭 한 번으로 그 자장면을 주문하는 것도 가능해진다. 연결은 이런 식으로 사람들이 돈을 벌고 생활하는 방식을 바꿔 나가고 있으며 심지어는 200여 년간 지속되어 온 산업의 구조마저 변화시키고 있다. 이런 변화의 중심에 있는 것이 바로 플랫폼이라는 것이다.

하지만 인터넷과 플랫폼 비즈니스의 개념이 등장한 지 어느덧 25년이 지나면서 전통적인 단일 플랫폼 기반의 비즈니스 모델은 다양한 도전에 직면하며 본연의 장점이 퇴색되어 가고 있다. 플랫폼의 기반이 되는 규모의 경제를 확보하는 데 과거보다 훨씬 더 많은 비용이 필요해졌으며 낮은 중계수수료나 빠른 배송만으로는 고객들이 내심 원하는 숨은 니즈를 만족시켜 줄 수 없게 되었다. 설상가상으로 새로운 경쟁자는 끊임없이 등장하고 있고 인터넷의 특성상 국내의 경쟁자들뿐만 아니라 전 세계의 수많은 경쟁자들과도 싸워야만 하는 상황이다.

이런 어려운 상황을 극복할 수 있는 방법 중의 하나가 크로스 플랫폼과 통합 멤버십 전략이라고 생각한다. 먼저 크로스 플랫폼 전략은 수수료 수익은 포기하되 경쟁 우위를 활용하여 충성도가 높은 고객 기반을 확보하기 위한 기반 플랫폼을 구축하는 데서 시작한다. 그리고 통합 멤버십 전략을 이용하여 어렵게 모은 고객들이 기반 플랫폼과 수익 플랫폼들에서 더 오래 머무르며 더 많은 서비스를 이용하고 수익에 기여하도록 유도하는 것이다. 단일 플랫폼 기반의 비즈니스를 제대로 운영하는 것도 쉽지 않은 상황에서 다수의 플랫폼을 운영하고 고객들을 붙잡아두기 위한 멤버십 서비스까지 제공하는 일은 쉽지 않은 일임에 틀림없다. 그러나 과도한 마케팅 비용을 쏟아가며 경쟁자들이 나가 떨어지기만 바라는 단일 플랫폼 전략보다는 현실성이 있는 방법이라고 생각한다.

실제로 아마존이나 네이버, 구글, 마이크로소프트 같은 선도적인 기업들은 알게 모르게 이미 오래전부터 크로스 플랫폼 전략을 이용해 오고 있다. 그리고 몇몇 사업자들은 통합 멤버십 서비스도 함께 제공하고 있다. 놀라운 사실은 월마트와 같은 전통적인 오프라인 기업뿐만 아니라 테슬라와 같은 하드웨어 제조 기업도 크로스 플랫폼과 통합 멤버십 전략을 이용하려는 움직임을 보이고 있다는 사실이다. 그리고 시나브로 해당 분야의 독점기업, 즉 온리원only one이 되어가고 있다.

한편으로는 놀라우면서도 다른 한편으로는 걱정스러운 것이 바로 이 부분이다. 크로스 플랫폼 전략을 구사하는 기업들은 기존의 단일 플랫폼 비즈니스를 전개하는 기업들보다 더 다양한 분야에서 더 강력하게 시장을 독점할 것이기 때문이다. 그리고 그 상태를 지속시킬 가능성도 훨씬 크다. 이 말은 개별 플랫폼 사업자의 입지를 약화시키며 신규 사업자의 시장 진입 의지를 무력화시킬 가능성이 크다. 이 책을 쓰게 된 이유가 바로 이것이다. 지금까지와는 달리 앞으로는 남들은 어떻게 하나 하고 여유 있게 지켜볼 시간이 없다. 비록 망할지라도 먼저 시작하지 않는 기업에게는 그 어떤 기회도 기다리지 않을 것이기 때문이다.

마지막으로 이 책을 마무리하는 시점에서 세 가지를 강조하고 싶다. 첫째는 플랫폼이 여전히 중요하고 대세이기는 하지만 절대반지와 같은 비즈니스 모델은 아니라는 점이다. 지금까지 플랫폼 모델이 주목받은 이유는 기존의 다른 비즈니스 모델에 비해 고객이 원하는 고객가치를 더 잘 제공할 수 있었기 때문이지 플랫폼 모델 자체가 절대적인 비즈니스 모델이기 때문은 아니라고 생각한다. 그렇지 않고서는 삼성전자나 월마트, 스타벅스, 자라, 나이키, 도미노피자처럼 파이프라인이나 재판매와 같은 전통적인 비즈니스 모델을 이용하면서도 안정적인 성장을 지속하는 기업들을 설명할 수 없을 것이다. 우리가 채택하려는 비즈니스 모델이 해당 분야에서 고객가치를 가장 잘 전달할 수 있는 것인지 살펴보고 또 살펴보기 바란다.

둘째는 플랫폼 비즈니스를 너무 쉽게 보지 말라는 것이다. 플랫폼 비즈니스를 하려는 많은 기업들을 보면, 클라우드에 서비스 플랫폼만 구축해 놓으면 교차 네트워크 효과를 이용해서 매우 쉽게 고객들을 모을 수 있을 것이라고 착각한다. 그러나 그렇지 않다. 아무리 온라인 플랫폼이라 할지라도 초기 고객 기반을 마련하기 위해서는 엄청난 발품을 팔아야 하며, 속된말로 망할 것을 각오하고 '돈지랄'을 하지 않으면 안 될 정도다. 고객들은 우리가 생각하는 것보다 훨씬 더 영민하고 냉정하다. 따라서 크로스 플랫폼과 통합 멤버십 전략처럼 적어도 한쪽에서는 손해 보는 장사를 하되 돈이 되는 곳에서는 고객들로 하여금 더 많은 돈을 쓰게 해야만 한다.

셋째는 앞으로 플랫폼 기반의 비즈니스를 하고자 한다면 오프라인 기반의 서비스 플랫폼에 주목하기를 바란다. 다가올 미래에 플랫폼 비즈니스의 기회는 대부분 온라인과 오프라인이 결합하는 곳에서 만들어질 것이기 때문이다. 1990년대 디지털화와 인터넷의 상용화와 함께 시작한 플랫폼 트렌드는 이제 성숙 단계에 진입하고 있다. 모바일을 중심으로 하는 서비스 플랫폼도 예외는 아니다. 이미 상당한 분야에서는 1~3개의 기업들이 시장을 장악하고 있고 이를 고착화하기 위해 노력하고 있는 것이 현실이다. 이제 남은 것은 기존의 오프라인 비즈니스를 온라인으로 중개하거나 서비스의 구매가 이루어지는 공간을 스마트폰이나 컴퓨터가 아닌 오프라인으로 확대하는 것밖에 없다. 따라서 오프라인 중심의 전통적인 기업들이 깨어나야 한다. 생산 방법이나 업무 프로세스만 디지털화할 것이 아니라 비즈니스 모델에 혁신적인 변화를 일으켜야만 한다. 이것이 바로 진정한 디지털 트랜스포메이션인 것이다.

나는 이런 온라인과 오프라인 융합 비즈니스의 핵심 공간이 집, 즉 스마트홈이라고 생각한다. 그리고 이들이 하나로 연결된 스마트시티는 최후의 격전지가 될 것이라고 생각한다. 물론, 집과 집, 집과 사무실, 집과 다른 공간을 물리적으로 연결하는 커넥티드카도 빼놓지 말아야 할 중요한 공간이 될 것이다. 이처럼 오프라인을 기반으로 하는 플랫폼은 기존의 온라인 중심의 플랫폼 비즈니스보다 훨씬 어렵고 돈도 많이 들어가고 초기 기반을 마련하는 데 시간도 오래 걸릴 것이다. 따라서, 결정을 내리는 일이 쉽지 않을 것이다. 그러나, 지난 20여 년간 세상을 지배해 온 온라인 플랫폼의 생태계를 무너뜨릴 수 있는 유일한 방법은 오프라인과 온라인을 결합하는 것뿐이다. 이를 통해 당신의 기업이 해당 분야의 '온리원'이 되기를 바라며 글을 맺는다.

온리원

초판 1쇄 발행 · 2021년 1월 30일

지은이 · 김학용
펴낸이 · 김원희

펴낸곳 · 페이퍼버드
출판신고 · 2015년 1월 14일 제2016-000120호
주소 · (03955) 서울시 마포구 은평터널로 7길 7-5, 2층
문의 · (070) 7853-8600
팩스 · (02) 6020-8601
이메일 · books-garden1@naver.com
포스트 · post.naver.com/books-garden1

ISBN · 979-11-6416-079-2 (03320)